Research on Transformation and Upgrading
of Small- and Medium-sized Private Enterprises
in Zhejiang Province

浙江中小民营企业
转型升级问题研究

单 东 等◎著

ZHEJIANG UNIVERSITY PRESS
浙江大学出版社

本书是2012年浙江省软科学计划项目"浙江中小民营企业发展研究"（项目编号：2012C15001）的研究成果，项目承担者为浙江省民营经济研究中心和浙江财经大学，项目主持人单东

自　序

　　这本奉献给读者的《浙江中小民营企业转型升级问题研究》，是浙江省民营经济研究中心和浙江财经大学在专题调研报告基础上所形成的一部专著，意在抛砖引玉，期望全社会对中小民营企业转型升级给予更大的关注。2013 年"浙江中小民营企业发展研究"作为浙江省政府立项课题，其调研成果以《浙江中小民营企业转型升级面临的问题和建议》为题作为报告送审。正是省政府的高度重视和有力支持，促成了这一课题从立项到研究报告再升华为学术专著。

　　改革开放以来，浙江的经济发展一直走在全国前列，成为我国经济发展的一个龙头大省，取得的成就全国瞩目，而遍布全球的浙江商人和扎根本土的千千万万的中小民营企业，则更是浙江经济的一朵奇葩。根据相关统计，2012 年，全国民营企业 500 强中，浙江企业占据了142 个席位，民营企业为浙江提供了 90％左右的就业岗位，贡献的税收在 60％以上。简单的统计数据就显示了浙江民营经济的地位和作用。毫不夸张地说，浙江民营经济与浙江大地、浙江人民休戚相关，兴衰共荣。

　　浙江经济，特别是民营经济，之所以能空前地创造辉煌灿烂的发展历史，得益于改变中国的市场化改革，得益于浙江省委、省政府的全力推动,得益于浙江民营企业家的奋斗、创新。有发展,亦有艰难。浙江中小民营企业在取得巨大成就的同时,也遇到了严峻的挑战,出现了用工荒、资金链断裂、税收、信贷、产业导向、政企关系、市场萎缩等方面的问题。"十二五"是我国经济社会发展的重要转型期,国内外形势出现了重大变化,如何帮助浙江中小民营企业在历史性变化中找到新的增长点,激发其创业创新的活力,是关系到浙江经济社会发展全局的一个大问题。主管浙江全省工业经济的毛光烈副省长(以下简称"毛省长")洞察到关键所在,十分重视开展对浙江中小民营企业的发展研究。

2011 年 10 月 12 日,意外中我接到了毛省长的电话。通话虽然短暂,内容也只是宽泛地提到了当下浙江经济发展存在的问题和现象,但却为本书的面世拉开了序幕。11 月 21 日,毛省长通过短信提出让我做课题。12 月 8 日,毛省长约我到他办公室谈了一个上午,涉及的内容很广泛:浙江的经济问题,他如何和美国商务部部长助理谈知识产权问题,在浙江大学与硕士生、博士生谈如何做毕业论文等。这是一次省长与学者的对话,随和而率真,理性且务实。他广博的见识让我颇受启迪。其中,有关经济方面的问题,主要有以下一些重要内容。

一、金融问题和温州金融改革试点问题:当下,大量的小微企业需要资金支持,大量的银行个人储蓄恰恰需要寻找出路。

毛省长对金融问题很重视,他拥有博士头衔,曾在多个专业领域履职,对经济问题富有见解。他和我谈得较多的是金融问题。在他看来,转型升级的出路之一,就是要把大量的民间资金吸收进来搞创业。他说,2011 年 1—10 月份,全国银行存款余额达 50 万亿元,这其中就算 60% 是个人存储,那也有 30 万亿元。把 30 万亿元变成产业资本,就要想办法给这笔资金寻找出路。为钱找出路,在温州,之前的方法是老板们把钱拿去炒股票、炒期货、炒矿、炒古董、炒房地产,这些投机性的投资,推高了经济泡沫,风险很大。现在又变成炒钱。90% 的小微企业都不可能到工、农、中、建这些国有大银行贷款,都是从其他方面,依靠民间借贷、小额贷款公司、村镇银行贷款的,还有靠大家合作解决资金问题的,但他们的资金成本很高,跟国外的小微企业的利率相比,我们的利率高于它们至少30%,甚至60%。再加上税负过重、收费过高,这些问题都是阻碍小微企业健康发展的症结所在。这样的经营环境,民营经济怎么发展?这里有一个很大的问题:没有小微企业,民不富,小微企业都是民营经济;没有大型企业,国不强。那现在30万亿元的资金如何跟小微企业的发展结合起来,促进民富?如何跟产业结构调整结合起来?比如与金融体系结构调整结合起来,这是我们要探讨并需要解决的问题。

二、寻找温州经济的突破口:面对实业家转向投机,热钱用于放高利贷的问题,出路在于让民间借贷阳光化、规范化。温州金融改革可以分三步走:对高利贷加强管理;不许黑市淘钱;选100家表现好的组建村镇(社区)银行。

毛省长说,温州经济当前面临两个方面的问题:一个是实业大家不想搞,转搞投机,泡沫操作过分了;另外一个问题是民间资金,热钱找不到出路,你把房地产一控,他这个热钱就存在银行里了。这些人有经济头脑,他不想干实业,那这些钱怎么办呢?去炒钱了,去搞高利贷了。所以,要下决心把温州作为突破口。温州的突破口是什么呢?就是民间借贷的阳光化、规范化。为此,要加快推进温州的地方金融改革试验,把温州的试点意见上报国务院。

这正是毛省长为浙江的民营经济找出的一条集聚资本、释放活力的再发展之路。

对此,毛省长在全省召开的一次研究工业问题的会议上曾指出:温州金融改革可分三步走。第一步,所有的民间借贷统统登记,从地下操作变成阳光化。同时要解决高利贷问题。对高利贷要加强管理,比如利率控制在银行利率的4倍以内,要自己商量怎么调下来。第二步，不许你黑市掏钱。登记过的机构全部进行培训，如继续违规，就查处。考试后不违规的，就评选，分等级评选：第一类，民间借贷好的；第二类，比较好的；第三类，不违法、不违规的；最后一类，不好的，予以逐步查处、警告，黄牌警告。第三步，明确宣布，表现好的选100家，这100家可以将来组建村镇银行或者社区银行。这样，一个地方的金融改革可以做了。我们不是在为30万亿元找出路吗？这也是找出路啊，这个出路就是改革的路、阳光的路，从而也是发展的路，要把他们引导到这里来。

毛省长说，我们这样做，银行都会支持的，国家银行也会支持。为什么？你国有银行，服务不周到，老是被指责。另外呢，银行一看，你的领域跟我的领域不要紧的，是错位的，他们会支持你改革，你征得他们同意，容易通过。你不要搞什么华侨银行，你批都批不出来。关键要把批文抓紧讨出来，不讨出来，过了这个村就没这个店了，我们每次改革都是这样的。省里想搞一个创业财富中心，就是想发展投资银行。投资银行是搞投资的，不是搞一般借贷的，比如上海金融中心，就是要实现投资，投资服务达到最高水平，就成金融中心了。美国的华尔街，实际上最后是投资，投资就是中介化，通过中介化来吸收投资资金。投资资金再变成实业资本，变成产业资本，把这个方面打通了，就得到了金融改革的最终结果。

三、产业结构调整问题：应当把小微企业和科技人员结合起来，发展科技型制造业和科技型服务业，借以创建特色工业设计，提升块状经济。

在谈到金融改革要和产业结构调整相结合的问题时，毛省长说，小微企业如能和科技人员结合起来，大力发展科技型民营经济，包括科技型的制造业和科技型的服务业，对于传统制造业的提升具有非常重大的作用，既能促进结构调整，优化结构，还能对其他传统制造业的结构调整起到巨大的促进作用。同时发展特色工业设计和电子商务，树立品牌,使品牌发展成为提升区域发展的重要支撑点和标志。

　　毛省长指出,说到提升,比如我们现在的机械制造业,它如何提升?要向智能化提升,通过信息化来武装,用信息化来打开浙江经济的一片新天地。如果科技型的软件企业发展多了,特别是嵌入型的软件多了,我们的传统机械企业,就提升到机械一体化的装备制造业。所以,现在的民营经济的结构调整,我觉得一个很重要的问题是发展科技型的中小企业,包括科技型的制造业和科技型的服务业。这也是推动结构调整的一个巨大的支撑点,但是目前在这方面我们的优势不够。而以推进科技人员和民间资金、民间资本对接,来发展科技型中小企业,这应该是浙江经济发展的一个重要战略思路。

　　毛省长还着重谈到习近平总书记在2012年"两会"期间对浙江代表团的重要讲话。习近平总书记要浙江把握处理好四大关系,其中之一就是需要把握处理好"大"与"小"的关系。浙江是以中小企业为主的省份,是民营经济优势非常突出的省份,不能只抓"大"的,不管"小"的,"大"和"小"之间是相互促进的,是可以良性互动的,所以,既要抓好"大"的,大产业、大平台、大企业,又要花力气发挥浙江的优势,抓好中小民营企业的发展。

　　的确,成千上万的中小民营企业活了、强了,就意味着浙江经济将有持续的活力和持续的竞争力。

　　毛省长还着重谈了民营经济课题研究问题:你选题,我支持。发展民营经济,重在提升企业综合素质。提出将解决中小微企业发展中的矛盾问题作为研究重点。

　　毛省长在谈了上述观点后说,希望你对这些问题做一些研究。这些问题的研究,我看你那里能不能提供点支持,解剖一两个块状经济,民营企业怎样提高素质,提高劳动者的素质,提高人才的素质,创立民营企业的品牌,推动民营企业转型升级。这方面,你可以搞点课题研究,来提供支持。上次我跟你讲的,我觉得,这些方面如可以做点文章,我给点课题你做就是了,叫你的博士生做就行了,这是跟民营经济研究中心、民营经济研究会有联系的,跟你带的博士生有联系的,跟我的工作、我需要的东西有联系的,跟国家的大局都是有联系的。

我对毛省长说,为省政府做课题责任重、压力大。2008 年,我为当时的金德水副省长做过有关民营汽车产业课题。2008 年,国际金融危机给浙江经济带来了很大困难,如何迎接挑战,摆脱困境,省委书记赵洪祝同志当时要金德水副省长找突破口。金省长通过调研发现,浙江可以民营汽车产业作为突破口,赵书记同意了。金省长要我做这个课题,一开始我不敢接受,后来在他的一再鼓励下,我才应承下来。因为当时的客观背景,金省长对课题必须抓得紧,催得急是理所当然的。我这个人,有点完美主义,一旦接受的任务,都会力求圆满完成。给省政府做课题要有战略的思路、全局的观念,又要有突破口,具有可操作性。

我同样怕接受毛省长的这一课题。毛省长为了鼓励我接受,做了很好的思想工作,让我消除顾虑。他说:你研究中心主任也是啊,会长也是啊,下面一帮人,你让他们没事干也不行啊。你当这个头嘛! 也要给他们一点机会喽。

我说,您给我的时间宽松的话,我就乐意承担。毛省长说,你自己选题。我说,我就怕急,一急,就失去了人身自由。我做汽车产业时,其他什么事都不能做啊,金德水副省长催得很紧很紧,压力很大,但也很快完成了,最后还出了一部专著《浙江民营汽车产业转型升级战略研究》。

毛省长听了我的话后说,我跟你说:第一,你不一定要用我的题目,这样你好做一点。有的时候,我给你一个题目,不一定适合你的情况,你自己可以选。第二,根据你的力量、你的时间去安排,给你一点自由度,今年给个题目也好,明年给个题目也好。那个研究中心在你那里,你总要有所作为的,你看看,你做的什么事需要我支持的,你说。

　　毛省长的话深深地感动了我,我高兴地接受了。我对毛省长说,命题我自己想,最后要给您看,您认为选题可以,我再开始做,要是不可以,就不做。课题总要对政府有点用,或者对您的工作有点参考价值。

　　根据自己对毛省长讲话精神的领悟,我初拟了一个课题大纲,分四个部分:背景篇、发展篇、案例篇、总结篇,暂定为十三章。大纲共一万余字,于2012年1月17日呈报毛省长审阅。毛省长1月19日就作出了批示:

　　　　开展中小民营企业研究很有必要,我赞成……具体研究
　　工作,请经信委(中小企业局)、科技厅等各有关部门积极参
　　与并配合支持!

　　得到毛省长的批示后,我深受鼓舞,对初拟大纲又进行了一次修改,增列一章,并于2012年2月6日向毛省长呈上大纲第二稿。3月9日,我邀请了部分专家和领导对课题大纲第二稿进行了审议,在听取各方面意见的基础上形成了大纲的第三稿,于3月21日呈上,毛省长次日即作了批示:

　　　　这个课题我同意立项,具体由省经信委(中小企业局)负
　　责联系,希望能够根据当前及今后面临的形势,重点研究加
　　快民营经济(中小企业)转型升级、再创新优势的对策举措,
　　提供这样的咨询性的研究报告。
　　　　……

　　按照毛省长的批示,我把课题立足到转型升级和具有咨询性报告上来,对课题作了调整,组织开展调研,于2013年5月8日完成了课题的阶段性报告,并呈报了毛省长。毛省长5月21日又作了批示,批示内容是:

建议将中小微企业的升级发展中的矛盾问题解决的研究作为重点

根据毛省长这一新的批示,我对课题又做了调整,并于 2013 年 6 月 27 日以"一个总报告、八个分报告"的形式再呈送。毛省长于 7 月 2 日作了圈阅。

课题立项时,我有个打算,想通过调研对我国民营经济的发展状况有一个较为全面的了解和认识,以便出一套丛书,但这一打算未能如愿,原因多种。

第一,办事效率不高。在调研过程中,需要通过经信委(中小企业局)或科技厅帮助和外省市及本省市中小企业主管部门联系。我们列出调研提纲,交由经信委(中小企业局)或科技厅与对方联系,并由对方落实到企业,由于各种原因,起码要花费半个月甚至一个月(外省市)以上的时间。我发现,政府的转型并未走在企业转型之先,效率不高,办事拖沓的现象比较普遍,这就难免影响课题的进展。

第二,人员精力无法集中。参加课题的一些成员或负有教学任务,或因为个人原因,难以保证全程参与调研,而被调研方一旦确定接待时间就不能更改。课题组有些成员未能如期而至,担子往往就落在我个人的肩上。

第三,因多种原因,中途我不得不对参与课题的人员进行调整,甚至个别篇章不得不换人撰写,而新选人员对课题也需有一个逐渐融入的过程。

总结正负经验,为我的中央财经大学博士研究生、青年教师付丽琴副教授和我的博士研究生、中国传媒大学副教授仇喜雪以及我的浙江财经大学的硕士研究生们做好《电子商务促进浙江省装备制造业转型升级研究》(已于 2014 年 8 月中旬开题)这一新立项课题有重要意义。

第四，调研很辛苦。舟车劳顿，往往下午两点才进午餐，八九点钟进晚餐更是常有的事。2013 年 7 月，酷暑、劳累和压力终于使我累倒了，生病住院期间，课题陷入群龙无首的境地，被迫耽搁下来。待我恢复后，抓紧时间修改课题报告，并终于在 2013 年 10 月 10 日完成了课题的结题工作，并呈送毛省长。

毛省长 10 月 18 日即对课题作了重要批示：

> 很有参考价值。请科技厅、经信委、金融办、国税局、地
> 税局、人行、银监局、商务厅参阅。

见到了毛省长的批示，我兴奋不已，这是省领导对我所倾注的心血的认可。虽然，我自知课题未能全面体现毛省长关于发展民营经济，尤其是民营企业如何转型升级的思想，但是，领导的肯定还是给了我极大的鼓舞。

我在本书序言中较多地介绍了毛省长和我的谈话，意在让读者较多地了解毛省长有关发展民营经济的思想和对浙江中小民营企业转型升级的正确思路，这也是我对课题不足之处的一个弥补。

课题成果也得到了主管部门和社会的认可。浙江省科技厅在2013 年 10 月将课题总报告以《我省中小民营企业转型升级面临的问题和建议》在科技厅自己的刊物上发表，同时将报告报省委办公厅、省政府办公厅，"送省人大、省政协领导、国家科技部办公厅、省科教领导小组成员单位、各市科技局、各高校、科研院所、省软科学专家咨询组成员"。浙江省经信委和科技厅对课题也做了评审。

浙江省经信委的审核意见如下：

> 省政府课题《浙江中小民营企业发展研究》成果的报告
> 《浙江中小民营企业转型升级面临的问题和建议》已获毛光
> 烈副省长的重要批示："很有参考价值。请科技厅、经信委、
> 金融办、国税局、地税局、人行、银监局、商务厅参阅。"我们同

意毛省长的批示。为了完成本课题,课题组进行了大量的调研,深入分析了当前民营企业转型升级遇到的问题,并据此提出了针对性的思路和建议,对推动我省民营企业加快转型升级和发展具有很强的实践指导意义和借鉴参考价值。

浙江省科技厅的审核意见如下:

　　《浙江中小民营企业转型升级面临的问题和建议》的报告是建立在课题组对省内外众多民营企业的调研基础上的,报告中指出的民营企业发展中遇到的问题,具有一定的典型性和代表性。报告对于进一步推动浙江中小民营企业转型升级提出的七项具体建议,对有关部门指导我省民营经济的转型升级和持续健康发展很有参考价值。

　　同时,这一课题的完成在社会上也引来了广泛的回应,获得了省内外一些媒体的关注和报道。

　　2014 年 3 月 10 日,《浙江日报》以"切实推进我省中小民营企业转型升级"为通栏大标题,近 2/3 个版面摘登了课题报告。中共中央编译局主管的国家级双月刊《经济社会体制比较》(2014 年第 2 期)发表了我的论文《浙江中小民营企业转型升级问题研究》"万言书"。2014年 5 月 8 日,《杭州日报》"学与思"版刊登了课题中的《完善创新创业服务体系促进中小民营企业转型升级》;6 月 12 日,又刊登了课题中的《为浙江中小民营企业转型升级发展生产性服务业》。由国务院发展研究中心主管的《中国经济报告》(2014 年第 6 期)以"浙江中小民企融资难题"为题刊登了几个版面的课题内容。

　　广东省一些曾为我们课题组调研做安排的中小民营企业主管部门的同志看到了媒体对课题的报道,也来电表示祝贺,认为课题所反映的问题很有现实意义,所提的政策建议很有针对性,并索要报告文本。北京、上海、天津、广东、山东等省、市的媒体还就中国经济运行中有关民营经济的热点问题向我咨询。一些省、市有关方面还邀请我去做专题报告：2014 年 7 月 2 日,我应邀为苏州国家高新区工委统战部、工商联和商会率领的民营企业家赴浙江考察团做了题为《浙苏民营经济发展比较研究》的专场讲座;安徽亳州地区市委、市政府副秘书长和市委党校校长也分别约请我去做推动民营经济发展的专题报告;2014 年 8 月 23 日,温州市委副秘书长也邀请我去做专题报告;2014 年 10 月 9 日,南京市委党校邀请我去做发展民营经济的专题讲座……

亲爱的读者:书中"导论"囊括了全书各章的精华,时间有限的读者,建议可以重点阅读"导论",而"自序"未尽之言也已在"后记"中补进。尽管课题尚有很多不足之处,但政府和社会的肯定,对我们来说是莫大的安慰和勉励。

我衷心祈盼浙江民营企业在中国经济再转型的大舞台上上演一幕有声有色、威武雄壮的大剧。

是为序。

单 东

2014 年 10 月于杭州

目　录

导　论

　　浙江是中国民营经济最早的发育地之一,也是全国著名的民营经济大省,素有"中小民营企业王国"之美誉。由全国工商联主办的"2012年中国民营企业500强"评选中,浙江有142家企业入围,蝉联民企大省之首,这已是浙江民企数量连续14年位居全国首位。

　　据统计,截至2012年年底,浙江省共有各类市场主体350万户,其中个体工商户255万户,民营企业78万户,占内资企业比重的87%。民营企业的生产总值占全省的70%以上,民营经济提供了全省90%左右的就业岗位,贡献了60%以上的税收,可以说,民营经济是浙江经济繁荣的源泉,是社会稳定的基础,是全面建成小康社会的重要保障。而民营企业中,中小民营企业占其总数的99%以上,由此可见中小民营企业在浙江民营经济中的重要地位。

　　然而,随着资源环境的约束加剧和外部竞争的日趋激烈,浙江民营经济的先发优势已不明显,增长后劲乏力。自2010年以来,浙江中小民营企业发展十分艰难:海外订单锐减、劳动力和原材料价格不断上升、税负重、融资难、融资贵(据调查,各大银行对中小民营企业的贷款利率在过去几年中普遍上浮30%左右)、生产成本节节攀升,有6.6万家中小民营企业的总产值和利润持续下降,2011年,全省逾144447

家中小民营企业倒闭注销。浙江,尤其是温州,甚至出现了中小民营企业的倒闭浪潮。浙江中小民营企业的发展陷入了生死攸关的境地。

　　中小民营企业经营环境的恶化,引起了浙江省委、省政府的高度重视。为了解决中小民营企业的生存危机和促进其再发展,浙江省委、省政府及时提出了转型升级。唯有转型升级,才能使中小民营企业走出困境,再创辉煌。浙江省副省长毛光烈批示的本课题,正是在这一大背景下提出来的。如何实现转型升级,已成为当前一个重大而紧迫的问题,这也就是本课题的主旨所在。

一、浙江民营经济特点、地位和作用

(一)浙江民营经济的特点

　　第一,以加工贸易为主。浙江民营经济虽然力量雄厚,但从总体上讲,是以加工型、出口型和中小企业为主,且以低、散、小的劳动密集型企业居多。20 世纪 80 年代起,浙江承接了大量的外向型劳动密集型产业,只要人们有勤劳的双手敢创敢拼的胆气和几分运气,就能发展壮大,成为先富者。家家作坊,户户作业。这些中小企业无须技术,不需投入,只要几个劳动力,便能开工生产。它在改革开放之初,为浙江经济的繁荣发展奠定了基础,使得浙江一跃而起成为中国经济最发达的地区之一。

　　第二,产业集群特色明显。浙江经济发展的另一个特征是产业集群明显,它是浙江民营经济发展的重要特色。它的特点是,在同一区域内,集中发展某一产业,并且有较长的产业链、细化的社会分工、专业化生产和企业之间紧密的关联度等特征,其个性和特色在于小企业大集群、单个企业规模很小,但整合规模较大,小商品大市场,小产品大产业,在国内占据一定比例,形成一定优势。一县一业,一村一品是它最鲜明的特色。如绍兴的轻纺、嘉善的木业、海宁的皮革、永康的五金、义乌的小商品、桐乡的羊毛衫、柳市的低压电器等,在全国乃至国际上都赫赫有名。

第三,市场与企业互动活跃。浙江民营企业机制活,市场敏感强,应对市场反应快,具备先发的体制机制优势。浙江民营企业与国企相比,市场反应速度快;与技术发展比,产品创新速度快;与企业扩张比,管理进步速度快;与外部环境比,全员学习速度快;与自身资源能力比,企业发展速度快。浙江民营企业看好一个项目,从决策到融资再到生产,往往快则一个月慢则三个月之内就可以完成,完全市场化导向,市场需要什么,企业生产什么。这种快速反应的决策机制、迅速行动的执行能力,成为其制胜市场的突出竞争力。拿服装行业来说,浙江服装商人过去特别让人称道的一点,就是他们对市场反应的速度。这些企业对市场反应迅速,如意大利或欧洲发布一个新的流行款式,第二天他们就可以拷贝进行大批量生产。做到"三天出小样,五天成批量,七天上市场"。

第四,企业家精神。浙江涌现出宗庆后、马云等一大批优秀的民营企业家。这些企业家敢于冲破各种僵化观念和陈规陋习的束缚,具有一种钱江大潮弄潮儿的无畏气概,具有第一个"吃螃蟹"的冒险精神,具有"争喝头口水"的超前意识,敢闯敢冒,敢走天下路,敢为天下先。哪里有市场哪里就有浙江人,哪里有浙江人哪里就有市场。同时他们为了实现自己的创业目标,什么苦都能吃,什么脏活、苦活、累活都肯干。白天当老板,晚上睡地板,都是浙江民营企业家素质优势的体现。

(二)浙江民营经济的地位和作用

第一,提高人们生活水平。国家统计局浙江调查总队发布消息,2012 年浙江省城镇居民人均可支配收入为 34550 元,比上年名义增长11.6%,扣除价格因素影响,实际增长 9.2%。浙江省农村居民人均纯收入 14552 元,比上年名义增长 11.3%,扣除价格因素影响,实际增长8.8%。国家统计局此前公布的数据,2012 年全国城镇居民人均可支配收入 24565 元,比上年名义增长 12.6%,扣除价格因素实际增长 9.6%。全国农村居民人均纯收入 7917 元,比上年名义增长 13.5%;扣除价格因素实际增长 10.7%。浙江省城镇居民年可支配收入比全国水平高出 40.6%,农村居民人均纯收入比全国水平高出 83.8%。浙江经济的主力军是民营经济,可以说,对浙江人们生活水平的提高做出最大贡献的是民营经济。

第二,促进了就业。从 2008 年全国第二次经济普查资料看(第三次经济普查数据 2014 年公布),浙江民企就业人数 1452 万人,占全部企业总就业人数的 78%。与 2004 年第一次经济普查比,全省企业新增 473 万个就业岗位,其中国有、集体、股份合作企业的就业岗位在减少,而民企提供了 360 多万个新增就业岗位,占全省新增就业岗位的 86%。同时,浙江民营经济贡献了全省 60% 左右的税收。民营企业日益成为就业的主体。2011 年开始,在全国经济形势都不乐观的情况下,浙江民营企业用工不减反增。2013 年浙江省 26.7 万大学毕业生,民营企业是就业主体。

第三,推进了城镇化建设。浙江民营企业的异军崛起和专业市场的迅猛发展,不断推进了浙江农村经济的快速发展,形成了具有地方特色的区域经济,并且也增进了小城镇的快速发展,推进了农村城镇化进程。同时,民营经济推动的小城镇发展,在整个农村城镇化的过程中发挥了重要作用:形成新的乡村人居点;推动经济增长方式转变;推动经济体制改革;小城镇增进城乡融合;完善城市化建设网络体系;小城镇是新农村建设的重要载体等。浙江民营经济推动农村城镇化最初的推动力大都来自民营经济的蓬勃兴起,通过民营企业的发展和专业市场的兴起,逐步促进人口、资金和技术的集聚,自发地或在政府指导下形成工业区和开发区,这些开发区经过一段时间的发展和运营,逐渐形成新的城镇建成区,有的地区持续在城镇化的政策指导下发展成特色强镇,有的地区由于地缘关系,逐渐融入附近的大都市,参与到大都市战略中。

第四，集聚财富推进社会建设。民营企业集聚了大量的社会财富，积极参与社会建设，在教育事业、科技事业、文化事业、医疗卫生、体育事业、劳动就业、社会保障、社区建设等方面做出了很多贡献。如浙江民营企业参与农村经济社会事业建设迄今投资已超过200亿元，"反哺工程"、"万家企业结对万个村"等活动，在浙江农村广泛开展。从农民最现实的需求出发，民营企业结对帮助村民发展生产、环境整治、扶贫开发、培训就业、慈善助学等，尽可能有效解决农民最关心、最直接、最迫切的问题。再如民营企业加大了对高校科技的投入，每年民营企业资助高校进行科技研发的经费超过了2亿元。民营企业在为高校办学捐款，捐赠仪器设备等公益事业上每年都投入巨额的资金。

二、当前影响浙江中小民营企业转型升级的关键问题

（一）企业税费重

在税收方面，企业普遍反映，浙江的税负较广东和上海重。浙江、广东和上海三地的销售税负率分别是10.5%、7.6%和6.7%。一些地区税务部门为了完成考核指标，存在随意摊派税收的现象，有的税务部门在企业交完本年度应交的税款后，还要求企业预交下一年度的税。我们在深圳调研时，一些浙江民营企业家表示愿意响应浙江省委、省政府的号召，回归故乡，但浙江的税费负担高出深圳10%以上，使他们望而却步，从而放弃了回归的念头。2012年12月1日，浙江省启动"营业税"改"增值税"试点工作，杭州市某镇的中小民营企业反映，"营改增"一刀切，不但没有减轻其税收负担，反而大大加重了他们的负担。除了税收，各项费用负担也很重，一些地方的企业还需要缴纳200多项行政事业性收费。

（二）企业融资难

由于金融行业进入门槛高，金融机构基本为国有大银行所垄断，

大银行更愿意贷款给大企业,中小民营企业从银行融资十分困难,融资成本高。民营企业不仅要承担较高的贷款利率(通常是基准利率上浮20%),还需承担贷款过程中的各项隐性成本和隐性风险,如有的银行要求必须先存相当高比例的资金,才能贷款;有的银行以承兑汇票形式发放贷款,企业用承兑汇票贴现,额外增加3%的贴现。总之,银行对小微民营企业的贷款存在很多附加条件。大多数中小微民企是靠租赁的土地和厂房创业的,无担保物,银行为分散风险,于是让民企搞"互保"。"互保"往往导致较大范围的金融风险,一旦有个别企业出现经营困难或倒闭而无法偿还贷款时,就会产生连锁反应,温州在这方面问题尤为严重。

(三)创新意愿低

中小民营企业长期技术基础薄弱、技术积累不足,普遍采取低技术、低成本发展战略。技术创新往往对资金的需求量大,同时又存在较大的技术与市场风险。我们调研发现,中小民营企业由于规模小,财力不足,承受风险能力弱,市场融资难,创新资金往往短缺,普遍采取低技术、低成本发展战略。有些中小民营企业也逐渐意识到技术创新对企业持续发展的重要性,并逐渐尝试开展各种形式的技术创新活动。但专利等知识产权保护不够,执法力量薄弱,企业创新的成果往往会被产业集群内其他企业无偿获得,创新积极性备受打击。

(四)高级人才缺

中小民营企业转型升级主要依赖于研发人才和高级技术工人。中小民营企业规模小,很难承受高级研发人员的雇佣成本,一线高级技术工人流动性大、非常紧缺,企业想对工人进行培训,但又怕培训完,高级技工又跳槽了,人财两空。随着劳动力成本不断攀升,企业面临更大的成本压力。另外,与中西部省份相比,浙江省生活成本高,只能以更高的工资来留人,年薪5万元的用工时代已经指日可待。子女的教育升学问题、社会保障等也影响招工问题。浙江省大部分地区2012年年初就出现了比较严重的招工难问题,杭州、宁波等地区更为严重。

（五）市场信心差

利润高的垄断行业"玻璃门"的存在。中小民营企业所能做的是国有企业瓜分后的那些利润并不高的行业,这些年生意越来越不好做,各项成本都在上涨,而利润率却在下降。产业升级、更新换代需要钱,中小民营企业又很难从银行贷到款,升级无从谈起,只能维持在低利润水平勉强生存。在民营企业家心中,对中国经济未来发展的信心,对民营企业的发展空间、民间资本未来投资环境的信心,都有减弱的趋势。担心政策的不稳定性造成资产损失。担心自己的财富安全甚至是人身安全,会在未来的某一天受到威胁。根据《法治周末》的公开报道,"温州民营企业家中,有意向办理投资移民、正在办理和已经办理移民的比例在70％左右。"企业家信心不足,裸商群体的出现,其危害不仅仅是当前经济的发展,而且极容易引起社会问题和金融风险等问题,甚至会动摇浙江经济长远发展的根基。

三、采取有效措施　加快企业转型升级

如何破解中小民营企业面临的上述问题?

（一）转变政府职能,发挥社会组织功能

一是建设服务型政府,减少审批权。2014年以来,国务院已取消和下放了200多项行政审批。省政府要把这些国家下放的审批项目的审批办法落实到位。对于不需要进行审批的,坚决交给市场去做,释放市场的活力。既要积极主动地放掉该放的权,又要认真负责地管好该管的事,切实从"越位点"退出,把"缺位点"补上,做到简政放权和加强监管齐推进、相协调。

二是减少直接的行政干预,遵循经济规律。减少经济事务和社会事务的政府机构,地方政府官员业绩考核与GDP脱钩。从制度上保障大幅度减少对企业的行政干预。鼓励社会组织积极参与社会事务,放宽对非政府组织建立的审批,并逐步过渡到登记制度。鼓励社区组织、行业同业组织、社会服务组织等的发展。

（二）降低税费水平,减轻企业经营负担

一是落实国家结构性减税政策,降低流转税税率。浙江省是"营"改"增"试点省。落实国家结构性减税政策,依据第三产业的比重和行业性质,将现行增值税的税率调整为13％、11％或6％。"营改增"的增值税率已在原17％标准税率、13％低税率基础上,依据第三产业的具体行业不同,新增了11％、6％两个档次低税率。因此,对于第三产业比重大、特别是"营改增"后加重税负的中小民营企业,应结合第三产业具体行业的性质,使用更低档次的增值税率。

二是理顺制造业和服务业之间的税负平衡。增值税本身属于中性税收,不论税负轻重都应以不干涉经济为前提,而现行增值税（包括"营"改"增"部分）已经偏离了这一基本方向。建议实行双轨制增值税作为过渡措施,即在现行扣税法基础上,对未实行增值税的行业和项目,其购买者可以采取扣额法来扣除,以消除重复征税,这样,"营"改"增"试点过程中存在的各个问题就会迎刃而解。

三是完善中小民营企业的税收政策。提高中小民营企业年缴纳所得额门槛标准,使中小民营企业享受低税率优惠政策的企业范围扩大。取消创业投资企业优惠政策中的高新技术要求,取消满两年起享受税收优惠政策的限制,使企业在创业初期就能受益,缓解创业难;减少企业"三新"研发的税收优惠政策的条件限制;增加对受让方以受让技术实现一定所得税减免的优惠,鼓励企业在自身研发能力弱,或者不能自行研发的情况下,积极引进技术转化为生产能力。

四是规范征税制度,杜绝突击征税。在完善中小民营企业税收法律制度的同时,必须督促执法部门严格执行法律,严厉打击执法者滥用职权,突击收税、提前收税和额外收税的行为。另外,改变税务部门的考核机制,税务部门应以监督企业合法纳税为宗旨,而不应设置税收考核目标,改变现有的目标任务层层摊派的征税方式,实现征税程序的规范化、合法化。

(三)开拓融资渠道,降低企业融资成本

一是推进农信机构市场化改革。建议切实推动、督促省联社等农信机构经营机制的"市场化",吸引优秀民营企业参股入股。做到"干部能上能下、员工能进能出";"岗位靠竞争、薪酬按贡献";"主动出击营销,客户至上,不断按客户需求创新产品"。

二是加快发展村镇银行。发展小型金融机构,建立覆盖广、差异化、效率高的金融服务机构体系。建议完善各项政策,大力发展村镇银行,实现小型金融机构县域的"全覆盖",提高村镇银行的竞争力度。2013 年 7 月 16 日国务院副总理马凯率"一行三会"的掌门人,召开全攻坚小微企业融资难题会议。最重要的一项决议就是积极发展小型金融机构,建立广覆盖、差异化、高效率的金融服务机构体系。浙江省应该充分利用这样的政策,抓住机遇大力发展村镇银行。

三是支持"电商金融"等金融创新。支持网络金融的发展、创新。支持和鼓励地方金融创新,如德清的"P2C",台州市农村自发的合作金融组织,一些地方的中小企业转贷基金等。"阿里金融"利用电商数据和网络平台发放小额信用贷款。截至 2013 年 5 月末止,贷款余额已超过 53 亿元。虽然它是面向全国客户的,但是浙江客户毕竟最多。要关注、研究电商金融、网络金融,尤其是"阿里金融",支持其发展、创新,并给予必要的帮助。

四是支持小额贷款公司发展。落实《关于小额贷款公司试点的指导意见》中"自然人"的第一位投资人地位,以及资本金下限。鼓励与支持属于民间金融资本的"三种人"主发起的小贷公司("三种人"是:"下海"创业的金融业务骨干;民间放贷人及典当、担保公司、投资咨询公司等准金融行业的从业者;将全部资本从工商企业中转移出来改投金融业的原工商企业主)。承认小额贷款公司的金融机构身份,为解决杠杆率问题及有效监管扫清道路,进而发展成为与银行"联姻"的金融公司。

五是努力利用现行资本市场。着力强化对中小民营企业的增信服务和信息服务,鼓励和支持杭州银行等商业银行,形成"中小民营企业—信息和增信服务机构—商业银行"利益共享、风险共担的新机制。用足政策,办好浙江省股权交易中心。中国证监会主席肖钢表示支持证券公司通过区域性股权转让市场为中小民营企业提供挂牌公司推荐、股权代理买卖等服务。浙江省要抓住机遇走在全国前列。继续鼓励、支持有条件的中小民营企业上市。要尽可能地发展"中小民营企业集合债券"。

（四）加强知识产权保护,激发企业创新动力

一是加大知识产权保护力度。知识产权对于产业发展的重要影响日益突出。而浙江省高级人民法院提供的资料显示,2008 年至 2012 年,浙江省法院受理的知识产权纠纷案件数量年均增长 77.36％,约为全国的两倍。可见,知识产权保护对浙江省的重要性比对国内其他大多数地区要高出很多。我们在杭州瑞德设计公司调研时,老总李琦向我们反映,目前知识产权的价值无法得到充分体现和保护。现在我们想要实现经济的转型升级,就必须强化知识产权保护。浙江在这方面可以加大力度,在全国范围内做出表率。降低维权成本,努力增大具有知识产权企业的收益。法院对于侵犯知识产权的案件的审理要从严、从快、从重。并广泛利用媒体宣传法院的判决结果,营造谁开发谁拥有知识产权,谁受益,谁侵害知识产权,谁就面临巨额赔偿的局面。为创新驱动发展战略的实施营造良好氛围。一方面浙江会在知识产权保护上赢得全国典范的声誉和形象,另一方面浙江经济本身还会显著受益于知识产权保护。

二是推进民间技术市场发育。由于技术创新存在着信息不对称的困境,并且当前全国对技术市场中的知识产权的保护不力,推进民

间技术市场的发育非常迫切。市场是技术创新中资源配置和利用的有效场所,也是技术创新的立足点。市场环境与市场机制、市场法制的完善对企业技术创新有重要作用。市场环境对于技术创新具有重要影响,甚至在一定程度上决定了技术创新的成败。市场环境本身是国家创新系统的重要内容,它既提供了创新主体的资源配置要素和利用方式,也为企业的技术创新提供了外部条件和环境。推进民间技术市场发育使市场有序、公平竞争、知识产权保护有力,避免或减少对创新成果的随意模仿、仿制、仿冒现象。要加快自主创新成果产业化市场环境的建设。切实做好自主创新成果产业化的知识产权风险评估工作,确保核心技术获得专利保护。加快研究并建立自主创新产品的风险化解机制,推动自主创新产品开拓市场。营造有利于技术创新的市场环境,需要从政策、法律、创新资源配置、市场结构优化等多方面进行改进。

(五)加强人才工作,保障企业智力资源

一是加强企业家的培养,实现企业家队伍的"转型升级"。这方面可以借鉴江苏的经验。我们自 2012 年 9 月 17 日起,对江苏民营企业进行了为期一周的调研。调研过程中,我们了解到,江苏由政府采购企业家培训项目,面向企业家,举办公益性的学习讲座,让企业家们系统地学习和探讨如何建立学习型企业、如何促进民营企业快速发展等内容。加强对"富二代"的培养。政府出资办"富二代"培训班,支持他们把经营团队建立好,确保企业后继有人。

二是加强研发人员的培养和引进。与产业经济结合起来,大力引进优秀"海外工程师",推进核心技术和关键工艺研发、新产品设计制造、新材料技术开发。支持企业加强自身研发人员的培养。在"事业留人、待遇留人、感情留人"的基础上,实现"制度留人"。促进高校科技人才向企业流动聚集。将高校科技人才变成企业研发创新的主力军。健全科技人才流动机制,支持高校教师向企业流动。

三是加强职业教育力度,加快高级技工的供给。加大职业院校与企业合作支持力度。统筹职业教育资源,依托大型企业、重点院校建设技能型、高技能型人才培养和实训基地。允许营利性职业教育机构实行企业化、股份制运行。充分吸收民间资本,动员全社会力量和资本发展职业教育。大力推进浙江省职业院校上层次。开展本科及以上层次的应用型技术教育,从而提高浙江省培养产业工人的质量。

四是创造吸引人才的环境。人才是技术创新最重要的资源,以个人成长促进企业的成长及个人与企业共同成长,是许多创新绩效优良的企业的重要经验。技术创新人力资源管理的基本环节是选拔、培训、激励、绩效评价、人员配置、职业发展和组织结构调整等。其中,竞争性的选拔是许多创新成功企业的重要做法和经验,通过竞争性的选拔更能发现人才。要把个人成长、追求成功的愿望与企业的成长和企业追求卓越的愿望有机地统一协调在企业制度体系中,激励、创新需要拥有一套员工广为接受的薪酬体系和奖励系统。绩效评价、选拔、培训、激励、人员流动均依赖于一个科学公正的评价体系。

(六)优化产业政策,营造企业良好环境

一是切实保护民营企业经营者的利益。湖南等地发生的官员非法侵害民营企业家财产的案例,极大地降低了企业家的安全感。浙江省要坚决杜绝此类事件的发生。将企业家正常的融资借款与非法集资严格区分开来,不轻易使用"非法集资罪"调查企业家,拘禁企业家。

二是打破"玻璃门",真正像对待国企那样对待民营企业。全面落实"民间投资新36条",争取中小民营企业与国有企业的同等地位。积极引导民营企业参与到公共事业建设、城镇化建设中来。在金融方面,利用好温州金融改革试验区可以先行先试的机会,放宽对金融机构的股比限制,鼓励民间资本发起或参与设立中小金融机构。

三是鼓励企业运用自动化设备。外来劳动力成本不断攀高,传统的用工方式也难以解决浙江劳动力匮乏的问题。应该出台多种措施——例如税收抵免、加速设备折旧、财政补贴等,鼓励、支持企业采用自动化生产技术,加大"机器换人"的推广力度。

四是建设产学研协同融合创新中心。建设产学研协同融合创新中心,在税收、行政事业性收费、培训、财政扶持等方面都要有实质性政策支持。将省内小企业创业基地纳入全省中小企业专项发展资金扶持范围,依托高等院校、科研院所的科技优势,支持用于提升创业孵化功能的软硬件建设。

根据以上思路,本书的内容分为以下八章:第一章,以税收制度改革助推浙江中小民营企业转型升级;第二章,努力为浙江中小民营企业营造较为公平的金融环境;第三章,产业政策与浙江中小民营企业转型升级;第四章,转变政府职能服务浙江中小民营企业转型升级;第五章,发展生产性服务业助力浙江中小民营企业转型升级;第六章,建设创业创新服务体系促进浙江中小民营企业转型升级;第七章,加快浙江中小民营企业转型升级的人才策略;第八章,社会组织与浙江中小民营企业转型升级。并对各章内容进行详细论述。

第一章　以税收制度改革助推
浙江中小民营企业转型升级

在中小民营企业生存和发展的过程中,税收成为其一个非常关键的影响因素。而当前我国税收制度的不合理及税负偏高成了人们所共同质疑的一个对象。为促进经济的稳定健康发展,扭转经济危机带来的消极影响,特别是推动民营企业的转型升级,保持中小民营企业发展的可持续性,如何建立合理的税收制度,怎样设立合理的税负水平是摆在我们面前必须要解决的一个关键问题。在我们调研浙江省中小民营企业的过程中,企业普遍反映税负重。我国现行税收制度存在的问题主要集中在整体税负水平过高,税收制度不合理等方面,这些都阻碍了企业特别是中小民营企业的生存和发展。

第一节　我国现行税收制度结构和税负水平分析

我国目前实行的是以流转税和所得税为主体,其他税种为辅助的税制结构模式。从税收收入结构来看,实际上是以流转税为主体,所得税为主要辅助,其他税拾遗补阙的税制结构模式。国际上一般认为发达国家以所得税为主体税种,发展中国家以流转税为主体税制,或者以流转税和所得税为双主体税种。我国目前经济总量和人均 GDP 水平已经达到中等发达国家水平,在税制结构上理应从原来的以流转税为主体税制的税制模式向以所得税为主体,或者以流转税和所得税为主体的税制模式转化。然而,目前我国却在不断地加大流转税的制度规模和征管力度,导致流转税所占比重不降反升。

一、宏观税负总量水平分析

(一)财政收入增长水平与经济增长水平比较分析

中国经济在过去十多年间呈现出快速增长的态势,国内生产总值长期保持 9% 以上的增长幅度。2011 年世界银行全球 GDP 排名资料显示,2010 年中国已达到 5.7 万亿美元,超过了原第二大经济体日本的 5.3 万亿美元,一跃成为仅次于美国的世界第二大经济体。与经济高速增长形成鲜明对照的是,我国财政收入的增长比经济增长速度更快。以 2000 年到 2011 年的全国财政收入数据来看,GDP 年复合增长率为 13.87%,而同期财政收入复合增长率达到了 18.6%,超经济增长水平达到 34.1%。2008 年全球金融危机下,我国经济出现了明显的调整状况,经济增长水平回落到了 10% 以下,而财政收入仍然以 10% 以上高速增长,甚至在 2011 年增长率达到 24.84%,总额也超过了 10 万亿元人民币。浙江省也不例外,在 2000 年到 2011 的 11 年间,浙江省的经济增长速度是 GDP 年复合增长率为 14.75%,而同期财政收入年复合增长率是 20.09%,超经济增长水平为 36.2%,比全国平均还高,财政收入总量上也从 2000 年的 658.42 亿元跃升到 2011 年的 5925 亿元。财政收入的超经济增长必然的结果是税收占经济比重的逐步提高,一方面使经济规模受到削弱,增长缺乏后劲,另一方面,政府在经济发展中所扮演的直接参与者身份,妨碍了市场的有效调控功能的发挥。

（二）宏观税负水平分析

宏观税负水平能直接反映一个国家征收税收占经济总量的水平，体现了一个国家对整个经济的影响和干预程度。我国由于政府收入的多元化和复杂性，不能简单地按照一般税收负担原理去比较。考虑到政府收入除税收外，还有大量规费收入、预算外收入（2011年开始全部纳入预算管理）和制度外收入，这些收入又有不同的统计口径，为统一口径和方便比较，本书仅选用两个指标分析：一是纯税负水平，即现行税制征收税收占GDP水平；二是政府收入负担水平，即政府全部收入占GDP水平。同时，考虑现行财政体制自1994年开始实施，故以1993年为起点。表1-1是1993—2011年我国宏观税负水平的比较。

表 1-1 我国宏观税负水平比较（1993—2011）   单位：亿元

年　份	GDP现价	政府收入	税收收入	政府收入负担（%）	税收负担（%）
1993	35333.9	9582.08	4348.95	27.12	12.31
1994	48197.9	12946.09	5218.10	26.86	10.83
1995	60793.7	15195.59	6242.20	25.00	10.27
1996	71176.6	18549.85	7407.99	26.06	10.41
1997	78973.0	21247.38	8651.14	26.90	10.95
1998	84402.3	24107.48	9875.95	28.56	11.70
1999	89677.1	26351.95	11444.08	29.39	12.76
2000	99214.6	28745.37	13395.23	28.97	13.50
2001	109655.2	33607.51	16386.04	30.65	14.94
2002	120332.7	37725.20	18903.64	31.35	15.71
2003	135822.8	42683.80	21715.25	31.43	15.99
2004	159878.3	51506.90	26396.47	32.22	16.51
2005	184937.4	55968.69	31649.29	30.26	17.11
2006	216314.4	67230.17	38760.20	31.08	17.92
2007	265810.3	87020.51	51321.78	32.74	19.31
2008	314045.4	101850.82	68518.30	32.43	19.53

续表

年　份	GDP 现价	政府收入	税收收入	政府收入负担%	税收负担%
2009	340506.9	111592.76	68518.30	32.77	20.12
2010	401202.0	126084.12	83101.51	31.43	20.71
2011	471564.0	154052.46	103740.00	32.67	22.00

数据来源于《中国统计年鉴》。

世界银行针对不同国家收入水平类型提出宏观税负的参考标准：人均 GDP 低于 785 美元的国家为低等收入国家，宏观税负平均值为13.07%；人均 GDP 在 786～3125 美元之间的国家为中下等收入国家，宏观税负平均值为 18.59%；人均 GDP 在 3126～9655 美元之间的国家为中上等收入国家，宏观税负平均值为 21.59%；人均 GDP 大于9656 美元的国家为高收入国家，宏观税负平均值为 28.9%。我国人均 GDP 情况如表 1-2 所示。

表 1-2　中国现价人均 GDP 水平(1993—2011)　　单位：美元

年　份	1993	1994	1995	1996	1997	1998	1999
人均 GDP	517.414	466.603	601.008	699.478	770.59	817.147	862.212
年　份	2000	2001	2002	2003	2004	2005	2006
人均 GDP	945.597	1038.04	1131.80	1269.83	1486.02	1726.05	2063.87
年　份	2007	2008	2009	2010	2011		
人均 GDP	2644.56	3404.53	3738.95	4421.00	5413.57		

数据来源：http/www.imf.org.

从我国宏观税负水平来看，自 1994 年分税制改革以来，我国宏观税负水平已经从 1994 年的 10.83% 升到了 2011 年的 22%，提高了1.03 倍，而且还呈现出进一步上升的态势，这其中固然有税收征管的加强和水平提高的因素，但也不可否认因税制因素在经济规模扩大和经济效益提高基础上的税收超速增长，这与国际上普遍适用的宏观税负水平的参考标准能保持一致，但在我国还存在大量的政府规费情况下，宏观税费负担则要高出参考标准 10 个百分点以上。很显然，在如此税费压力下,企业的可持续发展将会受到极大的阻碍,转型升级会极其艰难。

二、浙江省与全国平均税负及其他省份税负比较分析

因获取数据的不完整性,我们只根据《中国统计年鉴》和《中国税务年鉴》的相关数据进行整理,按现行税制形成税收收入统计,反映情况如表 1-3 所示。

表 1-3　全国及各省市宏观税负水平(2000—2008)　　　　单位:%

地区＼年份	2000	2001	2002	2003	2004	2005	2006	2007	2008
全国	13.0	14.2	14.1	14.7	15.4	15.6	16.3	17.7	18.0
北京	37.4	43.3	32.3	31.7	31.9	37.0	42.3	46.2	50.2
上海	32.5	33.5	32.7	36.9	38.8	38.5	40.0	53.1	47.9
天津	21.2	23.6	23.2	23.6	25.7	28.0	30.0	32.1	31.6
云南	21.2	20.6	19.8	19.4	19.7	19.7	20.4	21.6	21.7
广东	20.6	21.6	19.1	19.3	19.4	18.8	19.3	22.3	21.6
浙江	14.3	16.0	16.3	17.5	18.3	18.6	19.4	20.3	20.6
山西	11.3	13.0	11.8	12.4	13.9	16.8	17.7	19.2	20.5
海南	8.7	10.1	9.8	11.4	12.0	12.6	13.4	17.1	19.4
新疆	11.1	12.3	12.7	12.7	14.3	15.0	15.8	16.8	18.3
贵州	12.9	13.7	13.8	14.0	15.1	15.9	16.8	17.4	17.4
江苏	10.7	12.2	12.9	14.0	15.5	15.1	15.5	16.0	17.0
辽宁	12.3	13.7	13.6	14.7	16.2	16.2	16.4	16.4	16.6
陕西	11.1	12.5	11.4	11.6	12.3	12.9	14.3	15.0	15.2
宁夏	11.9	13.3	10.8	10.8	12.2	13.0	13.5	13.9	14.7
福建	10.1	11.2	12.0	12.7	13.2	13.3	14.0	14.4	14.6
青海	9.8	10.7	10.2	10.0	10.0	11.2	12.4	13.3	13.6
内蒙古	9.5	9.7	9.0	9.2	10.7	12.2	12.6	13.0	13.4
黑龙江	11.4	12.3	12.5	12.4	13.2	13.0	13.8	12.8	13.3

续表

年份 地区	2000	2001	2002	2003	2004	2005	2006	2007	2008
重庆	9.0	9.9	10.2	10.8	11.6	11.4	12.1	13.4	13.3
甘肃	10.0	11.1	11.1	11.4	11.6	11.7	12.0	13.4	12.4
山东	9.8	10.8	10.7	10.8	11.0	11.0	11.7	12.2	12.1
安徽	7.9	8.6	8.7	8.9	9.3	10.1	10.8	11.5	12.0
吉林	10.3	11.4	11.3	11.8	11.9	11.2	11.1	11.2	11.8
湖北	7.1	7.5	9.0	9.6	9.6	10.6	11.2	11.3	11.2
四川	8.4	9.0	9.3	9.3	9.2	9.9	10.6	11.3	11.0
河北	7.1	7.9	8.0	8.2	9.0	9.6	9.9	10.6	11.0
江西	7.3	8.1	7.6	8.1	8.2	8.3	9.0	10.2	10.5
广西	8.9	10.6	10.0	10.1	10.3	9.9	10	10.4	10.1
湖南	7.4	8.0	8.3	8.5	9.1	9.5	9.8	10.1	9.7
河南	7.2	7.6	7.6	7.8	7.8	7.6	8.1	8.7	8.3
西藏	6.9	6.8	6.4	6.4	6.3	6.2	6.2	6.7	7.5

数据来源:根据《中国统计年鉴》和《中国税务年鉴》的相关数据整理。

从以上数据分析,不难看出:一是浙江省宏观税负明显高于全国平均水平,列浙江省之前的是北京、上海、天津、云南和广东,北京、上海、天津为直辖市,国有经济占主导地位,不具有可比性,而云南主要是烟草大省,税负高企理所当然,广东是改革开放的主阵地,经济发展快,内外流入多,经济效益高,税负自然也会较高。而浙江省主要是在国家改革开放政策指引下通过民营资本的自身积累和发展,形成了现有的经济格局,从浙江省经济构成来看,占企业总量99.9%的民营企业贡献了70%以上的经济总量和税收,与其他省区市相比,企业在国家有差异的投入状态下需要产生同样的甚至更多经济总量和税收,可以想象浙江省中小民营企业是难以承受如此压力的,更不要说主动去转型升级了。二是浙江省宏观税负增长速度明显快于全国及其他省区市,这既有经济发展快,经济效益提高的原因,但更多的是企业税负逐渐加重的结果,导致企业在经济调整时期受到市场和政府的双重制约,破产、外逃、跳楼也就在所难免。

三、宏观税负结构分析

我国虽然从名义上来说实行的是流转税和所得税为主体的双主体税制结构,但实际上实行的是以流转税为主体,所得税为主要辅助,其他税拾遗补阙的税制结构模式。表1-4可以反映这一结论。

表 1-4　中国税收结构(1999—2010)

年　份	税收收入合计 (亿元)	三项流转税收入 (亿元)	所得税收入 (亿元)	流转税占比 (%)	所得税占比 (%)
1999	10682.58	6371.09	1225.07	59.64	11.47
2000	12581.51	7280.24	1659.27	57.86	13.19
2001	15301.38	8351.21	3626.13	54.58	23.70
2002	17636.45	9675.04	4294.57	54.86	24.35
2003	20017.17	11263.25	4337.54	56.27	21.67
2004	24165.68	14101.81	5694.39	58.35	23.56
2005	28778.54	16658.38	7438.83	57.88	25.85
2006	34804.35	19799.21	9493.31	56.89	27.28
2007	45621.97	24259.23	11964.83	53.17	26.23
2008	54223.79	28191.60	14897.94	51.99	27.47
2009	59521.59	32256.42	15486.19	54.19	26.02
2010	73210.79	38322.94	17680.74	52.35	24.15

数据来源:《中国统计年鉴》。

从表1-4可见,我国流转税占税收收入总量的一半以上,而所得税仅占1/4左右,如果再考虑进口环节征收的增值税和消费税,流转税将近占税收总量的2/3。同时,在流转税中,增值税又占60%以上,营业税仅占25%左右,可见我国税收对增值税的依赖程度。

流转税固然有其优越性一面,它有利于及时可靠地取得财政收入,有利于体现普遍纳税,有利于贯彻国家产业政策,促进经济增长,有利于企业经济效益的提高,也容易征管,符合行政效率原则,但也有明显缺陷,它不利于对收入的调节,反而造成调节的累退性,不符合公平原则,容易产生重复征税,也不利于体现政府的宏观调控意图。而所得税的优缺点与流转税刚好能互补。因此需要在现行税制结构中适度降低流转税比重,这也就为降低流转税税率提供了一个制度调整的空间。

第二节　针对中小民营企业的现行税收制度分析

一、针对中小民营企业的现行税收支持政策

为扶持中小民营企业,我国在税收制度和具体税收政策制定及实施过程中也采取了多种措施,使中小民营企业得到了适度的鼓励,具体优惠措施包括如下方面。

(一)流转税方面

由于流转税是间接税,属于对物税,其税收政策是所有纳税人共享的,所以流转税的各种税收优惠主要体现在国家的产业导向上,这里不做细述。但对于中小民营企业而言,除了享受国家流转税产业优惠政策以外,还可以享受独有的税收优惠政策,包括:

(1)增值税、营业税起征点优惠政策。该优惠政策在原税制中一直是适用于个人的,自 2013 年 8 月 1 日起,同样适用于企业,具体规定为销售货物和提供劳务的月销售额或营业额的起征点为 20000 元,按次征收增值税、营业税的每次(日)销售额或营业额的起征点为 500 元。

(2)增值税小规模纳税人的优惠政策。自 1994 年改革后的增值税实施以来,小规模纳税人的规定实际上并不能称为优惠,甚至对增

值水平低的小规模纳税人而言反而是加重了增值税税负。但是自2012 年开始进行的营改增试点中,对小规模纳税人规定的 3% 的征收率明显低于原营业税服务业的 5% 税率,按价外税原理,也低于原交通运输业的 3%,同时将一般纳税人和小规模纳税人的划分标准提高到年销售额或营业额 500 万元,使大部分服务业的中小企业都得到了优惠。

(3)营业税对非营利性中小企业信用担保、再担保机构的优惠政策。营业税制度规定,对纳入全国试点范围的非营利性中小企业信用担保、再担保机构,可由地方政府确定,对其从事担保业务的收入,3 年内免征营业税。具体规定为:一是对企业集团中的核心企业等单位按金融机构的借款利息水平向下属单位收取用于归还金融机构的利息,不征收营业税。二是自 2009 年 1 月 1 日至 2013 年 12 月 31 日,对金融机构农户小额贷款的利息收入,免征营业税,自 2009 年 1 月 1 日至2015 年 12 月 31 日,对农村信用社、村镇银行、农村资金互助社、由银行业机构全资发起设立的贷款公司、法人机构所在地在县(含县级市、区、旗)及县以下地区的农村合作银行和农村商业银行的金融保险业收入减按 3% 的税率征收营业税。其中限额贷款是指单笔且该户贷款余额在 5 万元(含)以下的贷款。三是北京中关村科技担保有限公司等 141 家中小企业信用担保机构(名单详见工信部联企业〔2011〕68号),按其机构所在地地市级(含)以上人民政府规定标准取得的担保业务收入,自主管税务机关办理免税手续之日起,3 年内免征营业税。其中,信用担保机构免税条件为:对单个受保企业提供的担保责任余额不超过担保机构净资产的 10%,年度新增的担保业务额达净资产的3 倍以上,且代售率低于 2%。再担保机构除满足有关条件外,还需满足年度新增再担保业务额达净资产的 5 倍以上,平均年再担保费率不超过银行同期贷款基准利率的 15%;四是自 2011 年 11 月 1 日起至2014 年 10 月 31 日,对金融机构与小型、微型企业签订的借款合同免征印花税。

（二）所得税方面

所得税是直接税，属于对人税，按纳税人享受各种税收政策，体现国家对不同纳税人的政策导向，因此纳税人也更看重所得税方面的税收优惠政策。自 2008 年《中华人民共和国企业所得税法》（简称《企业所得税法》）实施以来，从基本税收制度到具体所得税政策优惠措施，内容包括：

（1）直接适用于小微企业的政策。《企业所得税法》第 28 条规定，符合条件的小型微利企业，减按 20% 的税率征收企业所得税。《中华人民共和国企业所得税实施条例》（简称《企业所得税实施条例》）第 92 条规定，

> "符合条件的小型微利企业，是指从事国家非限制和禁止行业，并符合下列条件的企业：（一）工业企业，年度应纳税所得额不超过 30 万元，从业人数不超过 100 人，资产总额不超过 3000 万元；（二）其他企业，年度应纳税所得额不超过 30 万元，从业人数不超过 80 人，资产总额不超过 1000 万元。为了进一步支持小型微利企业发展，经国务院批准，财政部、国家税务总局发布了关于小型微利企业所得税优惠政策有关问题的通知，通知就小型微利企业所得税政策作如下规定：（一）自 2012 年 1 月 1 日至 2015 年 12 月 31 日，对年应纳税所得额低于 6 万元（含 6 万元）的小型微利企业，其所得减按 50% 计入应纳税所得额，按 20% 的税率缴纳企业所得税。（二）本通知所称小型微利企业，是指符合《中华人民共和国企业所得税法》及其实施条例，以及相关税收政策规定的小型微利企业。"

本项政策在实施过程中，各地方也相应出台了一系列政策。以宁波为例，宁波市国家税务局专门制定了并发布《充分发挥税收职能作

用支持我市中小微型企业发展的意见》的公告,公告如下:

为认真贯彻落实国务院、省、市政府关于支持中小企业健康发展的措施意见,充分发挥税收职能作用,支持我市中小微型企业实现又好又快发展,现依据税收法律法规规定,并结合我市的实际,提出以下意见:

一、不折不扣落实支持中小微型企业发展的税收政策

(1)落实小型微利企业所得税优惠政策。对符合条件的小型微利企业(指从事国家非限制和禁止行业,且符合下列条件:工业企业,年度应纳税所得额不超过 30 万元,从业人数不超过 100 人,资产总额不超过 3000 万元;其他企业,年度应纳税所得额不超过 30 万元,从业人数不超过 80 人,资产总额不超过 1000 万元),减按 20% 的税率征收企业所得税。积极落实延长小型微利企业减半征收企业所得税优惠政策,并按规定扩大范围。

(2)落实预缴所得税政策。中小企业分月或者分季预缴企业所得税时,可按照月度或者季度的实际利润额预缴企业所得税;预缴有困难的,经批准可按照上一纳税年度应纳税所得额的月度或者季度平均额预缴。

(3)落实非金融企业间借款利息税前扣除政策。中小企业向非金融企业借款利息支出的所得税税前扣除限额,在不超过按照金融企业同期同类贷款利率(含上浮部分)计算的数额部分,准予税前扣除。

(4)落实金融机构农户小额贷款优惠政策。2013 年年底前对金融机构农户小额贷款的利息收入,在计算应纳税所得额时,按 90% 计入收入总额。保险公司为种植业、养殖业提供保险业务取得的保费收入,在计算应纳税所得额时,按 90% 计入收入总额。

（5）落实研究开发费用税前加计扣除政策。中小微型企业为开发新技术、新产品、新工艺发生的研究开发费用可在计算应纳税所得额时加计扣除。研发费用未形成无形资产而计入当期损益的，允许再按其当年研发费用实际发生额的50％，直接抵扣当年的应纳税所得额；研发费用形成无形资产的，按照该无形资产成本的150％在税前摊销。

（6）落实再就业政策。对商贸企业、部分符合条件的服务型企业、劳动就业服务企业中的加工型企业和街道社区具有加工性质的小型企业实体，当年新招用持《就业失业登记证》人员，与其签订1年以上期限劳动合同并依法缴纳社会保险费的，在3年内按实际招用人数予以定额依次扣减营业税、城市维护建设税、教育费附加和企业所得税优惠。

（7）落实鼓励企业创业投资的所得税政策。创业投资企业采取股权投资方式投资于未上市的中小高新技术企业2年以上，符合条件的，可按照其投资额的70％在股权持有满2年的当年抵扣该创业投资企业的应纳税所得额；当年不足抵扣的，可在以后纳税年度结转抵扣。

（8）落实高新技术企业、新办软件企业所得税优惠政策。对符合条件的中小高新技术企业，减按15％的税率征收企业所得税。新办软件企业经认定后，自获利年度起，第一年和第二年免征企业所得税，第三年至第五年减半征收企业所得税。

（9）落实国家鼓励农、林、牧、渔业项目所得税优惠政策。对符合条件从事农、林、牧、渔业项目的所得可以免征、减征企业所得税。

（10）落实公共基础设施项目和环境保护项目所得税优惠政策。对企业从事《公共基础设施项目和环保项目优惠目录》规定范围、条件和扣除标准的投资经营所得,自项目取得第一笔生产经营收入所属纳税年度起,第一年至第三年免征企业所得税,第四年至第六年减半征收企业所得税。

(11)落实企业技术转让所得优惠政策。在一个纳税年度内,居民企业转让技术所得不超过500万元的部分免征企业所得税,超过500万元的部分减半征收企业所得税。

(12)落实合同能源管理项目所得税优惠政策。对符合条件的节能服务公司实施合同能源管理项目,自项目取得第一笔生产经营收入所属纳税年度起,第一年至第三年免征企业所得税,第四年至第六年减半征收企业所得税。

(13)落实增值税转型改革政策。允许增值税一般纳税人购进或自制的与生产经营有关的设备类固定资产(特殊除外),计入增值税进项税额抵扣。

(14)落实采取直接收款方式销售货物增值税政策。中小微利企业生产经营活动中采取直接收款方式销售货物,已将货物移送对方并暂估销售收入入账,但既未取得销售款或取得索取销售款凭据也未开具销售发票的,其增值税纳税义务发生时间为取得销售款或取得索取销售款凭据的当天。

(15)落实销售自产货物增值税政策。对中小微型生产型增值税一般纳税人,销售自产的国家税务总局列举范围的货物,可选择按照简易办法依照6%征收率计算缴纳增值税。

(16)落实增值税扣税凭证抵扣政策。增值税一般纳税人因客观原因造成增值税扣税凭证逾期的,可按相关规定申请办理逾期抵扣手续。

(17)落实降低企业重组成本政策。中小微利企业在资产重组过程中,通过合并、分立、出售、置换等方式,将全部或者部分实物资产以及与其相关联的债权、负债和劳动力一并转让给其他单位和个人,其中涉及的货物转让,不征收增值税。

(18)落实软件企业增值税超税负退税政策。对中小微利企业增值税一般纳税人销售其自行开发生产的软件产品,按17%的法定税率征收增值税后,其增值税实际税负超过3%的部分实行即征即退政策。

(19)落实合同能源管理项目增值税政策。中小微型节能服务公司实施符合条件的合同能源管理项目,将项目中的增值税应税货物转让给用能企业,暂免征收增值税,以鼓励企业运用合同能源管理机制,加大节能减排技术改造工作力度。

(20)落实资源综合利用产品增值税政策。对中小微型企业符合国家鼓励资源综合利用发展和产业政策导向的资源综合利用产品,按规定实行免征、减免和即征即退增值税政策。

(21)落实种植业、养殖业、水产加工业等农业生产优惠政策。对中小微利企业自产初级农产品免征增值税,对加工业生产的初级农产品实行13%低税率。

(22)落实一般纳税人资格认定管理规定。工业企业增值税一般纳税人销售额标准调整为50万元以上,商业企业增值税一般纳税人销售额标准调整为80万元以上。

(23)提高小型微型企业增值税起征点。全面贯彻落实国务院确定的关于提高小型微型企业增值税起征点政策,销售额未达到起征点的小型微型企业免征增值税。

(24)完善增值税定期定额管理办法。对实际销售额低于税务机关核定定额的个体工商业户,报经税务机关批准,可以据实调整定额。

(25)落实利用废弃物生产柴油消费税优惠政策。对中小微利企业利用废弃的动植物油生产纯生物柴油免征消费税。

(26)落实自产自用成品油消费税政策。对生产成品油的中小微利企业在生产成品油过程中,作为燃料、动力及原材料消耗掉的自产成品油,免征消费税。

(27)落实外购或委托加工加工已税应税消费品政策。中小微利企业以外购或委托加工收回的已税石脑油、润滑油、燃料油为原料生产的应税消费品,准予从消费税应纳税额中扣除原料已纳消费税税款。

(28)延期缴纳税款。对有特殊经营困难的中小微型企业,不能按时缴纳税款、符合转型升级要求的中小微型企业,在报经税务机关批准后,可以在三个月内缓缴税款。

二、加大政策落实力度,减轻中小微型企业办税负担

(一)加强政策"送推"服务

以开展"送税法进中小微企业"活动、召开针对性的政策辅导会、媒体公告、免费发放政策宣传册等方式,积极主动帮助中小微型企业了解政策、享受政策。完善12366纳税服务热线、国税网站、短信平台、政策辅导QQ群等载体,建立"一对一"纳税需求响应机制,及时解决纳税人的个性化需求。采取特事特办的措施,对特殊企业采取特别措施,积极帮助企业解决税收难题。积极推进辅导自查、说理性执法文书、同案同办等措施,降低纳税人税收处罚风险。加强调查研究,及时向国家税务总局汇报沟通中小微型企业反映强烈的政策问题,提出政策改进的建议。

（二）加快审核审批速度

对纳税人申请享受税收优惠政策，只要资料齐全、符合条件的，及时办理减免税手续。对符合即征即退优惠政策的企业，及时将各月应退的税款足额退还企业。在风险可控的前提下，简化程序，对部分优惠项目采取先免后审的办法，保证中小微企业及时享受税收优惠。

（三）加快出口退税进度

积极向国家税务总局争取出口退税指标，加快出口退税进度；引导企业出口退税申报实行分类管理，对进销渠道相对稳定、风险度低的出口退税项目实行单独申报，税务机关资料单独流转，优先审核，优先审批，优先退库；对新成立的生产性出口企业，按其年度内内外销总额和外销比重预计数确认；对符合条件的实行按月计算、办理"免、抵、退"税的审批时间，由事中审批调整为事先审批；积极试行出口退税数据网络申报；对按国家税务总局规定需对出口退税企业进行核查的事项，逐步实施预告制度；对可能影响企业出口退税时效的事项开展提醒服务工作；全面推广应用"电子口岸出口退税数据下载系统"，有效减轻纳税人手工录入出口退税数据负担；进一步加快审核审批速度，及时为中小企业输送资金"血液"。

（四）减轻企业办税负担

按照"制度简明、程序简单、操作简便"原则，优化流程提高办税效率。全面推行"一窗式"、"一站式"服务及全程服务、提醒服务、预约服务等服务方式，将各类涉税事项明确区分即办、待办事项，严格实行办税承诺服务。创新办税服务渠道，构建"办税全市通，服务全天候"的办税服务新机制，全面推行涉税事项"免填单"、ARM机纳税人自助办税、涉税事

项全市通办等创新举措,加快建设"网上办税服务厅",让纳
税人可以不受时间、地点约束,及时轻松办理涉税业务,减轻
中小微型企业纳税人办税负担。

(2)鼓励行业和项目的所得税优惠政策。《企业所得税法》第27
条规定,企业的下列所得,可以免征、减征企业所得:

(一)从事农、林、牧、渔业项目的所得;(二)从事国家重
点扶持的公共基础设施项目投资经营的所得;(三)从事符合
条件的环境保护、节能节水项目的所得;(四)符合条件的技
术转让所得;(五)本法第三条第三款规定的所得。其中:

(一)从事农、林、牧、渔业项目的所得是指企业从事下列
项目的所得,免征企业所得税:

1.蔬菜、谷物、薯类、油料、豆类、棉花、麻类、糖料、水果、
坚果的种植;

2.农作物新品种的选育;

3.中药材的种植;

4.林木的培育和种植;

5.牲畜、家禽的饲养;

6.林产品的采集;

7.灌溉、农产品初加工、兽医、农技推广、农机作业和维
修等农、林、牧、渔服务业项目;

8.远洋捕捞。

企业从事下列项目的所得,减半征收企业所得税:

1.花卉、茶以及其他饮料作物和香料作物的种植;

2.海水养殖、内陆养殖。

企业从事国家限制和禁止发展的项目,不得享受本条规
定的企业所得税优惠。

（二）国家重点扶持的公共基础设施项目，是指《公共基础设施项目企业所得税优惠目录》规定的港口码头、机场、铁路、公路、城市公共交通、电力、水利等项目。

企业从事前款规定的国家重点扶持的公共基础设施项目的投资经营的所得，自项目取得第一笔生产经营收入所属纳税年度起，第一年至第三年免征企业所得税，第四年至第六年减半征收企业所得税。

企业承包经营、承包建设和内部自建自用本条规定的项目，不得享受本条规定的企业所得税优惠。

（三）符合条件的环境保护、节能节水项目，包括公共污水处理、公共垃圾处理、沼气综合开发利用、节能减排技术改造、海水淡化等。项目的具体条件和范围由国务院财政、税务主管部门商国务院有关部门制订，报国务院批准后公布施行。

企业从事前款规定的符合条件的环境保护、节能节水项目的所得，自项目取得第一笔生产经营收入所属纳税年度起，第一年至第三年免征企业所得税，第四年至第六年减半征收企业所得税。

上述两条规定享受减免税优惠的项目，在减免税期限内转让的，受让方自受让之日起，可以在剩余期限内享受规定的减免税优惠；减免税期限届满后转让的，受让方不得就该项目重复享受减免税优惠。

（四）符合条件的技术转让所得免征、减征企业所得税，是指一个纳税年度内，企业技术转让所得不超过 500 万元的部分，免征企业所得税；超过 500 万元的部分，减半征收企业所得税。

（3）高新技术企业的所得税优惠政策。《企业所得税法》第 28 条第二款规定,国家需要重点扶持的高新技术企业,减按 15% 的税率征收企业所得税。国家需要重点扶持的高新技术企业,是指拥有核心自主知识产权,并同时符合下列条件的企业:

(一)产品(服务)属于《国家重点支持的高新技术领域》规定的范围;

(二)研究开发费用占销售收入的比例不低于规定比例;

(三)高新技术产品(服务)收入占企业总收入的比例不低于规定比例;

(四)科技人员占企业职工总数的比例不低于规定比例;

(五)高新技术企业认定管理办法规定的其他条件。

《国家重点支持的高新技术领域》和高新技术企业认定管理办法由国务院科技、财政、税务主管部门商同国务院有关部门制订,报国务院批准后公布施行。

(4)鼓励企业创新、可持续发展和扶持弱势群体的所得税优惠政策。《企业所得税法》第 30 条规定,企业的下列支出,可以在计算应纳税所得额时加计扣除:

(一)开发新技术、新产品、新工艺发生的研究开发费用。本项所称研究开发费用的加计扣除,是指企业为开发新技术、新产品、新工艺发生的研究开发费用,未形成无形资产计入当期损益的,在按照规定据实扣除的基础上,按照研究开发费用的 50% 加计扣除;形成无形资产的,按照无形资产成本的 150% 摊销。

(二)安置残疾人员及国家鼓励安置的其他就业人员所支付的工资。本项所称企业安置残疾人员所支付的工资的加计扣除,是指企业安置残疾人员的,在按照支付给残疾职工工资据实扣除的基础上,按照支付给残疾职工工资的

100％加计扣除。残疾人员的范围适用《中华人民共和国残疾人保障法》的有关规定。

(5)鼓励企业融资、分散企业经营风险的所得税优惠政策。《企业所得税法》第31条规定，

"创业投资企业从事国家需要重点扶持和鼓励的创业投资，可以按投资额的一定比例抵扣应纳税所得额。本款所称抵扣应纳税所得额，是指创业投资企业采取股权投资方式投资于未上市的中小高新技术企业2年以上的，可以按照其投资额的70％在股权持有满2年的当年抵扣该创业投资企业的应纳税所得额；当年不足抵扣的，可以在以后纳税年度结转抵扣。"

(6)加快技术改造提高生产力的所得税优惠政策。《企业所得税法》第32条规定，

"企业的固定资产由于技术进步等原因，确需加速折旧的，可以缩短折旧年限或者采取加速折旧的方法。本款所称可以采取缩短折旧年限或者采取加速折旧的方法的固定资产，包括：(一)由于技术进步，产品更新换代较快的固定资产；(二)常年处于强震动、高腐蚀状态的固定资产。采取缩短折旧年限方法的，最低折旧年限不得低于本条例第六十条规定折旧年限的60％；采取加速折旧方法的，可以采取双倍余额递减法或者年数总和法。"

(7)综合利用资源的所得税优惠政策。《企业所得税法》第33条规定，

"企业综合利用资源，生产符合国家产业政策规定的产

品所取得的收入,可以在计算应纳税所得额时减计收入。本款所称减计收入,是指企业以《资源综合利用企业所得税优惠目录》规定的资源作为主要原材料,生产国家非限制和禁止并符合国家和行业相关标准的产品取得的收入,减按90%计入收入总额。前款所称原材料占生产产品材料的比例不得低于《资源综合利用企业所得税优惠目录》规定的标准。"

(8)鼓励环保、节能节水、安全生产的所得税优惠政策。《企业所得税法》第34条规定,

"企业购置用于环境保护、节能节水、安全生产等专用设备的投资额,可以按一定比例实行税额抵免。本款所称税额抵免,是指企业购置并实际使用《环境保护专用设备企业所得税优惠目录》、《节能节水专用设备企业所得税优惠目录》和《安全生产专用设备企业所得税优惠目录》规定的环境保护、节能节水、安全生产等专用设备的,该专用设备的投资额的10%可以从企业当年的应纳税额中抵免;当年不足抵免的,可以在以后5个纳税年度结转抵免。享受前款规定的企业所得税优惠的企业,应当实际购置并自身实际投入使用前款规定的专用设备;企业购置上述专用设备在5年内转让、出租的,应当停止享受企业所得税优惠,并补缴已经抵免的企业所得税税款。"

从上述企业所得税优惠政策内容来看,除第一条是属于专门针对小微企业的以外,其他各条是所有企业都适用的政策。所以,针对小微企业的所得税优惠政策是很不够的。

二、流转税制度现状及存在问题

我国目前的国内流转税主要由增值税、消费税和营业税三个税种

组成,且以增值税为核心,随着 2012 年开始的营改增试点,流转税将从原来的三足鼎立转化为增值税一税独大的状态,这样的改革进程必然会产生以下问题:

(1)原有的分税制财政体制结构被打破,中央和地方之间形成新一轮财权博弈,由此在财权争夺中就会损害纳税人利益,这从营改增试点方案中就能体现出来。财政部、国家税务总局关于印发《营业税改增值税试点方案》(财税〔2011〕110 号)的通知中明确了税收收入归属,即试点期间保持现行财政体制基本稳定,原归属试点地区的营业税收入,改征增值税后收入仍归属试点地区,税款分别入库。因试点产生的财政减收,按现行财政体制由中央和地方分别负担。各试点地方都在试点前尽可能做大营业税基数,以此来确保地方财政既得利益,而在当前经济形势下,必然会产生对企业消极影响。

(2)按"十二五"发展纲要要求,"十二五"期间实行结构性减税的税制改革目标,然而从营改增过程来看,虽然表面上每一次扩大试点都减少了一定的税收,但流转税总量仍超过 GDP 增长速度,说明结构性减税的税制改革目标并没有真正落到实处,这直接表现在税率的设计上,营改增的各档税率都是在考虑了原有营业税税负基础上转化而来。产生的问题是:原交通运输业营业税税率为 3%,现代服务业营业税税率为 5%,营改增后,交通运输业增值税税率为 11%,现代服务业增值税税率为 6%,两者倒挂,这果然是考虑了服务业抵扣进项税额更少的原因,但更从一个侧面反映了制度设计时仍然以税收总量为第一要求的目标。

(3)2009 年流转税改革时,增值税转型为消费型增值税,对制造业产生了积极作用,却忽略了行业平衡发展的市场要求,而营改增虽使得第三产业的税负有所下降,但对于第二产业意义更大,使这种市场平衡结构进一步扩大了差异,在浙江省以中小民营企业为主、第三产业占比较高的经济结构下,中小企业生存和发展空间受到了更大的制约。特别是在原营业税归属于地方税时已经赋予地方的权利在营改增中又一次丧失，导致企业反而因营改增产生税负暴增现象。调研中这样的案例比比皆是。如杭州有一个会展企业，实际是为他人承担会务，经营过程中为会议方承担的各项代垫费用在原营业税征收时均能扣除纳税，但营改增后需全额纳税，虽然是小规模纳税人，税负却达到试点前的 10 倍以上，如果是一般纳税人，更难以想象税负会提高到什么程度。

（4）虽然营改增是税制建设和发展的必然趋势，但在这过程中必须要理顺增值税制度内在要求。首先从原理上来说，增值税是对增值征税，而现行增值税实行扣税法，由于其税率仍然存在差异，必然产生无增值也纳税的不合理现象，营改增使税率的差异更加扩大，这种不合理现象也将进一步加大。其次，目前试点的行业中交通运输业的税负加重问题比较突出，原因包括两个方面：一是交通运输业原营业税税率是 3％较服务业的 5％为低，营改增后适用税率 11％，反高于现代服务业的 6％；二是交通运输业的非增值因素中有相当部分并不属于增值税范围，导致抵扣进项税额水平低，从而使得其整体税负水平成倍上升。再次，由于服务业行业划分困难，在税收征管过程中不能有效区别，使得税法的刚性削弱，纳税人不能有效处理，增加了涉税风险。在调研中，我们发现，宁波有一个公铁联运企业，自实施营改增试点后，如果不考虑新增车辆，增值税一般纳税人负担达到了 6％，即使考虑车辆进项税额的抵扣，负担仍有 3％多，而该企业在 2012 年上海试点营改增时已做充分准备，新增车辆都在营改增后购进。但 2014 年开始则税负会明显提高；杭州有一个物流企业也是如此，2013 年 8 月以前的营改增税负为 3.8％，2013 年 8 月全国试点开始后的税负达到了 4.8％，是以往营业税的 1.6 倍。

三、企业所得税制度现状和存在问题

企业所得税是直接影响企业最终经济利益的税种，中小民营企业也更关注企业所得税的基本政策变化和各种税收优惠政策。2008年内外企业所得税制度统一后,企业在所得税上的政策差异缩小,税收优惠政策规范,企业在所得税上的合理节税空间越来越小。对于中小民营企业来说,在其他因素存在差异情况下,统一的税制无形中加重了其负担,限制了其生存和发展空间。同时,企业所得税制度对于中小民营企业来说,还存在以下问题:

(1)小微企业低税率政策受惠面有限。企业所得税规定小微企业可以享受20%的低税率,2011年11月又制定了年所得低于6万元的小微企业还可以减半所得后再按20%征收所得税,实际征收水平为10%。这一政策虽然有利于小微企业,但实践中却并没有真正使小微企业全面受益,表现在:一是微利标准过低,年所得30万元和6万元以下的微利标准事实上对一般小微企业来说也不是一个高标准,考虑纳税调整因素,这样的年所得水平实际上只有处于盈亏边缘的企业才能享受;二是小微企业通常会计基础差,在税收征管中往往达不到查账征收的条件,只能采用核定征收办法,就不能享受这一政策,又使相当部分小微企业被排除在这一政策之外。

(2)高新技术企业税收优惠政策要求过高。高新技术企业可以享受15%征收所得税的税收优惠政策力度较高,但对中小民营企业来说,这可能仅是空中楼阁。一方面,高新技术企业认定的条件过高,特别是自主知识产权、研发人员比例、学历要求、研发费用水平等条件,对于中小民营企业来说,这些条件可能会达到一部分,但要全部符合是相当困难的,这可以从2011年财政部开展的高新技术企业专项检查结果中得以验证;另一方面,认定高新技术企业的时间跨度过长,三年的有效经营期才可以申请认定,对于很多中小民营企业来说既解决不了初创期的困难,也不符合中小民营企业经营灵活、转型快的特点。

(3)创业投资企业投资抵扣应纳税所得额的优惠政策存在两方面问题:一是要求过高。创业投资企业必须符合中小高新企业的条件,而事实上开展创业投资首先是创业,解决其生存问题,其次才是发展,所以为创业投资的所得税优惠政策设定高新技术企业的条件对大部分创业投资企业失去了其本身的意义。二是优惠期限设置不合理。税法规定创业投资企业可以享受按投资额的70%抵扣应纳税所得额的优惠政策,需要从持有股权满两年的当年才可以享受,而企业最需要税收政策支持的是在企业创业开始的时候,再加上高新技术企业认定所需要的时间,经营期起码已在五年以上,这对创业期的中小民营企业来说,根本不能直接产生应有的效果。

(4)"三新"研发的加计扣除优惠政策存在的问题。企业的可持续发展需要不断推陈出新,"三新"研发加计扣除的税收优惠政策本意也在于此。然而对于中小民营企业来说,其生产产品相对单一,研发能力较弱,生产和研发同时进行,导致新产品不会真正出新,新技术、新工艺无法单独反映,企业创新过程不能按规定通过立项、编制计划和预算,也不能有效地对研发费用进行归集和分配,达不到加计扣除必须具备的条件而难以享受此优惠政策。

(5)符合条件的技术转让所得减免所得税的税收优惠政策存在的问题。虽然税法对技术转让减免所得税的优惠政策力度很大,但优惠的对象往往是那些有研发能力,先进技术项目多的大中型企业,中小民营企业鲜于真正受惠,而中小民营企业更需要在取得先进技术方面能得到政策的支持。另外,中小民营企业自身技术研发往往不能通过严格的部门认证,根本原因是要求高,程序复杂。在调研中,我们发现,中小民营企业技术创新和研发也在不断进行,但要么认证无门,要么望而却步。

第三节　促进中小民营企业转型升级
的税收政策调整建议

国务院总理李克强 2014 年 5 月 30 日主持召开国务院常务会议，确定进一步减少和规范涉企收费、减轻企业负担。会议认为，减少和规范涉企收费，看住向企业乱伸的手，是深化改革、简政放权、规范市场秩序的重要举措，对于降低经营成本、激励投资创业，意义重大。会议确定：一是正税清费。取消政府提供普遍公共服务或体现一般性管理职能的收费项目。把暂免小微企业管理类、登记类、证照类行政事业性收费改为长期措施。依法将有税收性质的收费基金项目并入相应税种。二是建立涉企收费清单管理制度，所有收费纳入清单，对外公开，接受监督。三是清理规范行政审批前置服务收费。此项政策措施将会对促进中小民营企业税收政策的转型升级起到积极的作用。

一、流转税改革建议

鉴于我国目前流转税的主体地位，为落实结构性减税的政策目标，首先应适度降低流转税税率，从国际上来看，我国增值税的税率已处于较高水平，国内许多专家学者也普遍认同我国增值税税率应适度降低，在当前不断扩大的营改增试点进程中也已经有所体现，我们认为可以再加大一点力度，直接将现行增值税的税率进行调整；其次在营改增试点不断拓展时，需要理顺两个平衡关系：一是制造业和服务业之间的税负平衡关系，二是服务业不同行业之间的税负平衡关系。由于增值税本身属于中性税收，不论税负轻重都应以不干涉经济为前提，而现行增值税（包括营改增部分）已经偏离了这一基本方向，我们认为为实现目标回归，有必要以实行双规制增值税作为过渡措施，即在现行扣税法基础上,对未实行增值税的行业和项目,其购买者可以采取扣额法来扣除,以完全消除重复征税,则营改增试点过程中存在的各个问题就会迎刃而解。

二、完善企业所得税制度的建议

(1)提高小微企业年所得额标准,使小微企业享受低税率优惠政策的企业范围扩大,我们认为可以像个人所得税费用扣除标准一样,随经济发展及物价水平等因素对其进行经常性的调整。

(2)调整高新企业认定条件和标准,既要保证各行政主管部门执行条件和标准的一致性,又要使得中小企业在其灵活发展过程中也能受益于此。我们建议放低自主知识产权的标准,降低研发费用占比水平,取消研究人员比例和学历要求,同时可采取先享受后认定办法,使中小民营企业在创业初期就能得益于该优惠政策。

(3)取消创业投资企业优惠政策中的高新技术要求,回归到真正对创业投资的优惠上来,同时取消满两年起享受税收优惠政策的限制,使企业在创业初期就能受益,真正达到缓解创业难的效果。

(4)减少企业"三新"研发的税收优惠政策的条件限制,只要符合研发基本条件和要求,不论是否立项,是否有计划和预算,只要能有效地划分和归集研发费用,就应给与优惠。

(5)为扶持中小民营企业发展,在对于企业进行技术转让实现所得享受减免税这一优惠政策保留基础上,增加对受让方以受让技术实现所得一定所得税减免的优惠,鼓励企业在自身研发能力弱,或者不能自行研发的情况下,积极引进技术转化为生产能力。

(6)适度下放税收管理权限。我国目前高度集权性税收征管体制使得省及省以下地方政府和税务机关在税收管理中不能发挥其积极性和主动性,而各地方都有具体情况和问题都不能通过中央一刀切地加以解决。我们建议在不影响国家基本税收制度条件下对制度中的一些具体事项可以由地方政府和税务机关来制定具体规定并执行,如对小微企业的认定标准,国家可以像流转税中的起征点一样确定一个区间,具体标准由地方政府根据地方的实际情况来制定,既能提高地方政府和各级税务机关的积极性和主动性,也能因地制宜地解决具体问题。

(7)进一步提高征管质量,规范税收执法,强化执法风险。在调研过程中,许多企业反映的一个税收行政执法不规范,乱收税、收过头税、收人情税等问题仍然是纳税人深恶痛绝的。因此,从政府部门来说一方面需要对所属的行政执法部门制定统一规范制度加以约束执法队伍,另一方面也需要在执法队伍中做好相互约束机制,避免相关部门互相默契应对,给社会造成官官相护的恶劣形象。从目前情况看,各级税务机关已开始从两个角度去建立和完善税收风险的防范措施,如杭州市地税自 2011 年起已对多家大企业建立了税收风险防范预警模型,杭州市下城区国税局也开始在营改增试点的基础上研究并制定相应的交通运输业税收风险管理模型制度(注:关于支持中小微民营企业发展,减轻其负担,读者可参阅本书第六章第二节《完善浙江创业创新服务体系的经验借鉴》)。

第二章 努力为浙江中小民营企业 营造较为公平的金融环境

实现"转型升级",由主要依靠要素投入的粗放型增长转变为主要依靠技术创新的集约型增长,是现阶段我国经济发展中的核心任务。中小民营企业要实现转型升级,需要良好的金融环境。所谓"良好",并不是要求"优惠",而是要求"较为公平",也就是较好地落实党的十八大报告中的"保证各种所有制经济依法平等地使用生产要素"。

第一节 中小民营企业融资的基本现状

目前,中小民营企业面临的金融环境,与"较为公平"尚有明显差距,与党的十八大报告中的要求相比较,则差距更大。目前,中小民营企业是融资市场中的弱者,其融资的基本状况仍然是"融资难、融资贵"。全国如此,浙江亦是。

一、融资难——渠道窄

中小民营企业从正规金融渠道获得融资量是与其规模不匹配的。

浙江省中小民营企业的生产总值占全省的 70% 以上,税收占 60% 以上,新增就业占 90% 以上,但获得的银行贷款仅占 39.37%(2013 年 6 月末)。

2013 年上半年,中小企业协会会长李子彬带队到十余个省区市调研后表示,"现在中小企业共有 1400 万家,大概其中有 10% 的中小企业能够从银行等金融机构获得融资,这些获得融资的中小企业已经出现'融资难、融资贵',而其余 90% 连银行的大门都进不了,更不用说'难、贵'的问题。"李子彬会长还于 6 月 17 日写信给马凯副总理,"反映的主要问题是当下中小企业面临的生存困境,尤其是紧绷的资金链让众多中小企业的经营难以为继,在此背景下融资难、融资贵的问题也愈发突出"[①]。

据中国人民银行台州市中心支行撰写的一份研究报告:"中小企业金融市场缺口巨大。以全国中小金融发展先行地区台州为例,截至 2012 年 3 月,台州中小企业(含个人经营性)贷款占全部贷款比例达 46.9%,比全国高约 20 个百分点,但据调查显示,台州仅有不到 20% 的中小企业获得贷款,全国而言,缺口更大。""中小企业的直接融资渠道更基本没有,并且这一现状在较长时间内很难改变。"

据浙江省经信委的报告显示:到 2010 年年底,浙江省 110 万家法人实体企业中,能在银行贷到款的只有 10 万家左右,90% 以上的企业尤其小企业被挡在银行信贷门槛之外。

据笔者 2010 年在浙江省嘉善县的调查,规模以下小企业及个体经营户中的银行信贷空白区最大,远远超过农户。2009 年年末,嘉善县每 100 家规模以上企业中,有贷款余额的银行账户为 171.24 个;而在每 100 户规模以下小企业中只有 7.22 个,每 100 户个体经营户中只有 4.34 个;每 100 户农户中则有 16.2 个。

2008 年金融危机发生后,我国以"4 万亿"为契机,大量资金涌向

① 胡中彬等.一封写给副总理的信.经济观察报,2013-07-31.

国企,引发了一波"国进民退",民营企业的融资难进一步加剧。由表 2-1 可见,2007 年以前,私营工业企业的资产负债率高于国有及国有控股企业;2008 年开始,私营工业企业的资产负债率低于国有及国有控股企业,并且越来越低,而国有及国有控股企业的资产负债率则明显上升、越来越高,两者差距不断扩大。这就印证了贷款、债券进一步向国企倾斜。

表 2-1　我国国企与私企的资产负债率(2002—2011)　　　单位:%

年份 企业类型	2002	2003	2004	2005	2006	2007	2008	2009	2010	2011
国有及国有控股企业	59.2	59.2	56.6	56.8	55.2	56.6	59.1	60.4	60.5	61.2
私营工业企业	—	—	60.5	59.6	59.2	58.5	56.5	55.5	54.9	54.6

资料来源:雷薇.当前我国金融体系系统性风险特征及原因分析.中国经济时报,2013-08-20.

由表 2-2 可以看出,民营企业"融资难"的程度,是与企业规模成反比的,即企业规模愈小,融资也愈难。

表 2-2　商业银行对中小企业贷款的拒绝情况

企业规模	申请数量	申请次数	拒绝数量	拒绝次数	拒绝数量比 (%)	拒绝次数比 (%)
小于 50 万元	736	1537	478	1213	64.59	78.92
51 万~100 万元	360	648	203	375	56.39	57.87
101 万~500 万元	159	507	65	224	40.80	44.18
大于 501 万元	46	152	12	37	26.09	24.34
合　计	1301	2844	758	1849	58.26	65.01

资料来源:《中国金融年鉴 2010》,中国年鉴信息网。
本表转引自:王琰琰.我国中小企业融资问题研究——基于银行信贷角度.山东大学硕士学位论文,2012.

二、融资贵——成本高

"工商联主席黄孟复 2012 年对浙江企业融资成本的调研显示,当地小额贷款平均利率是20％，大型民企融资成本在10％以上，而央企的融资成本只有5.3％，比大型民企低了将近一半！"①

调研印证了上述情况。据杭州市浙江红叶园艺集团公司(一家大中型民企)反映，该公司获得的贷款，名义利率为6厘4，但是要为银行拉存款，补差贴息3厘，再加上请客送礼等其他费用，实际融资成本高于10％。据中国人民银行湖州市中支的调研报告："据统计，2013年4月份湖州市银行机构贷款加权平均利率7.41％，虽低于上一年同期1.04个百分点，但加上其他成本支出，银行综合借贷成本一般在10％左右。"

这里的贷款"其他成本支出"，有"银行内费用"和"银行外费用"。"银行内费用"主要是拉存款贴息、咨询费、顾问费、管理费及请客送礼等。"银行外费用"据人民银行长兴县支行调查，主要有担保费2‰、抵押土地评估费2‰、抵押房地产评估费2‰、办证费85～550元、审计验资费3‰、公证费2‰、保险费1.5‰等。

对于贷款余额较小的中小民营企业，则还要加上两笔费用。一是利率上浮幅度大。由于贷款金额小，银行贷款的"单位成本"势必要高一些；特别是由于中小民营企业的财务制度不健全，数据不完整、准确度低，因此银行为解决"信息不对称"问题需要耗费大量的人力物力；进而，利率上浮幅度必然较大。据笔者2012年9月在杭州市九堡镇的调查，当地主要发放中小企业贷款的5家银行，平均利率分别为7.56％、7.8％、8.2％、10.08％和8.63％，分别上浮26％、30％、37％、68％和44％。二是"资金期限错配"而引致的费用。中国人民银行台州市中支的一份调研报告称："由于银行对信贷风险把控能力不足、基层行审批权限上收等因素制约，企业贷款期限被人为缩短，一般以一年以下为主，这与企业实际资金需求不匹配。为解决转贷问题，企业不得不主要求助于民间高息'过桥贷款'，导致'筹资—退贷—再贷'怪

---

① 改革内参，2013(2)：49.

圈出现,大大增加了企业融资成本,并严重影响企业正常经营。""根据问卷调查,台州金融机构企业流动性资金贷款续贷比例高达83%,其中以贷款期限错配导致的转贷占绝对主体"。业内专业人士估算,"70%需求求助于民间金融机构和民间借贷。根据台州当前情况,民间借贷利率为2‰/天。"另据中国人民银行温州市中支2013年二季度对温州企业贷款形势的问卷调查,"资金期限错配"被列为"生产经营面临的主要困难"的第二位。第一位是"产能过剩",第三位是"融资成本过高"。

那些无法从银行获得贷款的中小民营企业,融资成本就更高了。据省金融办调查,2012年全省小额贷款公司的平均利率为19.16%。这还是名义利率,加上其他费用将肯定超过20%(据课题组调研,该数据在30%以上——作者注)。据中国人民银行杭州中支的调研报告,2012年四个季度的民间借贷平均利率分别是25.62%、24.67%、23.96%和24.59%。

三、企业融资能力的影响维度

我国目前的融资市场上,各类经济主体的融资能力是与两个维度相关联的。一个维度是所有制状况。经济主体的融资能力与其"公有化程度"成正相关,"公有化程度"越高,融资能力越强,反之亦然。另一个维度是企业经营规模,经济主体的融资能力与其经营规模成正相关,经营规模越大,融资能力就越强,反之亦然。在这两个维度中,中小民营企业都处于末端,从而势必成为融资市场上的最弱者,"融资难、融资贵"的重灾区,如图2-1所示。

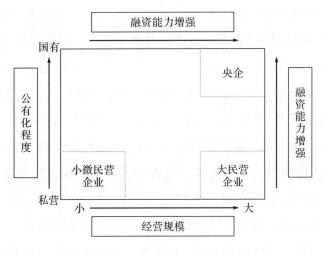

图 2-1　企业融资能力影响维度

第二节　"融资难、融资贵"的主要成因

中小民营企业"融资难、融资贵"是全国性问题,从而其主要成因也必然是全局性的,需从全局角度来分析。

一、经济体制改革滞后于市场发展

我国目前存在的中小民营企业"融资难、融资贵"有着明显的"中国特色",也就是,其中包含着深刻的经济体制根源。一些人士说,中小企业融资难是一个世界性的课题。这话不错,但是必须看到,在大多数国家,决定企业融资难的只有或基本只有一个维度:企业经营规模。也就是,仅仅存在由于中小企业的财务制度欠健全、"信息不对称"、又缺乏有效抵押物而造成的"融资难"。基本上不存在由于所有制状况而造成的"融资难"。

改革开放前,我国的经济体制是集中的计划经济,仅存在两种公有制。一是采取国家所有制形式的全民所有制,二是包括了农村人民公社与城镇"大集体"企业的集体所有制。私人商品生产是不允许的。农户家中的极少量"自留地产品"主要是供自己消费,连每个农户允许养几只鸡都有规定,超过了,就要割资本主义尾巴。"长途贩运"则作为犯投机倒把罪,要坐牢。与此相对应,在金融方面,没有证券市场,也没有真正意义的金融宏观调控与金融监管,银行也只有"一头大象"与"一群小母鸡"。"一头大象",是无所不包的中国人民银行,它按照"计划性、偿还性、物资保证性"原则主要对国有企业与城镇大集体企业发放"非定额流动资金"贷款。"一群小母鸡"就是遍布各地农村的集体所有制的农村信用合作社,它主要为人民公社生产队及农户发放小额贷款。这就是我国金融体制改革的"起点"。

改革开放,就是由"集中计划经济"迈向"现代市场经济"。随着改革的推进,民营经济也重新恢复并迅猛发展了。我国的改革采取"渐进"方式。35年来,民营经济的地位是随着社会商品经济的发展与民营经济规模的扩大而逐步提升的。1982年党的十二大报告说,"要鼓励劳动者个体经济在国家规定的范围内和工商行政管理下适当发展,作为公有制经济的必要有益补充"。这里,民营经济以"劳动者个体经济"的名义初步地有了"合法性"。两年后,在提出赫赫有名的"有计划商品经济"概念的党的十二届三中全会公报中,表述为"个体经济是社会主义经济必要的有益的补充"。这里,去掉了"劳动者"、"适当发展"等限制词,意味着允许民营经济扩大生产规模、雇佣较多的工人。1992年,在提出"社会主义市场经济"的党的十四大报告中说,"以公有制包括全民所有制和集体所有制经济为主体,个体经济、私营经济、外资经济为补充,多种经济成分长期共同发展"。这是,首次使用了"私营经济"一词,而不仅仅是"个体经济",这是一个重大发展。正是在这样的准则下,进行了国有企业的"抓大放小"与乡镇企业的改制,促使民营经济快速发展。其后,在

2002年党的十六大报告中,提出了两个"毫不动摇",并且,民营经济不再是"补充",而是"重要组成部分"。"第一,必须毫不动摇地巩固和发展公有制经济"。"第二,必须毫不动摇地鼓励、支持、引导非公有制经济发展。个体、私营等各种形式的非公有制经济是社会主义市场经济的重要组成部分"。显然,前进了一大步。但是,民营经济的地位毕竟还是不能与公有制经济等同的,因为毕竟还存在一个大前提:"第三,坚持公有制为主体"。2012年,在经历了一轮"国进民退"后的党的十八大报告中,基本上是复述了党的十六大报告。"要毫不动摇巩固和发展公有制经济……不断增强国有经济活力、控制力、影响力。毫不动摇鼓励、支持、引导非公有制经济发展,保证各种所有制经济依法平等地使用生产要素、公平地参与市场竞争、同等受到法律保护"。当然,也有"积极"的地方,首次提出了要"保证各种所有制经济依法平等地使用生产要素、公平地参与市场经济、同等受到法律保护"。

回顾改革历程,民营经济的地位有了巨大的、质的飞跃,早已不可同日而语了。在融资方面,"直接的所有制歧视",如因"非公"而遭拒贷,基本不再存在,至少也是极为少见了。但是另一方面,鉴于"以公有制为主体"这个政策大前提,民营经济不能不"矮"于国有经济一头,"平等地使用生产要素、公平参与市场竞争、同等受到法律保护",在实践中很难完全做到。目前,"间接的所有制歧视"依然大量存在,不少政策措施与制度安排,本身就是向国有经济倾斜的(从"以公有制为主体"角度看,这也是合理的、必然的)。甚至某些由国务院制定的促进民营经济发展的文件,在贯彻中也往往大打折扣。比如"新36条"(即国发〔2010〕13号文件《国务院关于鼓励和引导民间投资健康发展的若干意见》),也因遭遇"玻璃门"、"弹簧门"而难以完全落实。

"GDP主义"是当前经济体制中的又一个问题。各地政府为追求

GDP政绩，势必更多地向大企业倾斜，以及通过扩大地方政府融资平台而加大基础设施及其他固定资产投资力度。这也在一定程度上抑制了中小企业的银行信贷份额，助长了中小企业"融资难"。

二、货币政策与金融体系有待完善

改革开放35年多来，我国的金融体制已经发生重大飞跃。不但有了庞大且初步完备的银行体系，也有了规模相当大的证券市场，有了初步完善的金融监管与金融宏观调控。当然，从"现代市场经济"角度来考察，需要纠正、改进之处还有很多，其中包括一些明显不利于中小企业"融资难"缓解的因素；并且，这些因素往往都是与前述经济体制大背景有一定关联的，主要如下。

(一)"不对称"货币政策加剧了中小民营企业融资难问题

货币政策是总量政策，基本作用是稳定通货，进而促进经济平稳健康发展。货币政策的内容主要包括判定货币形势及选择调控手段。货币政策像"绳子"，对于平抑通货膨胀、"拉住"经济过热相当有效，而对于推动经济增长加速则效果不明显，尤其是从长期看，没有作用。货币政策是宏观政策，应当为各类经济主体造就较为公平的环境。改革开放以来，我国在货币政策运用上，有过成功的案例，这就是对1993年高通货膨胀的治理。当时，通过适当的货币政策并配以其他必要措施，用了3年的时间，使得25％的高通货膨胀"软着陆"，并且使得其后的6～7年内货币保持稳定。近10年来，则实行了"不对称"货币政策，其政策效应明显有利于央企、银行、地方政府融资平台、大企业等融资市场上的强势群体，不利于中小民营企业及普通百姓。

"不对称"货币政策的基本特点就是维持很低的实际利率。实际利率＝名义利率－通货膨胀率（GDP平减指数）。由表2-3的数据计算可知，在2002—2011年的10年中，一年期存款实际利率为负值的有 8 年;一年期贷款基准实际利率为负值的也有 5 年,即 2004、2007、2008、2010 和 2011 年(在 1996—2002 年 7 年中,一年期存、贷款的实际利率均为正值)。这种"不对称"货币政策下,普通老百姓的余钱通过储蓄,大量变成银行的利润。如 2011 年,银行从储蓄存款负利率中,就获取了 15000 亿元左右的收益;也因此,这一年虽则工商企业效益大幅度下降,但是银行效益却普遍飙升。同时,银行通过贷款低利率(乃至负利率)向"强势群体"转移收益。在这种格局下,"强势群体"肯定会超量地向银行借贷,进而不但资金宽裕,而且还可以转手放贷。例如,《改革内参》2013 年第 2 期第 49 页写道:"低廉的融资成本还将为央企创造'放贷赚钱'的机会。据《经济日报》报道,在市场资金紧缺的 2011 年,至少有 64 家上市非金融企业放过贷款,其中90%以上是国企。"而中小民营企业等"弱势群体"则肯定会受到挤压、"边缘化"。在"不对称"货币政策下,当通货膨胀抬头、货币紧缩时,中小民营企业实际上成为通货膨胀成本的承担者。因为,在这种货币政策下,紧缩的手段是调高存款准备金率与控制信贷增量,而低利率格局则不但未变,而且往往使负利率进一步扩大。因而,紧缩对"强势群体"几乎没有影响,对它们来说,货币政策仍然是宽松的。对于中小民营企业则就完全不同,它们是压缩信贷的首选对象,每次紧缩,都有大量中小企业被收贷,货币政策是非常"紧"的。它们因此被迫转向民间借贷,进而造成民间借贷市场需求激增、利率冲高。比如,2011 年上半年,在信贷紧缩的大背景下,四大银行的地方政府融资平台贷款余额新增 6170 亿元,比年初增长了 31.7%。而在另一端,据温州市金融办对 350 家企业的抽样调查,2011 年一季度末,企业的营运资金中,银行贷款份额下降 4 个百分点,民间借贷份额上升 4 个百分点。总之,实际上,"不对称"货币政策正是促成2011 年"温州民间借贷危机"的主要原因。存款准备金历次调整情况如表 2-4 所示。

表 2-3 金融机构人民币存贷款基准利率及通货膨胀率   单位:%

调整时间	活期存款	一年期存款	一年期贷款	年 份	通货膨胀率	CPI
1990-04-15	2.88	10.08	—	1990	6.30	3.1
1990-08-21	2.16	8.64	9.36	1991	5.70	3.4
1991-04-21	1.80	7.56	8.64	1992	6.20	6.4
1993-05-15	2.16	9.18	9.36	1993	13.60	14.7
1993-07-11	3.15	10.98	10.98	1994	25.00	24.1
1996-05-01	2.97	9.18	10.98*	1995	13.70	17.1
1996-08-23	1.98	7.47	10.08	1995	6.40	8.3
1997-10-23	1.71	5.67	8.64	1996	1.50	2.8
1998-03-25	1.71	5.22	7.92	1997	−1.00	−0.6
1998-07-01	1.44	4.77	6.93	1998	−1.30	−1.3
1998-12-07	1.44	3.78	6.39	1999	2.10	0.4
1999-06-10	0.99	2.25	5.85	2000	2.10	0.8
2002-02-21	0.72	1.98	5.31	2001	0.60	−0.8
2004-10-29	0.72	2.25	5.58	2002	2.60	1.6
2006-08-19	0.72	2.52	6.12*	2003	6.90	3.9
2007-03-18	0.72	2.79	6.39	2004	3.90	1.8
2007-05-19	0.72	3.06	6.57	2005	3.80	1.5
2007-07-21	0.81	3.33	6.84	2006	7.60	4.8
2007-08-22	0.81	3.60	7.02	2007	7.80	5.9
2007-09-15	0.81	3.87	7.29	2008	−0.60	−0.7
2007-12-21	0.72	4.14	7.47	2009	6.70	3.3
2008-10-09	0.72	3.87	6.93*	2010	7.80	5.4
2008-10-30	0.72	3.60	6.66	2011	1.90	2.6
2008-11-27	0.36	2.52	5.58			
2008-12-23	0.36	2.25	5.31			
2010-10-20	0.36	2.50	5.56			
2010-12-26	0.36	2.75	5.81			
2011-02-09	0.40	3.00	6.06			
2011-04-06	0.50	3.25	6.31			
2011-07-07	0.50	3.50	6.56			
2012-06-08	0.40	3.25	6.31			
2012-07-06	0.35	3.00	6.00			

注:* 表示 1995-07-01 一年期贷款利率调整为 12.06%;2006-04-28 调整为 5.85%;2008-09-16 调整为 7.2%。

资料来源:中国人民银行货币政策司、中国金融年鉴、中国统计年鉴。

表 2-4　存款准备金率历次调整情况　　　　　单位:%

次数	时间	调整后	次数	时间	调整后
45	2012-05-08	20.00(大型) 16.50(中小)	28	2008-10-15	17.00(大型) 16.00(中小)
44	2012-02-24	20.50(大型) 17.00(中小)	27	2008-09-25	17.50(大型) 16.50(中小)
43	2011-12-05	21.00(大型)	26	2008-06-07	17.50
		17.50(中小)	25	2008-05-20	16.50
42	2011-06-20	21.50(大型)	24	2008-04-25	16.00
		18.00(中小)	23	2008-03-18	15.50
41	2011-05-18	21.00(大型)	22	2008-01-25	15.00
		17.50(中小)	21	2007-12-25	14.50
40	2011-04-21	20.00(大型)	20	2007-11-26	13.50
		17.00(中小)	19	2007-10-25	13.00
39	2011-03-25	20.00(大型)	18	2007-09-25	12.50
		16.50(中小)	17	2007-08-15	12.00
38	2011-02-24	19.50(大型)	16	2007-06-05	11.50
		16.00(中小)	15	2007-05-15	11.00
37	2011-01-20	19.00(大型)	14	2007-04-16	10.50
		15.50(中小)	13	2007-02-25	10.00
36	2010-12-20	18.50(大型)	12	2007-01-15	9.50
		15.00(中小)	11	2006-11-15	9.00
35	2010-11-29	18.00(大型)	10	2006-08-15	8.50
		14.50(中小)	9	2006-07-05	8.00
34	2010-11-16	17.50(大型)	8	2004-04-25	7.50
		14.00(中小)	7	2003-09-21	7.00
33	2010-05-10	17.00(大型)	6	1999-11-21	6.00
		13.50(中小)	5	1998-03-21	8.00
32	2010-02-25	16.50(大型)	4	1988-09	13.00
		13.50(中小)	3	1987	12.00
31	2010-01-28	16.00(大型)	2	1985	统一为10.00
		13.50(中小)	1	1984	企业存款 20.00 农村存款 25.00 储蓄存款 40.00
30	2008-12-25	15.50(大型)			
		13.50(中小)			
29	2008-12-05	16.00(大型)			
		14.00(中小)			

注:"大型"指"大型金融机构";"中小"指"中小金融机构"。

（二）证券市场不完善，间接地加剧了中小民营企业融资难问题

1990 年 12 月 16 日，上海证券交易所开业，这意味着我国的证券市场正式起航。20 多年来，我国的证券市场取得了长足的发展，目前已经有沪、深两个主板市场及深圳创业板市场。但是，总体来看，目前我国的证券市场还是不完善的，还不是一个符合"现代市场经济"要求的真正"市场化"的市场。一则，20 世纪 90 年代，提出了证券市场要"为国有企业改革与发展服务"的管理方针，迄今尚未完全脱离这一"框架"。二则，股票市场仅有顶端的主板、二板市场，缺乏广大的基础性市场，而且，上市公司的股票中，尚有相当数量是不能流通的（2012年年末为 22.2%）。三则，一级市场是封闭的，只有经证监会批准上市后才能向社会发行。四则，债券市场主要为国债及特大型央企服务，一般大中型企业都很难问津，中小企业就更为困难。也因此，证券市场的规模仍然明显偏小。如 2011 年年末，我国企业股票和债券余额，占社会融资存量的 26%，而同期，美国占 73%，英国占 62%。

虽然，中小民营企业并不能大量地直接从证券市场融资。但是，证券市场不完善，会间接地给中小民营企业融资带来负面影响。一则，由于证券市场相对"封闭"，直接融资规模偏小，因而，本来应当主要依靠直接融资的大中型企业也主要依靠银行贷款，信贷资金势必主要流向大中型企业，中小民营企业势必不被银行重视，融资困难。二则，由于证券市场是相对"封闭"，不向社会开放，因而中小民营企业难以向社会直接融资。三则，由于股票一级市场是"封闭"的，又缺乏主板市场以下的各种基础性交易市场，因而，风险投资缺乏顺畅的退出渠道，难以充分发展。这就使得中小民营企业的技术创新与转型升级受到极大的抑制。

（三）银行体系中，小银行的"份额"严重偏少，活力也有待增强

银行贷款仍是我国的融资主渠道。据《中国统计年鉴》的统计结果，2011 年，社会融资规模中，各项贷款占 82.4%。可见，当前我国的

银行体制是十分强大的。

有的人士在论及中小企业贷款难时，往往强调中小企业自身存在的"硬伤"，即财务制度不健全、财务信息不透明、缺乏有效抵押物，等等。其实，这是在用大公司贷款的标准要求中小企业。这种要求是不合理的。银行经营的利润来自于企业经营利润，银行必须适应企业客户的需要设计金融产品。只要中小企业的资金运用有良好的利润，那么，信贷资金的介入就是安全的、有利可图的。至于"信息不对称"问题，则主要是银行应当设法找到破解办法、设计出具有针对性的产品。

向中小企业提供信贷服务，主要得依靠小银行。因为，小银行资金实力弱，无力与大银行竞争大客户，只能与大银行"错位"，主要去为当地的小客户服务。另一方面，小银行基本上都是当地的法人银行，在当地有较为深厚的人脉关系，在破解中小企业的"信息不对称"方面，具有较强的优势，也就是适合为当地小客户服务。众所周知，在我国目前的银行体系中，不缺少大银行，只缺少小银行。正因为如此，国家的金融决策层面允许成立村镇银行、小额贷款公司等。但是，小银行的发展步伐不快，2013 年年末，全国才开业村镇银行 987 家，只有县级行政区数量（2853 个）的 1/3，而在 20 世纪 90 年代，同类的小机构（城市信用社）数量最多时曾达到 5200 家（1994 年）。2013 年年末，村镇银行的贷款余额仅 3645 亿元，市场份额只有 0.51％，即使加上小额贷款公司（7839 家）的 8191 亿元，才占全国金融机构人民币贷款余额的 1.65％；而 1994 年，城市信用社的贷款余额占当年全国金融机构人民币贷款余额的 3.07％。在经济比我国发达得多的美国，同类小银行机构（社区银行）有 6000 家左右，市场份额要比我国大得多。2002 年，美国社区银行的存款市场份额达到 18.79％。可见，目前我国小银行的数量确实是严重不足的。

另一方面，小银行机构的活力也参差不齐，尚欠理想。不少农信机构的经营机制尚未"市场化"，活力不足；村镇银行中也有一些机构活力甚差，难以有"鲶鱼效应"；更有一些城市商业银行在规模做大后，市场定位发生"变味"，脱离了小客户。

此外，鉴于现有的银行基本上都是"公有"的，或者是国有控股，或者是地方国有控股，或者实际上由政府掌控，因而潜在的"所有制歧视"残余还多少存在着。这对于中小民营企业的融资也是很不利的。

(四)中国邮政储蓄银行"体制"不到位，巨额信贷资金"放空"

中国邮政储蓄银行(简称邮储银行)是在改革邮政储蓄体制基础上组建的商业银行，2007年3月正式挂牌。国家对邮储银行的定位是：专营小额贷款的全国性中小企业银行。邮储银行的营业网点遍布城乡，98%在县域及以下，合计超过了3.9万个，居全国银行之首。存款余额仅次于"四大银行"，列全国银行第5。并且，存款增长势头一直不错。如2013年6月末，其浙江分行的存款余额同比增长12.36%，高于全省银行机构平均值(11.05%)，更高于省内"四大银行"(5.02%)。市场定位也良好，忠实地执行了国家的要求。比如，其浙江分行，到2012年6月末止，累计为56万客户提供了1400亿元贷款，户均25万元，低于省内农信机构平均值，也低于省内村镇银行平均值，并且，70%的贷款小于50万元。

邮储银行最大的问题是存贷比太低，以致巨额信贷资金"放空"，不能用于中小企业贷款，如2013年8月末，存款余额为50892亿元，而贷款余额仅9336亿元，存贷比仅18.32%。按《中华人民共和国商业银行法》(简称《商业银行法》)规定，存款75%可以用于放贷，也就是最多可放贷3.82万亿元左右，大致上有2.88万亿元"放空"了。这个"放空"数量，相当于同期全国中小民营企业贷款余额的1/6强，浙江省全部中小企业贷款的1.2倍。这是相当可惜的！究其原因，主要就是"体制不到位"：①资本金不足。2012年1月，邮储银行改组为股份有限公司，注册资本450亿元，资本净额1071亿元，相对于其总资产显然严重不足，不可能支撑贷款的快速增长。②法人治理结构不够完善。虽然改组为股份有限公司,但系国有独资公司,股东只有中国邮政集团公司一家。③管理刻板,很欠灵活。不但贷款的流程及管理办法均由总行统一规定,而且审批权限也统得过死,县支行只有5万～10万元小额贷款审批权,金额再大一点便要上报市分行、省分行,公司类贷款则一律要报北京总行审批。④人力资源管理距离"市场化"较远。员工的竞争上岗、薪酬激励均不完善,薪酬水平又比同业低得多,以致优秀人才难以引入,员工素质也提升缓慢。

第三节　国家层面应采取的对策措施

由于主要成因是"全局性"的,因此主要对策措施也应当是"全局性"的。应当说,中央对中小企业融资难问题是重视的。2013年8月8日国务院办公厅还专门发文(国办发〔2013〕87号《国务院办公厅关于金融支持中小企业发展的实施意见》)提出八条意见:确保实现中小企业贷款增速和增量"两个不低于"的目标;加快丰富和创新中小企业金融服务方式;着力强化对中小企业的征信服务和信息服务;积极发展小型金融机构;大力拓展中小企业直接融资渠道;切实降低中小企业融资成本;加大对中小企业金融服务的政策支持力度;全面营造良好的中小金融发展环境。2014年全国"两会"《政府工作报告》也提出了要深化金融体制改革,实施政策性金融机构改革。稳步推进由民间资本发起设立中小型银行等金融机构,引导民间资本参股、投资金融机构及融资中介服务机构。也正是由于中央的重视,中小企业贷款增长加快。银监会主席尚福林说,2013年5月末,全国的中小企业贷款达到16万亿元左右,比年初增加1.1万亿元,市场份额达到22.22%,比年初增加0.27个百分点。为加速缓解中小企业融资难,课题组建议,除了要切实贯彻国办发〔2013〕87号文件外,还应当遵循党的十八大报告中"各种所有制经济依法平等使用生产要素、公平参与市场竞争、同等受到法律保护"的精神与要求,进一步采取下列措施。

一、改变地方政府政绩考核指标

取消地方政府政绩考核中的 GDP 指标,代之以城乡居民人均收入及贫富差距(如居民人均收入中位数、基尼系数等)指标。这样做,有助于抑制、弱化"GDP 主义"、有助于减少经济增长数据中的"水分",并使政绩考核更贴近民生。这不但是当前经济体制改革的迫切需要,而且,可以从两个侧面促进中小企业融资难的缓解。一则,有助于促使地方政府弱化向大企业倾斜的行为,这就有助于改善中小企业的"资源分配"处境。二则,由于中小企业的发展与民生的关联度很大,因而,当突出民生指标后,地方政府也会更多地关心中小民营企业的发展。并且由于 GDP 中的"水分"将受到压缩,会腾出部分资金,这样也将在一定程度上缓解中小民营企业的融资难问题。

二、调整货币政策

首先,要调整利率政策。通过加快存款利率市场化步伐,切实消除存款低利率、负利率。现行的利率政策是造成中小企业"融资难、融资贵"的重要原因之一,尤其是造成"央企—大企—中小企业"融资成本差距严重偏大的主要成因。调整的基本方向与途径是,适当提高存款基准利率、大幅度提高浮动上限,并且最终取消浮动上限。这两年来,利率市场化的推进并未完全解决"存款利率偏低"问题。如 2012年 6 月,在"允许存款利率上浮 10％"的同时,于 6 月 8 日、7 月 5 日连续两次下调存款利率,合计下调 16.7％,使得上浮 10％化为乌有。2013 年 7 月,宣布根据"先贷款、后存款"原则,放开全部贷款利率。由于贷款利率浮动上限早已放开,"全部放开"主要就是放开 0.7 倍的浮动下限。不难看出,"全部放开"的受益者主要就是利率"议价能力"强的央企。欲使中小企业及普通百姓真正受益,就应当切实提高存款基准利率、放开存款利率浮动上限,以消除存款低利率、负利率,进而迫使银行提高大额贷款利率,收到遏制央企、上市公司等"强势群体"的"贷款饥渴症"的效果,从而为中小民营企业腾出较大的贷款额度空间,促成民间借贷市场需求下降,民间借贷利率与正规金融市场利率的差距缩小。为此建议,在确保一年期存款基准利率不低于通货膨胀率及 CPI 的前提下,尽快扩大利率上浮幅度,2013 年年内应至少达到30%,2014 年则不低于 60%,2015 年实现完全放开(在 2014 年"两会"期间,中国人民银行行长周小川也说,要在一到两年内放开存款利率上限)。

其次,信贷规模控制应加大"差别化"管理。目前,商业银行的信贷规模都还是受控的,并不能按《商业银行法》中的 75% 的规定执行。在货币政策从紧时,暂时采取这种做法是可以理解的,但是,应当加大"差别化"程度。比如户均贷款在 100 万元以下的小银行机构,只要存贷比不超过 75%,就不应当控制信贷规模;其他银行机构的 100 万元以下贷款,也应当不计入信贷规模。

三、调整证券市场管理方针

要彻底摒弃证券市场"为国有企业改革与发展服务"的管理方针,使之成为"真正的市场"、多层次的"金字塔"式市场。为此,主要应采取下列措施:

一是扩大企业债券发行。凡是中型以上企业,不论行业与所有制性质,只要具备下列条件均可发行债券:①有正当用途;②有良好的偿债能力,并且发行债券后,资产负债率小于 70%;③财务制度完善报表真实;④三年内无不良信用记录;⑤有金融机构代理发行并且承诺,债券到期偿付有困难时,将提供"垫支"。

二是放开股票一级市场,实行注册制。任何企业法人及自然人,都可以依法组建股份有限公司并向社会募股；由代理发行的证券公司代为向证监部门注册，证监部门仅审核其资料的完备与合规情况，完备、合规者便允许注册。募股发行由证券公司代理，若在规定期限内"冻结"资金不足募股金额，即为发行失败，"冻结"的资金全部退还，经济损失全部由发起公司的当事人承担。

三是设置"基础性"市场，通过市场选择"上市"。股份有限公司发行成功后，股票便可在代理发行的证券公司挂牌交易，这是场外交易市场。交易届满一个完整的企业财会年度后，如果业绩优良，可以由证券公司推荐去当地的柜台交易市场交易。柜台交易市场按中心城市组织，实行会员制，会员为中心城市中的券商。在柜台交易市场中交易届满一年以上，并且业绩优良达到沪深证交所的上市公司标准者，由柜台交易市场向沪深证交所推荐，经沪深证交所审查后择优"录取"进入主、二板市场。这一程序必须严格遵守，任何公司均不得违反。同样，在主、二板市场交易的上市公司，若业绩欠佳，便要逐级下退，直到退至相应的场外交易市场为止。

四是证监会要集中精力于监管。实行上述调整后，证监会不再从事公司上市、发行等的审批事宜，而是专注于监管。要依法对公司的设立、发行、上市、交易的全过程进行严格监管，并依法严惩各种违法、违规行为。

四、通过进一步改组，释放邮储银行信贷潜力

应当通过进一步改组，使邮储银行的巨大信贷潜力充分释放出来，真正成为我国中小企业信贷中的"航空母舰"。基本途径是再次增资扩股、进一步完善治理结构。这有两种做法可供选择：①仅仅在总行一级增资扩股，将国有独资公司改组为"社会化"的股份有限公司。这种方法主要只能解决"资本金不足"问题。②不仅在总行一级增资扩股，而且各省分行也通过"增资扩股"，改造为股份制的独立法人，进

而使得全行变成两级法人制的"中国邮政储蓄银行集团公司"。实行两级法人制的好处，一是可以在"两级"增资扩股，更有利于解决资本金不足问题；二是可以大大增加经营的灵活性，更好地适应"本土化"要求。显然，后一种做法比第一种做法更佳。在"增资扩股"中，新股东中应当有银行机构（甚至是主要投资者），尤其是小额信贷做得好的银行机构。同时，也要保障"创始人"权益，让中国邮政集团继续成为总行的最大股东，总行则是省级行的最大股东。

此外，为释放邮政储蓄银行的信贷潜力，还可以鼓励其与小额贷款公司"联姻"，成为小额贷款公司的"资金供应人"和"监督人"。具体做法将在后文中详述。

五、大力发展、办好"草根银行"

完整意义的"草根银行"应当是：来源于"草根"、服务于"草根"的小型商业银行。也即由民间资本经营的、与中小企业共存共荣的小型商业银行。在本节中，更侧重于从功能上定义"草根银行"，泛指所有的以中小企业为基本服务对象、与中小企业共存共荣的小型金融机构。"草根银行"正是我国目前所缺少的，必须大力发展。

首先，要继续大力发展现有形式（即由法人银行主发起）的村镇银行。目前，村镇银行的发展进度虽然欠快，远未达到原来的构想（2009年曾作三年规划，2011年年末全国要开业1131家，但到2013年年末才开业987家，筹建84家，合计1071家）；但是，就开业后的经营状况看，总体上还是良好的，并且还涌现出一些优秀的村镇银行与主发起人银行。根据迄今为止的实践，办好一家村镇银行的基本经验，可以归纳为"一一五"。"一个好的主发起人银行"，资质良好，有创办村镇银行的积极性与正确的方针，能够尊重村镇银行的独立法人地位，能够给予必要支持。"一个好的领导班子"，有正确的经营理念，有激情、有事业责任感，团结协作，能够领导银行实现"五个化"。"五个化"，在经营中做到:市场定位"小微化"、人员机构"本土化"、运作机制"市场化"、操作手段"先进化"、良好的"企业文化"。对于下一步,建议如下:①关于推动资质符合条件的法人银行主发起村镇银行时,应当更多地强调"自愿",可以"鼓励",不宜硬性或变相硬性要求;②为鼓励去后进贫困地区设立村镇银行,应当强化"扶持政策"引导,弱化"捆绑销售";③目前,应当对财政、货币信贷等方面的扶持政策加以梳理,使之更加公平、协调;④对于因主发起银行"不得力"而活力不佳的村镇银行,可以考虑重组,更换主发起银行。

其次,加快民营银行开放步伐,发展一批"草根银行"。改革以来,我国尚未正式向内资开放过民营银行市场准入。目前城商行中的几家民营银行都是"个案",都是在特定条件下形成的。"新36条"中说,"鼓励民间资本发起或参与设立村镇银行"。党的十八大报告中提出,"加快发展民营金融机构"。这就从国家决策层面为民营银行打开了准入之门。2013年7月1日颁发的国办发〔2013〕67号文件《国务院办公厅关于金融支持经济结构调整和转型升级的指导意见》中说,"尝试由民间资本发起设立自担风险的民营银行"。这就将开放民营银行市场准入摆上了议事日程。目前,监管部门已经表态,许多省区市都在积极行动、上报方案。不过,民营银行市场准入难的局面现在开始打破。2014年"两会"期间,业内期待已久的民营银行试点方案终于破茧而出。根据银监会网站3月11日公告,已在各地转报推荐的试点方案中确定了首批5家民营银行试点方案,具体参与者为阿里巴巴、万向、腾讯、百业源、均瑶、复星、商汇、华北、正泰、华峰等民营资本(除腾讯、百业源、商汇、华北外,均为浙商企业)。此次试点将遵循共同发起人原则,按每家试点银行不少于两个发起人的要求,开展相关筹备工作,试点银行将选址在浙江、天津、上海、广东和浙江温州等地区。根据当前经济发展的实际需要并结合改革以来的经验教训,在开放民营银行市场准入时,应当注意下述几点:①要充分认识发展民营银行的必要性与重要性,进而采取积极的态度。首先应当让中国的"尤努斯"、"阿马迪·贾尼尼"们有驰骋舞台。②当前应当发展的民营银行主要是规模相当于社区银行、村镇银行的县域小型商业银行,目标是造就一批类似于当年浙江省台州市的银座城信社、泰隆城信社那样的能与中小企业共存共荣的"草根银行"。这既是现实经济发展的需要,也是与民间金融资本现状相适应的合理做法。③对于可能出现的风险(主要有关联交易,大股东内斗,挤兑等),要事前积极防范,但是也不能追求"零风险",而应当追求"收益充分覆盖风险";并且,着重于建设较为完善的"自担风险"的机制。

这种"自担风险"机制有以下三个要点:①区分两类(理念、行为上存在明显差异的)民间资本,严格防止"脚踏两条船"。两类民间资本是指,民间工商业资本与民间金融资本。"脚踏两条船"是指,民营工商企业主在掌控工商企业的同时又掌控银行。银行经营严格要求"稳健"、"合规"。工商企业经营则大相径庭,因而,工商企业主是难以具有适应银行要求的经营理念的。一旦工商企业主掌控了银行,当它旗下的工商企业缺乏资金时,必然会向由自己掌控的银行"伸手",发生大量关联交易,进而酿成巨大金融风险。改革以来,此种事例曾多次发生,教训十分深刻。从防止"脚踏两条船"出发,主发起者应当属于"民间金融资本",主要是三种人:"下海创业"的金融业务骨干;原来从事担保、典当、投资咨询等准金融行业者及民间借贷者;把全部资本从工商企业中转移出来改投金融业的原工商企业主。① 民营工商企业可以入股民营银行,但是原则上只能做"财务投资人",而不能做"战略投资人"。②"无限责任"。目前设立的民营小银行,产权组织形式不能

---

① 尤努斯,孟加拉国格兰珉银行创始人,他因以小额贷款帮助穷人脱贫而获得 2006 年诺贝尔和平奖。阿马迪·贾尼尼,美洲银行创始人,1904 年由果蔬批发商转型银行业,以 15 万美元(相当于 2004 年的 300 万美元或 2400 万元人民币)资本金设立意大利银行;他坚持"大众银行"理念,服务于当时被其他银行忽视的微小企业及中下层百姓,40 年后,发展成为美国数一数二的大银行,但是其市场定位未变,总收入的 54%和利润的 46%来自于小客户业务。

是有限公司,只能是无限公司或两合公司。董事长与股东董事必须对
"未能清偿债务"承担无限责任。这在操作上有两种解决方案:一是套
用《合伙企业法》中的"有限合伙企业"条款,二是制定"暂行规定"。
③设置强制"退出"规定。要严格监管民营小银行的资本充足率,大于
等于10%为合格,小于5%便要强制清盘,或关闭,或重组、拍卖。

此外,作为重要配套措施,应当早日出台存款保险制度。

其三,促进小额贷款公司健康发展,基本目标是:依附于银行的金
融公司。小贷公司由各省区市政府审批,因而发展很快。2013年年
末,全国已有7839家,贷款余额8191亿元,比年初又增加1757家和
2270亿元。小贷公司发展中存在的主要问题有:①背离初衷。推出小
贷公司的本意是促进民间借贷"阳光化",并进而让其中的优秀者发展
成为小银行,以造就一批"草根银行";同时,也为民营银行的市场准入
打开"正门"。因此,中国银监会与中国人民银行于2008年5月联合
颁布的文件中提出,小贷公司可由"自然人、企业法人和其他社会组
织"投资设立。而各省区市在贯彻执行中做了重大变更,"自然人"不
见了,只允许由"骨干企业"充当主发起人,同时还大幅度提高资本金
下限。这种由民营骨干企业为主发起的小贷公司如果直接改组为村
镇银行,势必形成"脚踏两条船"。因而,银监会在2009年6月发文重
申,村镇银行的主发起人、最大股东必须是符合条件的银行机构法人。
总之,走到这一步,借助小贷公司推进民间借贷"阳光化"的路不通了,
造就一批"草根银行"的目标也无法实现了。②不可持续。一则,由于
"杠杆率"极低,只允许向银行融入资本金50%的资金,因而资金成本
甚高,贷款利率很高,通常在2分上下,甚至更高。这样的利率水平超
过了多数中小企业的资金利润率,以致客户空间狭窄,贷款风险加大。
二则,银监会仅承认小贷公司为"金融组织",而不是金融机构,因而不
承担监管责任。目前,对小贷公司的监管,虽然比初始时有了重大改
进,日常监管不再由工商管理局负责,改由省、市、县三级金融办负责,

设立了专门的监管员,并且正在让小贷公司采用统一的计算机系统。但是,各省区市的"工作进程"参差不齐,并且存在机构不健全、专业经验不足等等诸多问题;因而,监管仍然不够成熟、完善、有效,尚难以有效遏制违规经营。总之,为促进小贷公司健康发展,相关政策应做调整:①回归"初衷"。要让小贷公司回归民间借贷"阳光化"、进而造就一批"草根银行"的道路。可以由中国银监会与中国人民银行联合采取行动,整顿各省区市小贷公司管理规定。重申 2008 年 5 月文件中"自然人"作为第一位投资人的地位,并且原则上停止审批由工商企业法人做主发起人的小贷公司,同时允许担保公司、典当、投资咨询公司等改组为小贷公司。②承认小贷公司为金融机构。这就能够为设置有效监管及提高"杠杆率"扫清道路。③主要出路——依附于银行的金融公司。小贷公司获得金融机构的身份后,主要出路是成为依附于银行的金融公司。具体做法是,找一家"主合作银行",签订合作协议,其中规定,小贷公司的资金全部存入主合作银行,出纳均通过主合作银行,业务运作接受主合作银行监督,全部贷款客户均在主合作银行开户;小贷公司只要确保资本充足率不低于 10%,便可不受限制地融入资金,主合作银行需提供融入资金的 1/2 以上,并有责任帮助小贷公司融入资金,小贷公司发放的小额贷款,可作为主合作银行的业绩计入考核。应当大力提倡、鼓励银行与小贷公司合作"联姻",尤其是邮储银行。当然,今后由自然人主发起的、符合前文中民营银行要求的优秀小贷公司,允许改组为村镇(社区)银行。

六、促进互联网金融健康发展

互联网金融是传统金融行业与互联网精神结合的新兴领域。问世时间不长,但发展极为迅猛,显示出强大的生命力。当前国内的互联网金融主要有三种模式。①P2P 模式(含 P2B、P2C 等);②阿里金融及类似模式,如京东等;③众筹。为促进其健康发展,当前主要应当做好下列工作。

（一）大力"规范"P2P网贷平台

第一家P2P公司Zopa于2005年在英国上线，很快就风靡西方国家；2007年引入我国。2013年我国的"网贷平台已经达到800余家，成交金额1058亿元"[①]。其中名气较大的有，上海拍拍贷（我国最早成立）；北京人人贷；广州圈圈贷（资本金10100元，全国最大）；上海你我贷；温州温州贷，等等。但是，与此同时也"倒闭多、风险大"。据坚果互联网金融报道，2013年全国倒闭76家，至2014年6月上旬止，全国又倒闭了46家。个中原因主要是，迄今为止，P2P还是"无门槛、无行业标准、无监管部门"的"三无"行业，处于无章可循的状况；多数P2P平台不仅仅是"信息中介"，而且具有"代偿"功能，也即在"变相办银行"，更有的，在进行非法集资以及钱炒钱。目前，已明确银监会为P2P的监管者，这是十分正确与必要的。接着，一定要坚持P2P网贷平台仅仅是借贷双方的信息中介，绝对不允许有借贷中介的功能；当然更不允许进行集资与钱炒钱等活动；考虑到实际国情，允许并鼓励专业担保机构与P2P平台合作，承担抵押、担保及其他代偿功能。

（二）支持发展网络银行

与传统银行相比较，网络银行的基本特点是：无实体网点，运用大数据、云计算技术来选择客户与控制风险。目前，阿里金融最有条件成为网络银行。阿里金融基础实、起点高、目标大，迄今已跨出三步。第一步，在成功设立淘宝、天猫、聚划算等电商平台的基础上进军支付结算，推出支付宝。第二步，在获得大量电商信息的基础上进军小额信贷，于2010年和2011年先后成立浙江和重庆两家小贷公司（没有实体网点，均在杭州运作），并用大数据、云计算技术来选择客户与控制风险。阿里小贷的资本金有24亿元，面向全国营业；2013年末，贷款金额已达125亿元，户均为5万～6万元，贷款对象都是阿里电商平

---

① 见浙江经济信息中心《预测与分析》1260期。

台上交易"累积量"大、信用记录良好的客户;其资金来源除资本金及从中国银行融入 4 亿元以外,其余均依靠"资产转让"取得。第三步,2013 年 6 月中旬,推出了实际上具有"吸存"功能的"余额宝",其运作"路线"为:支付宝—余额宝—天弘基金增利宝—银行协议存款。由于银行协议存款的收益率主要参考按市场供求自由浮动的上海银行间同业拆借利率(Shibor),而在目前,Shibor 又往往偏高,如 2013 年,年化利率曾一度突破 7%,致使余额宝的年化收益率达到 6%以上。由于收益大大超过银行一般存款利率,因而,余额宝急剧扩张,2014 年一季度末达到 5413 亿元。2014 年 2 月底,余额宝的投资者人数已突破8100 万(同期全国股市的活跃交易账户只有约 7700 万户)。也因此,由余额宝投资的天弘基金,也一跃成为全球第四大货币基金。2014 年二季度以来,随着 Shibor 的回落,余额宝的收益率跌破 5%,其增速有所放慢,6 月末,为 5700 多亿元。目前正在跨第四步,即组建网络银行。

(三)"众筹"要限于股权融资

"众筹"(growfundind)是舶来语,起源于美国,英文原意是"大众集资"。进入我国后,为避"非法集资"之嫌,翻译为"众筹"。近年来我国先后出现了一大批众筹网站,它们基于互联网渠道进行着项目集资活动,把分散、小额的资金聚集成为一个项目的资金,其中影响较大的有"众筹网"、"点名时间"等。据众筹网高管介绍,其基本做法是:每个集资项目都有预设的集资目标金额与截止时间,只有在预设时间内筹集到超过目标金额的资金,项目集资才算成功,未达到目标金额的项目,将退回所有支持者的款项。显然,"众筹"相当于开放了股票一级市场,特别是为小微企业开放了"一级市场"。同时,更为"风险投资"的发展,开辟了新渠道,从而十分有助于创业、创新。

目前,众筹与 P2P 相仿,还处于"三无"状态,因而良莠不齐,切需"规范"。不久前,证监会新闻发言人明确表示,证监会对股权众筹行业进行了深入调研,目前正在抓紧研究制定众筹融资的监管规则;并将适时出台该领域的指导意见。

在制定监管规则时,应当注意:①众筹平台必须严格定位于股权融资。绝对不允许涉及债券融资;②众筹平台也只能是信息中介,不能是项目当事人,也不能与项目有直接关联关系;③规则与制度的安排,要有助于小微企业股权融资,有助于风险投资的进入与退出,使之成为风险投资发展的重要渠道;④为保投资人的权益,众筹平台应对所发布的项目信息的真实性负责,同时有权对项目进行深入调查。

七、鼓励大中型银行发展小额贷款

大约自 2005 年以来,银监会就要求大中型银行设置中小企业信贷部,专门发放"小企业贷款"(指 500 万元以下的贷款)。总体上看,效果不显著。但是,也有一些大中型银行看到了小额贷款领域中的巨大商机:"空白区"大,利率上浮空间大,资本回报率高,等等。进而大力进军小额贷款领域。其中做得最出色的是民生银行。2009 年初推出"商贷通",2010 年 8 月,商贷通余额突破 1000 亿元,户均不到 100万元。到 2013 年 6 月末,民生银行的中小企业贷款余额已达 3860 亿元,占全行贷款余额 26%,已成为该行零售业务中的绝对主力(占70.77%)。民生银行还计划,2015 年年末,中小企业贷款余额达到6000 亿元,户均贷款在 70 万元左右。另外,从相关数据看,招商银行等大中型银行也不错(见表 2-5)。中国银行也推出了"通宝"系列的小企业贷款。金融监管当局及有关部门,应当用政策进一步鼓励大中型银行发展中小企业贷款,并设置专营分支机构。

但是,另一方面,一些大中型银行的中小企业贷款中"水分"明显。比如,北京银行、中信银行、建设银行,中小企业贷款余额分别为 1489亿元、2509 亿元、7503 亿元,但是其贷款户数则分别仅有 7670 户、12414 户、77074 户,户均贷款分别高达 1941 万元、2147 万元、973 万元。显然,这恐怕很难说是中小企业贷款了。还有个别银行的中小企业贷款名单上,竟然出现"土地储备中心"、"集团公司总部"、"公路局"等户名。因此,监管部门还应当采取切实措施挤出大中型银行中小企业贷款中的"水分"。

表 2-5　部分大中型银行的中小企业贷款情况

银　行	中小企业贷款余额	比年初增长	占零售业务比例	占比变化	不良率
民生银行	3860 亿元	22％	70.77％	升 2.5 个百分点	0.47％
招商银行	2551 亿元	44％	34.58％	升 8.22 个百分点	0.60％
平安银行	732 亿元	31％	25.50％	升 1.0 个百分点	0.87％
光大银行	1333 亿元	—	—	—	—
中信银行	2509 亿元	17.90％	—	—	1.73％
北京银行	1489 亿元	—	—	—	—
建设银行	7503 亿元	—	—	—	—

注:各行数据口径可能存在差异,例如光大,中信可能不仅仅包括零售条线的业务。
资料来源:21 世纪经济报道,2013-09-02(32).

第四节　浙江省内可以采取的对策措施

虽然,"融资难、融资贵"的主要成因是"全局性"的,因而主要的对策措施须由国家层面做出,但是,省域中仍有相当大的对策措施空间,应当有效地加以利用。

浙江省存在着不少有利于中小企业融资的积极因素。主要有以下几点:

第一,地方性小金融机构的市场份额较高。2012 年年末,浙江省"农信＋城商行＋村镇银行"的贷款市场份额为 23.3％,而全国仅19.7％;并且浙江省金融机构各项贷款占 GDP 的比重较高,2012 年为

172%,而全国仅130%;进而,浙江省地方性小金融机构贷款余额占GDP的40.08%,而全国只占25.61%。

第二,浙江省的法人金融机构的市场定位与活力均相对较好。如农信机构,2011年的户均贷款为43万元,不良贷款率为1.27%,资产利润率达1.70%,指标值相当出色。城商行中,更有国内小额信贷业务最为优秀的台州银行和泰隆银行,民泰银行和稠州银行也不错。杭州银行及股份制商业银行浙商银行的规模虽然较大,但通过设置专营支行,小额贷款也放得很红火,很有竞争力。村镇银行、小贷公司也发展得较好。2013年年末,全省有村镇银行61家,约占全国的1/16,贷款余额有440亿元,约占全国的1/8,家均贷款余额约为全国的2倍,并且涌现出一些优秀的"品牌",如"联合村镇银行"、"银座村镇银行"、"国民村镇银行"等。2013年年末,全省有小贷公司314家,是全国的4%,但是贷款余额为900亿元,是全国的11%。

第三,浙江省邮储银行的经营业绩较好,存贷比远高于全国。2013年8月末,邮储银行浙江省分行的存款余额为2062亿元,贷款余额为889亿元,存贷比达到43.11%,超过全国(18.32%)一倍以上。

第四,互联网金融也发展得很不错。"阿里金融"的总部就在浙江,阿里巴巴小贷公司利用电商数据和网络平台发放四类小额信用贷款,淘宝信用、淘宝订单、支付信用和阿里信用。其中,淘宝订单平均每笔只有6000多元,从申请到放贷款,处理时间以秒计算;淘宝信用(笔均4万多元)和支付信用(笔均3000元左右)的处理时间也只要几分钟。2013年末,贷款余额已达125亿元。虽然它是面向全国客户营业的,但是浙江客户毕竟最多。

第五,银行信贷中的"所有制歧视"较轻。浙江省由于是民营经济大省,并且是"以民营经济为主体"的经济大省,银行机构长期以来都主要与民营企业打交道,进而金融服务方面的"所有制歧视"要明显轻于其他省区。

此外,省内各市的政府都对中小民营企业"融资难、融资贵"采取了多种积极措施。

面对中小民营企业"融资难、融资贵"的现状,省内的基本思路应当是:立足现实,努力发扬自身优势,努力用足用好政策,积极鼓励金融创新。具体来说,主要有以下几点。

一、努力促进浙江省银行体系更好地服务中小民营企业

(一)促进农信机构进一步提升活力

浙江省农信机构的总体情况不错。基本经验如下:①有优秀的"一把手"、"好班子";②在实现经营机制的"市场化"上下功夫。目前,这两条经验仍具有很大的现实意义。因为,一则,真正算得上优秀的"一把手"毕竟还不是多数。二则,还有相当数量的机构尚未完全实现经营机制转换,尚未做到"干部能上能下、员工能进能出;岗位靠竞争、薪酬按贡献";尚未做到"主动出击营销,客户至上,不断按客户需求创新产品";活力进一步提升的"空间"还很大。为此,应当要求省联社在继续努力抓好"人头"的同时,切实推动、督促基层农信机构努力实现经营机制的"市场化"。

当前,还应当要求省联社进一步把工作重点转移到做好服务、促进下级机构发展上来;尤其应当切实支持、帮助规模较大的优秀机构加速发展。

在农信机构改制为股份制农村商业银行时,可以考虑由省内的优秀农商行去充当战略大股东。这将十分有助于新组建的农商行坚持良好的市场定位及稳定运作。

(二)加速发展村镇银行

村镇银行的作用不仅是金融服务"三农"与中小企业,而且还要发挥"鲶鱼效应",推动、促进农信机构转换经营机制。因此,既要数量,更要质量。浙江省首先要尽快实现县域的"全覆盖";个别地方的村镇

银行活力甚差,则应当考虑增设一家(省内已有先例,慈溪、宁海各有两家)。

(三)鼓励大中型银行设立中小企业贷款专营支行及经营专利抵押贷款的科技专营支行

这些专营支行及科技专营支行可以同等地享受省内制定的中小企业贷款优惠扶持政策。

(四)积极支持城商行,尤其优秀城商行的发展

一些优秀的城商行,例如台州银行、泰隆银行,它们是小微企业信贷的标杆银行,始终与小微企业共存共荣,一直以来竭诚为小微企业服务。创造出一套以"三品三表"为主要内容的"本土化"小微企业贷款办法,并且,将从欧洲复兴银行引入的微贷技术与"本土"经验有效地结合起来。对于这样的优秀机构,能否加大支持力度,让它们成为某些城商行、农商行的战略大股东,并且再进一步成为能够"说了算"的控股大股东,使小微企业信贷的"银座模式"、"泰隆模式"迅速在更广阔的地域"开花"。

(五)进一步促进小额贷款公司健康发展

当前主要有以下几点:①多方面努力减轻税负。②继续努力完善监管。③发展"资产转让",以解决杠杆率问题。④"回归"2008 年 5 月中国银监会与中国人民银行联合出台的《关于小额贷款公司试点的指导意见》,允许自然人充当主发起人,并降低资本金门槛;允许担保公司、典当、投资咨询公司等准金融机构改组为小贷公司,以便让真正的民间金融资本成长发育。⑤试点通过与银行合作,让小贷公司成为"依附"于银行的金融公司。

(六)抓住机遇,大力发展"草根银行"

要抓住当前的"尝试由民间资本发展设立自担风险的民营银行"的机遇。在浙江省发展一批与中小企业共存共荣的"草根银行"。在发展中,要注意区分两类不同性质的民间资本,并且以民间金融资本

为主发起人,严格防止"脚踏两条船",以让民间金融资本茁壮成长,让浙江的"尤努斯"、"贾尼尼"们能够茁壮成长。需要指出的是,浙江省是民营经济大省,又是民营金融的"传统发源地、集中地",有条件也应当抓住大好机会,造就"草根银行"的再次繁荣。

(七)多渠道解决资金"期限错配"问题

首先,贷款银行方面要着力。一则,要尽可能满足客户的实际需要,使得贷款期限与企业生产周期相匹配,以减轻错配问题。但是,必须看到,这只能解决少部分问题。因为,中小企业的稳定性差,生命周期短,易于倒闭,从而银行为控制风险,很难大量向它们发放中长期贷款。二则,银行要讲信用、说真话。这一点非常关键。银行不能为了自身的风险控制,而在贷款即将到期时告诉企业能够续贷,而在收回贷款后又不肯续贷。如果银行讲信用、说真话,在企业贷款快到期时明确告诉企业能否续贷并一诺千金,事情就好办了。可以银行间挂钩,互为对方的符合继续贷款条件的客户提供临时性转贷信用贷款。银行应当认识到,"银行讲信用",这对自身利益以及社会信用环境的塑造,都有重大作用。银行是依靠信用生存与发展的企业,要求企业对银行讲信用,首先银行自己要对企业讲信用、对社会讲信用。而一旦社会信用环境改善了,最大的受益者还是银行。

其次,政府及其他方面也要努力,政企合作,或者政、银、企合作。比如,2013年5月20日,遂昌县企业家协会组织会员企业采用互助合作形式,牵头46家企业参与出资3000万元,政府专项扶持配套资金3000万元,设立"遂昌县企业家协会应急转贷周转金",由协会主导,市场化运作。又如"杭州模式"。杭州市设立"中小企业转贷引导基金",政府出资与民间资金比例为1:3,由市经信委与财政局共同管理。2013年首期安排2000万元,引入社会资金6000万元,2013年5月中旬正式运行。100天来已经为46家企业完成3.25亿元的转贷业务。

二、从实际需要出发,发展多样化的担保公司

目标是,让那些"第一还款来源"良好但缺乏抵押物的中小企业能够获得贷款。为此,要"因地制宜"地发展担保公司。

浙江省各地创造了一些颇有特色的担保公司。比如,萧山区共有43家融资担保公司,其中大部分属于"会员制、封闭性、社区化、小额度、非盈利"的互助式运行模式。总体来看,运行得还是相当成功的。温州目前就很需要借鉴上述"萧山模式",发展一批会员制的、由银行、财政、会员企业共建的担保公司。又如在丽水农村发展"农村担保体系"时,就应当从当地实际出发设定担保公司规模,不宜死扣"5000万元资本金"下限。

此外,还可以发展再担保公司以分散风险,如绍兴、嘉兴均由市政府出资2亿元成立了市级中小企业再担保公司。

三、大力支持、鼓励金融创新

浙江省的金融创新活跃。比如,阿里网络金融,德清的"P2C",台州市农村自发的合作金融组织,一些地方的中小企业转贷基金,等等。这些都应当得到支持、鼓励。

要支持、鼓励金融机构发展新产品,不仅是对法人金融机构,而且对全国性大中型银行在浙机构也如此。

要关注、研究互联网金融,并促进其健康发展。首先是"阿里金融",要支持其发展、创新,并给予必要的帮助。其次,要关注、研究、支持P2P等网络信贷平台的健康发展。目前浙江省已经有了"微贷网"、"温州贷"等一大批P2P公司,要抓住当前机遇,培育一批有影响力的"规范的"网贷企业;放开金融信息服务行业的注册登记,搭建网贷服务平台,助推民间金融阳光化(这可学习上海,"拍拍贷"在上海工商局的支持下,特批更名为"上海拍拍贷金融信息服务公

司")。再次,要支持与鼓励"股权众筹"的健康发展,使中小微企业的创业、创新、转型升级发挥积极作用。第四,要关注、研究德清的P2C。"P2C"借贷模式是指以"政府财政资金担保"形式搭建网贷平台,服务个人与企业,实现直接对接。它是民间借贷"阳光化"的良好形式,其最大特点是借贷"直观、直接、直达"。"直观",借贷双方融资信息公开透明;"直接",借贷双方在服务中心直接撮合;"直达",借贷资金经中心登记备案后直接从借方账户划到贷方。德清县"P2C"于2013年3月18日开张营业,到5月6日,已经累计实现交易1.7亿多元。贷款平均利率为11%～13%,其中含3%的担保费,投资人的无风险收益为7.2%。

此外,随着网络融资新模式的开启,需要进一步完善网络融资的各项工作:第一,整合全省金融资源,完善服务功能,开放资源体系;第二,制定相关的扶持政策;第三,制定为中小民营企业服务平台的规划。由于网络融资尚属新兴融资模式,正处于起步和探索阶段,各方面亟待完善和提高,因此,需结合全省中小民营企业服务体系建设,对其进一步加强管理、扶持、服务和引导。

四、抓好温州、丽水两个金融试验区

2012年9月初,我们在温州调研金融改革。我们认为,温州的金融改革首先要支持、促进民间金融资本发展、壮大,突破"玻璃门"。民间借贷"阳光化"不能停留在"登记中心"上,而是应当让它们先组建"小贷公司",然后走向"村镇银行、社区银行"。

其次,根据温州发展的实际需要,将市区的瓯海、鹿城、龙湾等三家农信机构合并组建"温州发展银行",进而为促进温州全市的经济发展做贡献。这样的改组,国内已有先例,苏州银行就是由吴江农商行改组的。

再次,要建设好地方金融监管局,对小贷公司及各类准金融机构进行规范、有效的监管。

丽水,除了要完善"林权抵押贷款、农村信用体系建设、银行卡助农取款工程"等三大亮点,并且发展"保险服务社会民生"和农村担保体系外,也应当探索对小贷公司及其他准金融机构设立有效监管的问题;并且,争取"升格"为国家级试验区。丽水市需要打造一家具有"丽水农村发展银行"功能的银行。具体做法是,将青田、云和的农信联社纳入莲都农村商业银行,联合组建"丽水市农村商业银行",它可以在全市范围设立分支机构。

应当切实注重丽水、温州两个金融试验区的成果与经验在全省的推广、借鉴。

五、注意维护良好的金融生态

金融生态良好,就会形成"良性循环":金融生态好→银行增加贷款→企业发展加快→金融生态更好。反过来,也会出现"恶性循环"。

浙江省的金融生态原来名列国内前茅,但近两年来明显"劣化",不良贷款率上升,也因此,浙江省金融的"洼地效应"不再,2013年人民币存款仅增长10.94%,低于全国平均值13.79%。尤其是温州,不良贷款率由全国最低上升为较高,2013年3月末为4.01%,6月末为3.68%,12月末为4.41%;以致2013年,新增贷款仅216亿元,只有上年的1/3,全年本外币存款仅增长4.53%,不到全省平均值(10.58%)的一半。

为了及时化解不良贷款,重要对策之一是,可以由财政、银行共同努力,争取允许用税前利润冲销小额贷款中的"损失"类贷款。

有关政府部门应当与中国人民银行积极合作,不断完善中小企业征信数据库,并且争取成为全国各省区市中最完善的数据库。

第三章 产业政策与浙江中小民营企业转型升级

第一节 产业政策概述

"产业政策"这个术语虽然得到广泛的运用,但是人们并未对其定义达成共识。总体上讲,人们对这个概念有广义的和狭义的两种理解:广义的产业政策是指针对产业的所有政策的总和,狭义的产业政策则是指产业部门政策,即鼓励或限制对一些行业或部门进行投资的政策。本书使用广义上的产业政策概念。

传统的产业政策分类法将产业政策分为垂直型产业政策和功能型产业政策。垂直型产业政策是选择特定产业、企业、技术进行支持或限制,一般所谓的"选择赢家"就属于这种类型的政策;功能型产业政策则旨在提升市场,特别是要素市场,包括人才市场、土地市场、资本市场等,而不支持特定的产业活动。拉尔在此基础上增加了一种新型产业政策：水平型产业政策。① 这种产业政策不对产业或企业做出选择，而对跨产业部门的特定经济活动给予支持，这些活动——通常是技术研发——提供特定的经济价值。水平型产业政策完成市场缺失或者难以完成的经济活动。在技术领域，水平型产业政策的例子有为创新提供融资或者补贴研发活动，且不针对特定产业部门或技术领域。② 一般而言，在垂直型产业政策的基础上制定的水平型产业政策和功能型产业政策可以视为间接产业政策，它们为垂直型产业政策提供支撑。

按照拉尔发展的产业政策分析框架来看，广义产业政策与狭义产业政策的区分非常清楚，狭义产业政策就相当于其中的选择型或者说垂直型产业政策。

围绕产业政策的有效性问题，人们已经开展了丰富的研究。现在已经达成的共识是，产业政策既不总是有效的，也不总是无效的；产业政策与产业发展之间并没有必然的对应关系；产业政策的有效性依赖于政策的系统性。

浙江省中小民营企业量大面广，数量占全省企业 99％以上，工业总产值、工业增加值已占全省的 80％以上，财政税收、出口总额已占全省总额的 60％以上，容纳就业劳动力达 90％以上。因此，浙江的产业政策是绝难绕过中小企业的，这些企业也是难免受到产业政策的影响的。即便是浙江决意将打造大企业作为一项重要战略，乍一看似乎置中小企业于不顾，实际上也对中小企业的生存与发展构成显著的影响，政策制定者对于这一点是非常清楚的，至少在间接的意义上，这一政策有利于中小企业，对中小企业具有辐射带动作用。

---

① 在研究中，有些人会调换水平型产业政策与功能型产业政策的位置，将书本所指的水平型产业政策称之为功能型产业政策，而将本书所指的功能型产业政策称之为水平型产业政策。本书对两种政策的定义源于 Lall(1998)。

② Lall S, Teubal M. "Market-Stimulating" Technology Policies in Developing Countries：A Framework with Examples from East Asia. *World Development*，1998，26(8)：1369-1385.

第二节　浙江产业政策现状与问题

一、21 世纪以来浙江的产业政策

(一)垂直型产业政策

在产业间选择上,近些年来,浙江省重点支持的产业包括现代服务业(尤其是生产性服务业)、先进制造业、装备制造业、临港工业、高新技术产业[①]以及中央政府确定的其他战略性新兴产业。另外,浙江省还选择了纺织、轻工、装备制造、医药、建材、汽车、船舶、冶金、石化等九大产业并相应地制定转型升级规划以及《浙江省 2009 年企业技术改造重点领域:导向目录》,以推进这些行业转型升级的实施,力争经过两三年的努力,使九大产业的生产规模、创新能力、技术装备水平和市场竞争力取得突破性进展。2012 年,省政府发布《关于加快"腾笼换鸟"促进经济转型升级的若干意见》,决定以冶炼、造纸、印染、水泥、制革、化工、化纤、电镀等高耗能高污染行业为重点,严格淘汰不符合国家产业政策、节能减排要求和安全生产条件的落后产品、技术和工艺设备,并根据区域产业结构调整的需要,逐步淘汰和转移一批不具有能源资源利用优势、产业附加值较低的相对落后产能;继续对电解铝、铁合金、电石、烧碱、水泥、钢铁、黄磷、锌冶炼等 8 个行业实行差别电价政策;对医药、化工、造纸、化纤、印染、制革、冶炼等行业中的高污染、高水耗企业,抓紧研究制定差别水价和差别用能政策。在三大产业的总体比重关系上,浙江省"十一五"规划提出,要推动本省产业结

---

① 根据浙江省政府《关于加快工业转型升级的实施意见》,高新技术产业主要是指通信与网络设备、生物与新医药、电子元器件、仪器仪表、新能源、新材料、软件服务等 7 个产业。这与国家战略性新兴产业有所交叉。

构由"二三一"向"三二一"转变。

在产业内选择上,2000 年以来,作为加快转变经济发展方式、推进经济转型升级的重要内容之一,浙江省政府积极促进工业行业龙头骨干企业进一步做强做大。省政府几乎每两年调整一次工业行业龙头骨干企业名单。2009 年,省政府公布了装备制造业、汽车行业、船舶制造业、钢铁行业、电子信息行业、光伏等 12 大行业中的 146 家工业行业龙头骨干企业名单,并对这些企业在资金保障、土地供应、技术创新等方面给予优先支持和重点扶持,在财政扶持、税收减免、项目申报等方面给予优惠政策。另一方面,浙江省也格外重视、支持中小企业。2010 年,省政府出台了《关于促进中小企业加快创业创新发展的若干意见》,提出以"两大战略"——创业促发展战略和创新促升级战略——为依托,通过优化三个环境——中小企业政策环境、服务环境和融资环境,以扶持小企业和初创型微小企业为重点,实现浙江省从中小企业数量大省向中小企业素质强省转变。

在产业组织形态上,浙江省将发展和提升集群经济,把打造产业集群作为一项重点工作。实际上,进一步发挥浙江的这一特色产业优势是"八八战略"的一项重要内容。2009 年上半年,省政府出台了《关于加快块状经济向现代产业集群转型升级的指导意见》,明确了到 2012 年的工作目标以及抓好这项工作的原则和举措;并从全省范围内确定了杭州装备制造业、宁波服装、绍兴纺织、嵊州领带等 21 个块状经济作为转型升级示范区试点单位。2009 年 8 月,浙江省科技厅提出并着手实施向工业块状经济派遣专家服务组的工作方案。2010 年,省政府又公布了第二批 21 个块状经济向现代产业集群转型升级示范区的试点名单。

(二)功能型产业政策

(1)人才市场干预。浙江多年来人才投入不足,高层次经营管理人才、高层次创新型人才、高技能人才、高端人才、领军人才尤其紧缺(详见第七章)。

（2）金融市场干预（详见第二章）。

（3）土地市场干预。2009年，浙江省委、省政府提出"大平台大产业大项目大企业"战略，以解决本省经济转型升级中的突出矛盾和问题。其中，"大平台"就是指在土地开发的基础上，建设若干个新基地，为产业发展拓展空间。2011年年初，14个省级产业集聚区的发展规划已经省政府审议通过。根据这些规划，全省重点规划的面积将达1000平方千米，"十二五"开发建设的面积为400平方千米。其中，大江东产业集聚区规划预计，到"十二五"期末，大江东新城工业经济总量将突破1500亿元，远期产出年工业总产值将达1万亿元以上，等于再造一个"杭州工业"。[①]

实际上，上文提到的省科研机构创新基地（科技城）和浙江海外高层次人才创新园（海创园），也将土地市场干预包含其中。另外，2006年以来，浙江大力实施"省外浙商回归工程"，2011年年底的首届世界浙商大会上再次提出"浙商回归"创业创新工程。在省政府的号召与协助下，一批浙商回乡创业。据不完全统计，从2006年至2011年中，省外浙江人共回浙投资创办企业2470多家，投资总额达900多亿元。[②] 2012年前三季度，"浙商回归"又为浙江带来了1102.34亿元投资。[③] 这一政策将对人才市场、资本市场和土地市场的干预融为一体。

（三）水平型产业政策

2003年以来，浙江省把工业作为全省经济转型升级的重点领域，大力实施"万亿技改促升级计划"和企业技术改造"双千"工程。

2008年，浙江省政府部署实施"全面小康六大行动计划"，其中的

---

① 郭峰，肖新宏，糜利萍.培育大企业 构筑大平台 招引大项目 集聚大产业.杭州日报，2012-06-06(6).

② 数据来源：领导决策信息，2011(8)：64.

③ 数据来源：浙江省政府网站，http://www.zj.gov.cn/art/2012/10/18/art_5499_433064.html，2012-10-18.

自主创新能力提升行动计划提出了知识产权战略、标准化战略、品牌战略。2011 年,浙江出台《关于加快建设质量强省的若干意见》,要求通过深入实施知识这三大战略,抓好产品质量等重点领域的质量建设,努力实现从"制造大省"向"品质强省"转变。

2009 年,浙江省被确立为国家技术创新首个试点省。自此以来,浙江对企业研发活动给予了有力的支持,实行了企业研发经费150％抵扣应纳所得税额、高新企业按 15％的税率缴纳所得税的优惠政策,为企业节约了数百亿元的经费。

二、对浙江产业政策的评价

(一)支持生产性服务业的发展是一项正确的政策选择

浙江工业以制造业为主,其进一步的发展依赖于自身的技术创新和相关服务业,即生产性服务业。浙江 99％以上的企业都是中小民营企业,由于实力不足,拥有独属本企业的研发机构相对大多数企业而言成本过高,难以承受。因此,将其技术研发工作集中外包给专门的研发机构是一项节约成本的举措,而这种措施必然会催生出整个生产性服务业。实际上,这一逻辑也适用于管理、法律、税务等咨询机构的产生。初期的生产性服务业以被制造类企业引领、满足制造类企业的需求为主,处于辅助地位,但是随着经济发展不断向纵深推进,生产性服务业将逐渐反客为主,获得主导地位,以主动的创造来引领制造类企业的发展,而其自身将成为整个经济的一个支柱性产业。这符合经济自然演化的规律。

(二)转型升级是一项正确的选择

中国整体上已经错过了转型升级的最佳时机,转型升级的决心与进程可能因此而受到影响,会有所反复。在全球金融危机爆发之前,我国经济增长速度连续多年保持在 10％以上。实际上,这段时期正是我国经济转型升级、转变发展方式的最佳时机。因为我国特殊的经济制度与结构决定了我国的转型升级过程要以一定的经济增长放缓为代价。但是在经济高速增长阶段,政府和社会对几个百分点的速度下降容忍度更高。如今,受到国际金融危机和债权危机的冲击,我国经济增长速度本就已经下降到8%左右,在这种情况下,政府和社会对转型升级所造成的阵痛容忍度要低得多,因此政府也难免犹豫不决,在转型升级与维持增长之间摇摆不定。现在,我国大体上是被资源和市场倒逼着开展转型升级,但是很难保证各级政府不为保增长而偶尔做出妥协,从而造成政策反复甚至经济倒退。例如,引进央企被视为发展浙江经济的一个手段。有人指出,其中一个理由就是民营企业经不起大风浪,而央企就可以。[①] 进一步从全国的层面上讲,这些年我国经济上也出现了"国进民退"的现象。但是国有企业虽然实力强大、获利能力强,实际上却缺乏进行技术创新的动力,其盈利能力更多地依赖于其与政府的关系以及由此而衍生出来的垄断地位。如果要对引进国有企业的后果做最坏的准备,那么就需要意识到,这可能是一种饮鸩止渴的做法,最终将会损害本地经济环境的公平性和经济本身的活力。

(三)政策之间缺乏协调性,难以落实

课题组在调研中了解到,地下钱庄由于担心阳光化会导致以后不能享受与正规金融机构相同的税收待遇,税收负担难以承受而对民间信贷阳光化、合法化缺乏兴趣和动力。再比如,2008年银监会出台的《关于小额贷款公司的指导意见》,鼓励自然人和企业作为社会资本参与小额贷款公司的设立。但是落实到温州市时,自然人由于受到种种政策限制而无法开立小额贷款公司。可见,一种政策意图再好,但没有其他政策的配合就难以产生预期的效果。实际上,在我国目前的体制之下,政出多门、相互掣肘的现象频繁发生。出台的政策不少,但是没有其他政策的配合,最后常常不能落实,这个论断适用于浙江,也适用于中国。

---

① 郭占恒.以"重、大、国、高"优化提升"轻、小、民、加".浙江社会科学,2009(6):16—21.

（四）浙商回归工程受制于政府作风，成效有限

在省外调研中课题组了解到，不少在省外——尤其是在广东地区——办企业的浙商并不愿意回归浙江。原因主要在于地方政府的服务态度：在深圳经营企业的一些浙商指出，深圳市政府的服务态度和办事效率明显要比浙江地区好，深圳市政府也更愿意为企业提供政策支持；相比之下，很多省外浙商当年就是因为对浙江失望而选择离去的，特别是温州籍的商人，当年受够了亦官亦商的地方官员的气，对故乡的怨恨至今仍然难以消弭。这意味着领全国市场经济风气之先河的浙江，在政府的市场导向上已经落后于国内某些地区。浙江省试图以浙商回归来充实本省资本实力和提高技术水平，这必然意味着需要更发达地区的浙商回归，因为处在落后于浙江地区经济发展的浙商，大多都正是浙江技术淘汰的对象。加上浙江在本地技术、人才、土地等方面的劣势，浙江各级政府必须表现出更友好的、比发达地区更胜一筹的姿态。

（五）调控手段落后，带有很强的计划经济色彩

这也是我国各级各地区政府政策的通病。以落后产能淘汰为例，我国各级各地区政府的做法是频繁发布内容繁多的落后产能淘汰目录。实际上，因为技术项目太多，而这种做法要求逐项审查实践中采用的各种技术的相应指标，真正严格执行起来，成本非常高。另外，如果企业引入一项不在目录之中，却是高能耗、高污染的技术，政府一时之间也管不了，所以要不断更新淘汰目录，这进一步提高了政策成本。现实中，政府官员一般不会仔细核实技术的相应指标，作为一种产能之基础的技术是否落后，政府官员自己是很难了解的，通常只能做粗略的调查和咨询。其实政府官员甚至对技术名称都常常完全陌生。而且同样一种技术也可能存在多种变体，某些变体可能并不落后。因此，这种制定落后产能淘汰目录的做法成本高而且效果差。在调研中课题组还了解到，以政府的落后产能淘汰目录为基础，银行也采取了

简单、粗糙的信贷措施：混淆产能与产业。一家企业如果属于政府划归淘汰重点的产业，银行不管其生产技术是落后还是先进，一律拒贷或提高贷款利率。这种做法对于某些使用先进技术的企业非常不利，也不利于传统产业的技术改造。本来技术改造就需要大量资金，但是银行的做法等于关闭了企业获取资金的一个重要渠道。绍兴的某些民营轻纺企业就遇到了这种问题。这种情况将会制约某些产业和某些区域整体的经济发展。

第三节　其他国家或地区的产业政策经验

一、美国的产业政策及启示

20 世纪 90 年代，在经济全球化和新技术革命的背景下，为加快产业结构升级的节奏，克林顿政府开始重视产业政策的作用。从政府到民间组织、企业对产业创新和竞争力的关注达到了一个新的高峰。1993 年 1 月 23 日，克林顿签署总统令成立国家科学技术委员会（NSTC），制定了美国科技与产业发展战略；NSTC 在 2004 年提出的《为了 21 世纪的科学》以及 2006 年 1 月 31 日布什宣布的《美国竞争力计划》，都从国家利益角度，明确提出要保持美国创新力和科技水平的领先地位。于是，适应美国市场经济的特点、以促进创新为核心的新式产业政策应运而生。

美国的产业政策主要是水平型产业政策与功能型产业政策的结合。这一政策体系起到了这样的作用——或者可以说，美国的产业政策可以按其功能划分为如下几类：

（一）协调创新活动，推动新技术产业化

一方面，通过法律和政策鼓励私人部门开展合作研究。1993 年

《国家合作研究与生产法》进一步导致了合作研究制度环境的自由化，使企业合作研究盛行。1985—1994 年，美国企业组成了 450 个合资研究企业，1995 年新成立了 115 个合资研究企业，1998 年则有 741 家合资研究企业注册登记。同时，美国企业还与外国企业建立技术联盟，数量由 1980 年的 118 个上升到 2003 年的 491 个。[①] 另一方面，突破以往"竞争前阶段"合作的限制，美国国家科学基金会、国家标准与技术协会等机构广泛开展联邦研发机构、大学与企业之间的对话与合作，提高技术产业化速度。比如，1992 年，美国政府提出了"全国技术倡议"，旨在加速将国家实验室的研究成果和技术推向市场；2002 年能源部和美国汽车研究委员会共同推出"自由车合作计划"，将能源部的氢能源计划和三大汽车制造商的研发活动联合起来，共同研发节能环保型汽车技术；国家卫生研究所正在实施的"国家卫生研究所路线图计划"，目的在于促进科学发现从试验台到临床应用的转变。

（二）加大知识产权保护力度

1993 年，克林顿政府成立工作小组，研究如何将知识产权应用到新型的国家基础设施中。1994 年将《与贸易有关的知识产权协议》纳入世贸组织的附加条款中。1998 年国会通过了《数字千年版权法》，为应对数字技术带来的挑战提供了法律依据。专利法的执行也得到加强。同时，在乌拉圭回合贸易谈判以及其他双边谈判中，美国政府对知识产权的国际保护采取了非常强硬的立场。

（三）加大研发投入

20 世纪 90 年代以来，美国研发经费总量进入快速增长阶段。1993—2000 年克林顿政府期间，研发经费从 1657 亿美元激增到 2676 亿美元，年平均增长 7％。2001—2007 年布什政府期间，研发经费从 2777 亿美元增加到 3681 亿美元，年均增长 5％，均超出同期 GDP 的

---

① 金乐琴.美国的新式产业政策：诠释与启示.经济理论与经济管理,2009(5):75—79.

增长速度。^① 研发投入的增长除了与经济环境引发的良好预期有关以外,还与政府加强对私营企业研发投入的引导有关。比如,商务部制定的"先进技术计划"直接资助私人部门的研究建议;克林顿政府还扩大了"小企业创新研究计划"的拨款,该计划直接给私人企业创新提供政府资助。2002 年,布什政府开始实施研究和实验的联邦课税免除永久化,刺激了私人企业研发投资的热情。

(四)改进教育,改善人力资源

美国通过了一系列教育立法以加强联邦政府作用,复兴国家教育。《2000 年目标:1994 年美国教育法》试图在全美范围内推行以标准为基础的改革并完善责任制;1994 年《中小学教育法》、《启蒙法案》的重新授权,都推动了学前教育和 12 年基础教育改革;2001 年的《不让一个孩子掉队法案》,提出要保证让每一个学生都能受到高质量的教育;2002 年的《教育科学改革法》、2007 年通过的《为有意义地促进一流技术、教育与科学创造机会法》旨在加强改革,进一步提高了美国科技和教育的竞争力。此外,联邦机构与教育团体合作,开展各种合作计划,加强科学和技术教育,培养下一代科技和教育专业人才。

(五)推动信息基础设施建设

20 世纪 90 年代以来,美国政府把信息基础设施建设作为一项基本国策,以期通过继续占据信息技术研发和应用的制高点,从而保持和扩大科技创新的整体优势。1993 年,克林顿政府提出"国家信息基础设施行动计划",将信息高速公路建设作为其施政纲领,投资 4000 亿美元用于信息基础设施建设、信息应用系统建设和信息资源开发。2004 年,布什总统签署一份行政备忘录,应用联邦路权改革来规范办事流程,让宽带运营商能够使用联邦土地建设高速宽带基础设施。

对以上产业政策进行归类,其中(一)(二)(三)属于水平型产业政策的范畴,(四)(五)属于功能型产业政策的范畴。由此可见,在全球

---

① 金乐琴.美国的新式产业政策:诠释与启示.经济理论与经济管理,2009(5):75—79.

化竞争的背景下,产业政策仍是一国促进产业结构调整、提升产业国际竞争力的重要手段,即使在美国这样的发达国家也不例外。如果没有 20 世纪 90 年代产业政策在创新能力建设上的作为,美国企业的创新能力就不可能得到如此爆发性的提升,从而造就"新经济"的繁荣。但是,美国一直避免对产业的垂直型干预。进入 21 世纪以来,当 IT 革命的高潮逐渐消退时,美国产业政策在思路和手段上缺乏新意,对实体经济创新的作用很大程度上被过度的金融创新淡化,美国也由此陷入严重的经济危机。

二、韩国的产业政策及启示

韩国政府的产业政策将提升本国企业的竞争力作为核心目标,一切围绕这一目标展开。实际上,这种产业能力导向的特征是韩国、新加坡等国家和中国台湾地区的共同特征。这种类型的产业政策,为他们在当前世界经济体系中的地位奠定了基础。

韩国政府对扶持本土企业、提升本土企业的技术能力有着强烈的偏好,甚至将其他形式的技术进口置于外国直接投资之前。韩国的出口由得到一系列政策支持的本土企业所主导,这些政策允许出口企业发展重要的技术能力。同时,其国内市场并未暴露在自由贸易之下——韩国政府通过实施一系列配额和关税措施,确保本国幼稚产业拥有发展其企业能力的空间,即国内市场。这种保护性政策的负面效果——使本国企业不用受竞争考验,不用面对竞争压力——被出口市场的巨大压力所抵消。

为了迫使本土企业进入尖端的、具有规模效应的、技术密集型的产业,韩国政府进行了细致、全面的干预。这个国家通过实施"逆向工程"(对进口的技术设备进行分拆和再造)、对进口技术进行调适和自我开发来发展本国企业的能力。

韩国干预政策的一个基石是精心构筑大企业集团,也就是财阀。

财阀是从成功的出口企业中精心挑选出来的,他们享受政府补贴和各种特权,包括政府限制跨国公司进入其国内市场,作为对财阀推进资本密集型和技术密集型产业活动的回报。这种做法的合理性是很明显的:由于资本市场、劳动力市场、技术市场和基础设施方面存在的不足,大型的多元化企业能够建立起内部市场,几乎完全独享由此而带来的好处而不用担心外部效应;另外,它们能够承担吸收复杂技术的成本和风险,并通过自身的研发活动来进一步发展这些技术,建立世界级的机构,创立自有品牌和自己的销售网络。

韩国政府还通过对财阀施压,促其建立供应商网络来促进技术扩散。除了采取直接干预措施支持本土企业之外,政府还实施垂直型和功能型产业政策,建立大规模的技术基础设施,培养具备普通的和专门技能的国民。韩国拥有世界上最高的大学入学率,每年培养的工程师数量甚至超过了印度,高等教育机构技术类专业的入学率甚至是OECD(经济合作与发展组织)国家平均水平的两倍。

比培养高水平技术工人更令人惊异的是韩国对研发的支持。就企业出资的研发支出占 GDP 的比重而言,韩国仅次于瑞典,位居世界第二,甚至超过了美国、日本和德国这样的技术强国。就绝对量而言,韩国的研发支出在发展中国家中是最高的,2002 年,韩国企业的研发支出占所有发展中国家企业出资的研发经费总和的 53%。即便是在主要的 OECD 国家中,研发支出上超过韩国的也屈指可数。韩国的研发支出从 1980 年以来不停猛增的局面,得益于财阀的发展、出口导向政策、技术工人的充裕及政府的合作,而所有这些都是韩国选择性产业政策不可或缺的组成部分。

三、新加坡的产业政策及启示

新加坡在自由贸易环境下采取了高度干预性的产业政策,以发展和深化本国工业。虽然人口只是中国香港地区的一半,工资水平还比中国香港地区高,而且服务业像中国香港地区一样繁荣,但是新加坡并没有像中国香港特区那样遭受制造业的空心化。在政策的强有力支持下,其制造业随着时间的推移而不断深化,从而使新加坡得以维系快速的工业增长。

经过 10 年左右以轻工业为主的时期之后,新加坡政府坚定启动产业结构升级。政府引导投资于新加坡的跨国公司投入高附加值生产领域,在某些狭窄的领域实现专业化,并将新加坡的生产整合进跨国公司的全球体系。政府还采取广泛的干预措施来创造所需要的专门技能人才。

这种高度依赖外国直接投资的专业化,降低了起步阶段对本国技术能力的要求。但是经过一段时间之后,新加坡政府开始努力引导跨国公司从事研发,并培养本国企业的创新能力。这一策略运转良好。现在,在发展中国家和地区中,新加坡企业提供的研发经费排在第三位,仅次于韩国和中国台湾地区。

新加坡对于外国投资的政策哲学是汲取跨国公司的有竞争力的资产。其政府的目标是最大化学习、技术获取、沿着产业阶梯的快速攀登,以及其工人群体的技能和收入。为了达到这些目标,政府愿意为跨国公司贡献资本、税收优惠、基础设施、教育和技能培训,以及稳定和友好的商业环境。

虽然这个国家很好地融入了某些经济部门的全球生产网络,但是如果这些跨国公司在快速变化的本地环境和全球市场中表现不佳,新加坡政府就不提供帮助。因此,随着时间的推移,很多在新加坡的跨国工厂——特别是在低附加值、劳动密集型生产环节,或者是加工简单的电器零部件或消费品的工厂——关闭或者转移到其他国家。

跨国公司将何种新技术带入新加坡会受新加坡政府激励措施和导向政策的强烈影响。新加坡政府对符合条件的跨国企业给予特殊优惠,而这些优惠措施通常与引入特定的技术相关。新加坡政府通过与跨国公司协商来确定支持措施,并为跨国公司提供必要的技能型人才。

很多案例表明,与其他想要吸引外国直接投资的国家相比,正是新加坡政府的速度和灵活性赋予了新加坡独特的竞争优势。尤其是20世纪七八十年代电子产业中的跨国公司海外投资为新加坡政府提供了一个重大的机会。其政府通过保证所有的支持性产业、交通运输和通信的基础设施,以及相关的技能培训项目到位,来吸引这些产业进入新加坡。这种资源集中帮助新加坡获得了显著的集聚效应及先发优势,使得新加坡得以建立很多先进的电子相关产业。其中一个例子就是磁盘驱动产业,这一行业的所有美国制造商都将其装配线建立在新加坡。这些产业不仅需要电子零部件和印刷电路板行业的支持,也需要各种精确工程相关的支撑产业。作为产业集群建设的一部分,政府通过积极促进这些支撑产业的发展,来维持下游产业的竞争优势。

随着劳动和土地成本的上升,新加坡政府开始鼓励跨国公司在地域上重新安排生产运营,将低端环节转移到其他国家,而将新加坡打造为区域总部,以从事高端制造,或发挥其他功能,例如营销、服务及研发中心。为了激励跨国公司实施这种再配置,新加坡政府采取了各种措施,结果到2004年,留在新加坡的4000家外国公司中,一半左右都在新加坡建立地区总部,而且其中近80家在新加坡的年度支出达到1800万美元。

特别需要提到的是,在新加坡,产业政策与外国直接投资导向的管理权力集中在经济发展委员会(EDB),也有一部分由负责全局战略导向的贸易与工业部承担。EDB承担协调与产业竞争力和外国直接投资相关的所有活动的职责,而且拥有雇佣高素质、高薪酬的专业人才作为公务员所需的资源。随着时间的推移,这一机构在外国直接投资促进和审批程序方面成为全球标杆,而其通过提升本地工人技能水平来满足外国投资者的需要的能力——这正是很多其他国家的相同职能机构所缺乏的——则是关键性的。新加坡政府还实行阶段性的战略和竞争力研究,来跟踪产业演化和经济升级。与很多其他国家不同的是,新加坡政府积极邀请跨国公司的领导人参与到战略制定过程之中,使新加坡的经济发展成为他们的重大利益所在。

自1991年的经济战略规划之后,新加坡政府围绕产业集群构建战略。在新加坡的制造业集群计划中,政府对主要产业集群的优劣势进行了研究,继续实施促进外国直接投资、本地能力和制度建设措施,以提升集群未来的竞争力。新加坡政府还将防止出现香港及很多其他工业化国家发生的产业空心化作为一个重要目标。例如,根据制造业集群计划,新加坡将成为全球范围内磁盘驱动器生产方面的主要中心。1994年,新加坡政府建立了10亿(后来又提升为20亿)美元集群发展基金来支持某些集群,如晶圆制造产业园。其EDB甚至还能持有股权,通过填补关键的资本缺口和提升本国企业来支持集群发展。

由以上介绍可知,韩国和新加坡既实施垂直型的产业政策,也实施水平型和功能型的产业政策。实际上,对这两个国家来说,后两种产业政策可以视为间接性、辅助性的产业政策,它们为垂直型产业政策提供支持,服务于垂直型产业政策。他们的所有产业政策构成一个自洽性较强的体系,从而得以在某个领域迅速培育出国际竞争力。从成就上看,特别突出的是韩国,众所周知的是,三星集团就是一个财阀——韩国最大的财阀,该集团当年受到朴正熙政府的有力扶持。目前,三星手机占据全球最大市场份额,令素以科技创新能力著称的苹果手机也屈居其后。更进一步来看,三星、现代和LG等头五大财阀的资产加在一起,相当于2012年韩国经济产出的57%;韩国十大财阀市值占据了韩国证券交易所总市值的一半。[①] 韩国对财阀的支持由此可见一斑。实际上,在韩国的垂直型产业政策中,对产业的选择并不占据显著位置,对企业的选择才是主要的。另外,除了前文提到的政策以企业能力建设与提升为导向之外,对技能型人才的重视也是这两个国家产业政策的共同点,技能型人才为它们迅速承接国际产业——或者说外商直接投资——奠定了基础。

第四节　完善浙江产业政策的建议

一、坚持竞争政策优先的原则

产业政策的选择是在市场经济环境下进行的,这意味着处理产业政策与竞争政策的关系是政策制定的首要问题。

竞争政策是市场经济体制赖以存在的基石,它也有广义和狭义之分。狭义的竞争政策主要是指由《反垄断法》所体现出的政府为维护公平竞争,对企业限制竞争或滥用市场支配地位等行为进行规制的一套规则体系。广义的竞争政策所包含的内容则较为宽泛,是所有为保护和促进市场竞争而确立的制度框架、竞争规则、行为规范和行为性政策的总和。我们认为,处理产业政策与竞争政策的关系,必须遵从以下几项原则。

(一)坚持竞争政策的基础性地位

在市场经济条件下,坚持竞争政策的基础性地位是市场经济的内在要求,也是我国融入经济全球化的必然要求。因为市场经济制度的基本原则是合同自由、保护所有权和竞争自由,它们三者相辅相成,共

---

① 龚瀛琦.三星世袭李健熙为儿子开路:他一开口没人敢说"不".二十一世纪商业评论,2013-01-08.

同构成市场经济的三大支柱。① 以竞争政策为基础,意味着将建立自由、公平、规范的竞争机制作为发展经济的优先措施。即便在市场竞争难以产生合意经济绩效的情况下,也不应直接采取产业政策来弥补市场缺陷,而是尽量通过制度环境的改善,在维护竞争局面的前提下,实现经济绩效的提升。

(二)尽量以竞争政策帮助实现产业政策目标

必须尽可能通过市场机制推动产业结构优化升级,实现产业政策的目标。越是产业政策鼓励发展的产业和领域,就应该越倾向于引入竞争机制。另一方面,在追求产业政策目标的过程中,要更多地依靠法律、财政、金融等市场化调控手段,将行政手段置于辅助地位,不到万不得已不予采纳。

(三)通过产业政策弥补市场的缺陷

市场机制存在某些内在的缺陷与弊端,在市场经济体制不完善、竞争不规范的情况下,无序竞争的后果可能尤为严重。要解决这些问题,长期内而言,需要在完善竞争政策和规范市场秩序方面采取行动,但是由于完善制度的措施难以取得短期成效,而无序竞争的短期后果也可能为社会所难以承受,而必须通过"有形之手"来纠正市场机制的缺陷,以避免"无形之手"的负面后果。例如,我国近年来钢铁、水泥等行业出现的重复建设、产能过剩以及一些矿产资源乱开滥采、污染环境和竞相压价出口等问题,都与过度竞争和无序竞争密切相关。对此,政府需要发挥产业政策的作用,通过完善市场准入条件等措施,加快淘汰落后产能,为发展先进产能开辟空间、提供激励。②

二、努力维护地方产业政策的独立性

这里所谓维护地方产业政策的独立性,是指维护地方产业政策因

---

① 王晓晔.反垄断法——中国经济体制改革的里程碑.法制日报,2007-09-02(10).
② 吴汉洪.竞争政策与产业政策的协调.工商行政管理,2011(18):20—21.

地制宜、有别于中央政府全国性产业政策的特性,这是"重点论"哲学原则的必然要求,也是我国地域广阔、各地差异巨大的国情的必然要求。即便中央的政策是合理的,它终究是在全国的层面上制定的,任何一个地区是否应该遵照执行,应取决于本地区的自然、社会和经济条件。有些地区是实现国家产业政策的重点区域,另外一些地方则由于本地条件的特殊性而只能在实现国家政策目标方面居于次要地位,即便不执行国家政策也不会影响政策目标的实现。如果强求一律,那么后一类区域的发展不但不会受益,反倒会事倍功半甚至受损。当然,也可以说中央的政策不完备,没有在产业政策的地域布局上做出明确的安排。无论如何,各地必须因地制宜地做出应对。例如,国家政策规定,我国要坚持以公有制为主体,多种所有制共同发展的经济制度。这一规定实际上并不需要所有地区都坚持以公有制为主体,只要在全国范围内来看是如此就够了。如果要浙江这种以民营经济为主体的地区也将公有制发展为主体,就可能造成地区经济震荡。再比如,从国家层面上看,可能发展七大战略性新兴产业确实是必要而且紧迫的事情,但是如果一个不具备相关资源和条件的地区不顾本地特点而勉强推进这一政策,那么结果就很可能是不仅导致本地区经济发展停滞,而且浪费资源,甚至损害本地已经具备的优势,导致区域经济衰退。在调研过程中,绍兴经信局官员就向课题组反映,绍兴缺乏发展战略性新兴产业的基础,倒是可以在工业设计、创意产业方面有较大的作为。在这种情况下,顺应绍兴的禀赋制定地方产业政策才是合理的。

三、重视政策的系统性和可操作性

一种政策意图再好,但没有其他政策的配合也还是难以产生期望的效果。这正是近年来我国越来越强调顶层设计的原因所在。政策的系统性是政策制定者必须考虑的问题,在制定政策时必须通盘考虑,将其他政策、法规对将要出台的政策的影响纳入考量,而不能一厢情愿。如果发现存在其他某些政策制约本政策意图的实现，就要与这些政策的制定部门进行协商，联合采取相应的应对措施，使本政策获得可操作性；或者将问题反映给上一级部门，由他们做出综合考量。否则，其结果就很可能是自欺欺人，表面上看起来政府很给力，制定了很多政策法规，到头来一事无成。如果明知这种困境而仍然不知改进，制定政策的工作就沦为一种形式主义，以表面的勤政掩盖背后不负责任的态度。

政策的系统性常常是其可操作性的前提，也在很大程度上决定了政策的执行情况。我国素来的情况是，政策出台了很多，但是没有明确诸多政策目标孰先孰后，似乎这个也重要，那个也必须达到。这样的政策体系就是一系列政策的杂乱堆积，而没有条理化、层次化，即系统化。结果，在可资利用的资源和能力有限的情况下，执行层面左右为难、不知所措，最后干脆选择性地执行政策：容易实现的、对自己有利的政策目标优先，不容易实现的、对自己不利的政策置之不理或者敷衍了事，反正这样做也还是有所谓政策依据的。有时候，政策之间甚至可能在逻辑上就是不兼容的，即便执行者尚有能力和资源，也无法同时执行两种相互冲突的政策，这种政策体系内在的矛盾本身就注定了其中某种政策没有可操作性。

政策的系统性依赖于政策制定者所处的层面和价值取向。为了提高政策的系统性，在某一级政府中必须集中政策制定权力——例如集中到某个高级官员、部门或者联席会议，同时在政策制定之前广泛征求意见，以确保政策的科学性、系统性。

四、强化水平型产业政策和功能型产业政策的作用与地位

国内领先地区及发达国家一般都采取水平型产业政策和功能型

产业政策,尤其是在发达国家,更是只采取这两种产业政策。[①] 这是因为一方面,这两种政策更少取代和扭曲市场,更能尊重市场机制的优先性和基础性;另一方面,这两种政策对于弥补市场缺陷有着重要作用:短视、急功近利是市场的一个众所周知的缺陷,而能力建设需要开展系统工作,所以正是市场难以承受之重,尤其是在发展中国家,面对发达国家积数百年之功培育起来的竞争力,更难以依赖市场建立起本国足以与世界竞争的能力,所以更需要通过这两种政策来对产业进行支持。在极端情况下,扶持哪个产业倒是次要的,而对所选择的产业是否持续、系统、深入地予以扶持,帮助其提升能力、培育全球竞争力才是最重要的。其实任何产业,只要本地企业能在节能环保的前提下占据高附加值环节而且掌握竞争优势,那么这一产业都不该作为抑制的对象。浙江的市场化程度较高,也同样应该在产业政策选择上将水平型产业政策和功能型产业政策放在更重要的位置。这意味着浙江在制定产业政策时应该以完善人才市场、金融市场、土地市场,鼓励和引导研发、品牌建设等为重点。实际上,浙江省工商联人士也认为,小企业天生的弱性决定了其获取生产要素能力相对比较差,所以支持小企业发展必须要实行重点的要素保障。[②]

五、以社会规制手段取代计划经济管控手段

在淘汰落后产能问题上,我国各级各地区政府惯于通过频繁拟定和实施落后产能淘汰目录来实现政策目标。这种做法属于垂直型产业政策的范畴,计划经济的色彩浓厚,效果比较差。真正有效的办法是制定并严格执行能耗、排污标准,要求企业根据标准进行自我检查和技术改造,在此基础上政府再组织审核,辅之以社会监督,取消不合

[①] 在江苏调研时,课题组得知,江苏省政府将培训工作放在重要位置,而淡化了选择产业和企业予以支持的政策的地位。

[②] 翁海华.中小企业倒闭潮拷问浙江模式.决策探索(上半月),2011(8):46—47.

标准的企业的经营资格并处以高额罚款或者勒令其停产、处以高额罚款并实施技术改造，也就是以社会规制手段取代计划经济管控手段。相比之下，传统手段由于要逐项考核技术的相应指标而微观、琐碎，而社会规制手段则由于不需要以这种微观、琐碎的事务为基础而更为宏观。实际上，社会规制还有利于战略新兴产业的发展和传统产业的技术改造。因为技术是先进还是落后，与产业本身没有必然联系。调研中我们一再听到人们强调：所谓的新兴产业中也存在落后技术，而传统产业中也可以产生高水平的生产制造技术。例如，光伏产业表面上是一个高技术产业，实际上现有的生产技术已经成熟，可以很容易地获得，因此不需要多少研发投入。以标准来治理经济，对产业不做歧视性对待，才能真正实现节能减排和促进技术研发的目的。

第四章 转变政府职能,服务浙江
中小民营企业转型升级

2013 年李强省长在浙江省政府工作报告中,对中小民营企业转型升级做出了新部署,按照真放权、放实权的要求,自我革新、坚决下放,完善土地、环保、规划等投资项目审批联动机制,加快项目前期、审核报批、政策处理和组织实施等工作。省政府决定下放 400 余项省级行政审批和管理权限,并取消应当由市场机制调节的政府审批项目,建立结构合理、管理科学、程序严密、制约有效的审批管理制度,给中小民营企业的发展提供更大的活动空间。此外,还免征管理类、登记类和证照类等有关行政事业性收费项目。

虽然中小民营企业转型升级要涉及金融、税收、人才与企业管理等多方面,但在当下中国,推进中小民营企业转型升级的关键是要改革行政管理体制,转变政府职能。一是因为中小民营企业转型升级需要有政府的优质服务;二是只有实现了政府职能的根本转变才能促进中小民营企业转型升级。政府职能转向何处呢? 在计划经济时代,政府主要的职能是统治与管理;而今,我们已经确立了社会主义市场经济体制,政府的主要职能应该转向服务与治理。也就是要从管制型政府模式向服务性政府模式转变,从审批型经济向服务型经济转变,从行政管制型政府模式向依法管理型政府模式转变,严格遵照新时期的政府职能,建立高效的服务型政府。

第一节　北京中关村政府服务企业的做法及启示

2012 年 5 月 23 日至 27 日,课题组赴北京中关村调研,发现他们的做法很值得浙江借鉴。

一、中关村政府服务企业的做法

(一)通过"1+6"政策推进先行先试

2010 年年底,为进一步激励中关村示范区创业创新的积极性和创造力,国务院原则同意了中关村"1+6"系列先行先试改革政策。所谓"1+6"政策,是指搭建一个中关村创新平台和 6 条支持中关村深化实施先行先试改革政策,包括:科技成果处置权和收益权改革、股权激励个人所得税改革、股权激励试点方案审批、高新技术企业认定、科研经费管理改革和建立统一监管下的场外交易市场等六个方面。中关村示范区获得了大量优惠政策。在实施这些优惠政策时,中关村管委会与中央各部委密切合作,通过部市会商等制度推动政策的实施效果。

(二)北京市政府动用各类优惠政策支持中关村现代服务业试点

根据"十二五"规划纲要,国家决定在中关村开展现代服务业试点,北京市以财政、金融、土地等各类优惠政策集中支持中关村现代服务业试点,并不断探索加快服务业发展的有效途径和办法。财政部会同中央有关部门利用现有经费渠道统筹资金,采取财政补助、贷款贴息、以奖代补、股权投资等方式,重点针对技术研发和公共服务平台,为多方提供服务的品牌提升、人才培养、市场开拓以及产业化及市场应用重点示范工程等予以支持;国家科技资金和产业化研发资金大幅增加对中关村现代服务业试点的支持。

在金融方面,北京中关村科技创业金融服务集团有限公司(简称"中科金集团")、北京中关村科技担保有限公司(简称"中关村担保")和北京国际信托有限公司(简称"北京信托")以企业金融服务需求为核心,联合牵头成立了"中关村科技金融创新联盟"。旨在为示范区提供债权融资、股权融资、股份制改造、挂牌上市、并购重组、财富管理等系列化、全方位金融服务,提升金融为科技发展和经济转型服务的内涵和能力。

在土地资源十分紧张的情况下,中关村管委会积极探索农村集体建设用地,通过租赁、入股、合作等方式用于发展高新技术产业;积极探索农村宅基地的集约利用模式,为高新技术产业发展服务。①制定了中关村示范区土地出让收益专项,用于中关村示范区基础设施、环境建设等的支持政策。②支持园区开发建设公司建设孵化器和标准厂房等自持物业,提高公司运营能力。③建立符合示范区特点的土地节约集约利用评价体系。④确保了稀缺的土地资源用于建设园区的基础设施,特别是退出机制的建立,可以有效地避免企业在拿地之后将土地转卖或挪作他用。

(三)采取高规格、高授权、精简、统一、高效的管委会集中管理模式,采取市场化运营方式

成立由北京市政府主要负责同志任组长的中关村国家自主示范区领导小组,统筹规划中关村示范区各项建设,协商国家有关部门落实各项专项改革工作。中关村管委会主任由北京市副市长兼任,体现了"高规格、高授权"的特点。

此外,中关村科技创业金融服务集团有限公司、中关村科技担保公司、中关村小额贷款股份有限公司都是由管委会监管的国有企业,完全采用市场化的运作模式。中关村发展集团公司作为重大项目引进落地、投融资服务平台,负责园区内许多基础设施的建设,以确保工

程质量。中关村科技创业金融服务集团有限公司则致力于为科技型中小企业提供融资、担保及创业投资服务，主要服务孵化期和初创期的科技型企业，解决中小企业融资难问题。

（四）中关村示范区初步建立了多层次、全方位、多样化的创业创新服务体系，专业化、市场化的中介服务机构成为改善服务环境的强大依托

创业孵化新模式不断涌现。目前中关村示范区已拥有大学科技园、科技企业孵化器、留学人员创业园等各类创业孵化服务机构超过百家。中关村创业孵化服务机构针对不同区域特点、不同企业类型和创业者需求，探索出一系列各具特色的创业孵化服务新模式，如"天使投资＋创新产品"、"孵化＋创投"、"平台建设＋产业联盟"、"创业导师＋持股孵化"、"创业培训＋天使投资"、"创业教育＋创业指导"等中关村独特孵化模式。

培育市场化的中介服务机构。2003 年 9 月，"中关村国家自主创新示范区协会联席会"在中关村管委会指导和支持下成立，旨在增进中关村科技园区各协会组织之间的沟通与合作，促进园区及协会组织的发展。联席会拥有 40 多家成员单位，上万家会员企业，覆盖了很多高新技术产业领域。由中科院北京分院、北京民协、中科金集团和中关村产业联盟联席会协办的中关村科技沙龙，管委会担任沙龙主席单位，通过开展项目发掘、项目对接、项目评价、项目推荐，搭建高等院校、科研机构、投资机构及园区企业之间的沟通合作平台。

产业联盟快速成长。近几年中关村示范区产业联盟成为促进企业发展的助推器与协同发展平台。截至 2011 年 8 月累计成立产业技术联盟 69 家。其中新一代信息技术领域产业联盟发展最为活跃，总数达到 29 家。

二、中关村政府服务企业的做法对浙江转变政府职能的启示

就中关村出台的各项政策来看，政府正在努力从"控制型政府"向

"服务型政府"转变，中关村政府为企业提供的公共服务，既降低了企业的交易成本，又提升了政府的行政绩效。浙江中小民营企业大多属于低端制造业，逐步提高技术创新能力是转型升级的主要目标，尽管浙江省不具备北京的行政资源优势，但中关村采用的创新性做法对浙江省很有借鉴价值。

（一）突显政府政策与政府协调的独特优势

中关村管委会通过制定"1＋6"的创新政策，引领了园区内企业的创新方向。政府干预市场则采取直接干预和间接干预两种方式相结合的办法，将指令性的监管变为积极的引导，通过完善市场的基础设施和体制建设来促进创新的发展。同时，根据中关村的实际情况，制定重点产业和创新发展战略，提高核心行业和关键领域的自主创新能力，并带动其他行业和领域自主创新能力的提高。

加强产学研之间的联系。100多家"中关村实验室"的建立将政府、企业和大学等创新主体有机联系起来，提高了技术创新的能力。并按照技术创新的客观规律，形成支持企业技术创新过程链的服务和支持体系，包括孵化器、公共研发平台、风险投资、围绕创新形成的产业链、产权交易、市场中介、法律服务和物流平台等。许多年轻的创业者正是依托这一体系将企业逐步发展成为上市公司。

（二）强化企业创新的主体作用

政府对高新企业的扶持只能发挥辅助作用，企业才是技术创新的主体，因而提升企业创新能力也成为中小企业转型升级的主要任务。中关村一直是全国乃至世界上人才智力和科教资源最为密集的地区，企业家大多是周围高等院校的毕业生，具有强烈的技术创新意识，政府又出台了股权激励和人才特区等政策，使中关村成为全国技术创新最活跃的地区。

（三）中关村的政府体制创新是强制性制度变迁

中关村管理体制创新的过程中主要是通过政府的大力推动来实

现的,政府不仅通过出台财政、金融、土地等各项政策解决园区内企业的发展难题,而且成立了中关村发展集团这样的大型国有企业支持园区的基础设施建设,中关村实验室、中关村论坛以及各类协会组织也都是由政府部门牵头成立的。这说明中关村的政府职能转变是自上而下的,主要是在党政领导下的强制性制度变迁。强制性制度变迁对中国经济发展的贡献已经在实践中得到验证,"中国模式"或者说"中国奇迹"一个根本性的动力就是党和政府强有力的组织系统,这不仅体现在经济发展中,也体现在社会建设和组织管理创新中。

中关村的强制性制度变迁下的政府职能转变模式对于浙江同样具有借鉴意义。一般而言,省政府掌握的资源最多。强制性制度变迁事实上要求把更多的经济资源向中小民营企业倾斜,不论是在财政资金还是在优惠政策方面,都应该更多地考虑中小企业的需求。

第二节 广东省政府支持中小 民营企业发展做法及启示

广东的中小民营企业数量巨大,2012 年 6 月 18 日至 29 日,课题组在广东调研时,当地民营企业上级主管部门和一些县、市政府反映,广东民营企业也面临转型升级的迫切需要,广东省地方各级政府扶植中小民营企业的政策措施,为浙江转变政府职能推进中小民营企业转型升级提供了很好的先例。

一、广东省中小民营企业发展的瓶颈

(一)土地资源稀缺成为制约企业扩大生产规模的瓶颈

广东省人口密度是全国平均水平的 4 倍,丰富的人口资源为珠三角劳动密集型产业的发展提供了充足的劳动力资源,但也使土地的承

载力达到极限。许多企业表示,当前企业发展面临的最大瓶颈就是土地问题。

(二)企业家自身素质较低

广东省的民营企业家与浙江省的民营企业家相似,大多受教育程度不高,完全是通过自身的拼搏和努力创建了一个企业,随着企业走向国际市场,很多企业家发现几十年积累的管理经验已经远远不能适应企业的进一步发展。

(三)缺乏公平的竞争环境

广东民营企业一方面面临外资企业、国有企业的打压,另一方面还要面对来自中小企业内部的造假、压价、仿冒等方式的恶性竞争,导致民营企业缺乏自主品牌,只有"中国制造",缺乏"中国创造"。外资企业的科技实力和品牌知名度优于广东中小民营企业,而地方政府出于"政绩"考虑更倾向于国有企业。

(四)人才缺乏,中小企业的技术创新难度很大

广东省的中小民营企业大多是从为国外企业做代工开始创业,做代工不需要自主研发,所以很多企业不重视技术进步和自主品牌的培育。在激烈的市场竞争中,它们才意识到只有塑造品牌知名度,才能提高产品附加值,从而扩大市场占有率,于是逐渐开始实施品牌战略。由于提高品牌知名度需要投入大量资金做营销,初期可能入不敷出。此外,由于缺乏高素质人才,技术创新的难度很大。高素质人才普遍不愿到民营企业就业,据统计,广东省民营企业本科以上学历的从业人员仅占从业人员总数的12.4%。

二、广东省政府支持中小民营企业发展的政策措施

广东省政府近年来高度重视中小民营企业转型升级的问题,从2010年开始出台了一系列扶持中小民营企业的政策措施。

(一)建立广东省小企业创业基地

2011年广东省中小企业局在全省范围内确认了一批省级小企业

创业基地(入驻基地的小企业不少于 20 家),并在此基础上择优确认一批省级示范性创业基地,引导和规范小企业创业基地建设。政府对小企业创业基地的扶持和服务包括:①省小企业创业基地纳入省中小企业专项发展资金扶持范围,支持省创业基地加快发展,并优先支持示范性创业基地建设。扶持重点为用于提升创业孵化功能的软硬件建设。②优先支持省小企业创业示范基地申报国家中小企业发展专项资金、服务体系建设项目资金等国家项目。③依托高等院校、科研院所和社会组织推动成立小企业创业研究机构,对小企业创业基地发展情况进行前瞻性研究,指导创业基地建设。

(二)建立中小企业公共服务示范平台

由省中小企业局负责确认一批业绩突出的示范公共服务平台,按照开放性和资源共享原则,中小企业公共服务示范平台为区域和行业中小企业提供信息查询、技术支持、投资融资、质量检测、法规标准、管理咨询、创业辅导、市场开拓、人才培训、节能环保、信息化应用、设备共享等服务。政府对示范平台的扶持政策包括以下内容:①表彰奖励。省中小企业局对评审合格的示范平台授予"省中小企业公共服务示范平台"荣誉称号,有效期三年。对信誉好、服务优、效果显著的示范平台,实行服务补助和奖励表彰,并择优推荐申请国家中小企业公共服务示范平台。②服务对接。根据各地区中小企业发展需求,省内每年至少举办 5 场中小企业服务推广活动,组织示范平台与中小企业服务对接;支持示范平台到欠发达地区建立服务机构和开展服务活动。③承接任务。支持示范平台承办各级政府举办的相关活动,省内举办的各项服务活动优先向示范平台倾斜,各地政府举办的相关服务活动应优先向示范平台倾斜,为本地区示范平台发展创造条件。④项目支持。优先推荐示范平台申报国家中小企业发展专项资金、中小企业服务体系建设专项资金和中央预算投资项目,优先申报省财政扶持中小企业发展专项资金,并给予资金项目倾斜。⑤宣传引导。及时总结优秀服务平台的经验,推广有效做法,培育示范和服务品牌。发挥网络、报刊等媒体的作用,加大对优秀示范服务平台的宣传,帮助中小企业更好利用服务平台加快发展。

(三)实施民营企业上市梯度培育工程

广东省作为全国资本市场发展最为成熟的地区,民营企业的上市工作一直走在全国前列。广东的民营企业除了积极争取从银行获得贷款外,通过上市直接融资也是它们的首选。因此,广东省中小企业局从 2010 年开始推动实施"培训一批、改制一批、辅导一批、报审一批、上市一批"(简称"五个一批")的民营企业上市梯度工程,支持、引导和推动有条件的民营企业通过规范运作、上市融资做大做强。到"十二五"末,初步形成有利于民营企业培育上市的体制和运营机制,初步建立起包括券商、律师事务所、会计师事务所、评估事务所及各类投融机构在内的上市培育社会化服务体系。

目前,广东的民营企业上市梯度培育工程已经初见成效。截至 2012 年 7 月,广东省的中小板上市企业共 146 家,在广东省全部 A 股企业中占 41%,筹资额超过 1000 亿元,这 146 家企业绝大多数都是民营企业。

三、广东省扶持中小民营企业政策措施对浙江的启示

广东省与浙江省同处沿海地区,民营经济又都从低端制造业起步,在转型升级过程中遇到的发展瓶颈有诸多相似之处。如果说中关村的政府管理体制主要适用于浙江省的高科技民营企业,那么,广东省扶持中小企业的政策措施对于浙江省的中小制造企业无疑更有借鉴意义。

(一)通过推动小企业创业基地建设,鼓励和引导创业者加快创业步伐

"小企业创业基地"建设和"民营企业上市培育梯度工程"的实施

具有鲜明的"广东特色"。"小企业创业基地"的创新之处在于去掉了"中"而突出"小",强调政府对小企业要给予特殊关注,体现了广东省政府扶持中小企业的决心。小企业创业基地实质上是为创业者服务的,通过政府的扶持与服务,建立小企业产业集群,从而帮助一批小企业成长为中型企业。

广东省建设小企业创业基地的经验同样适用于浙江。但是浙江省还没有设立支持中小企业发展的专项计划,2010 年时,省政府才成立了省促进中小企业发展工作领导小组,定期研究协调中小企业发展中的重大问题。"中型"企业和"小型"企业所面临的问题和困难是不同的,因此,浙江省有必要制定扶持和服务中小企业的专项计划。

(二)加大对民营企业家的培训力度,积极实施民营企业上市培育工程

由于长期实行家族制管理模式,浙江很多地区的骨干民营企业对上市融资仍存疑虑或持观望态度,怕分权和监管不敢上市,怕露富不愿上市,怕成本高害怕上市的现象仍然存在,"浙江百强民营企业"中还有七成以上没有上市。这与广东省民营企业积极准备上市的现状形成了鲜明对比。从企业长期发展的角度看,介入证券市场,股票发行上市,将使民营企业转变成公众公司,有利于其在股权结构、经营机制、管理理念、运作模式等方面实现质的转变。政府应该积极实施民营企业上市培育工程。

(三)着力营造中小民营企业公平发展的环境

广东省中小民营企业所遇到的困境及政府采取的政策措施,表明政府要完善公平竞争的体制机制,着力优化民营经济发展的法制环境,完善企业服务,才能增强民营企业的发展信心。这对浙江转变政府职能促进中小民营企业转型升级的启示是:加强对民营企业的法律服务,用法律手段解决恶性竞争问题,政府、企业可以共同出资聘请律师成立省中小企业律师服务团,免费为中小企业提供法律帮助,这样

企业维权成本就会大大降低;强化协会的服务功能,完全市场化、营利性的中介协会应该是今后协会的主要发展方向。

(四)各级政府与企业密切合作,共同建立民营企业科技创新中心

政府为中小企业提供技术服务要充分考虑企业的利益诉求。广东省中山市的民企告诉我们,中山市家电创新的运作成功得力于当地政府重视企业的利益诉求,中山市南头镇是生产家电的专业镇,南头镇的家电生产企业几乎全部为中小企业,很多企业没有研发部门。于是,南头镇政府在聘请专家反复论证并与上级政府沟通的基础上,引入中国质量认证中心和其他5家科研机构,成立了中山家电创新中心。这样,中山市家电企业可以在当地获得认证,家电创新中心还可以为中小企业提供研发服务,相当于中小企业研发"外包",实现了"双赢"。创新中心采取了中央、广东省、中山市、南头镇四级政府共同扶持的方式建立和运营,中央和广东省政府主要给予技术支持,中山市政府和南头镇政府则在土地政策上对基础设施的建设给予优惠,在资金上也大力支持,南头镇首期项目已经投入3200多万元。

通过采取"统分结合"的创新举措,发挥有关各方优势,调动多方的积极性,共同参与家电创新中心的建设发展。这是非常值得浙江借鉴的经验,浙江也拥有不少类似于中山市南头镇这样的"专业镇",全镇的中小企业几乎都生产同类商品,很多产品已经占据了全球市场70%以上的份额,但没有占据高端市场,究其原因,产品的技术含量低是主要原因。建议浙江基层政府拿出一部分财政收入支持成立中小民营企业技术创新中心或技术创新联盟,同时要争取上级政府乃至中央政府的财政支持及各项优惠政策,充分依托浙江省科研院所雄厚的科技实力,为中小企业提供"产学研"一条龙服务。

第三节　浙江转变政府职能的政策建议

中小民营企业发展转型一直在倒逼政府职能的转变，我国作为发展中国家，政府的经济职能配置是否恰当，是否与发展社会主义市场经济的根本要求相匹配，是现代国家、政府能否实现振兴与长足发展的关键，在超大社会发展中，试图抛弃政府主体，谈论经济社会发展是不切合实际的想法；试图通过计划的方式或强力干预市场的做法是被证明过时的乃至错误的发展思路。中小民营企业转型升级需要良好的外部条件，政府是公权力部门，有义务创造规范有序的市场环境。浙江中小民营企业转型升级既需要地方政府切实转变职能，更需要中央政府层面的制度供给。

一、由浙江省政府向中央政府提出的建议部分

（一）修改宪法中关于民营经济地位的法律界定，弱化按照所有制来分类企业的法律规定

宪法是国家的根本大法，是具有最高意义、最有权威的政策文件，修改也是有最严格的程序要求。要给中小民营企业升级发展一个应有的地位，摆正对其正确的认识就需要在最高政策层面给予认可。浙江是我国先发地区，是民营经济大省，其发展中出现的问题也具有先发性。根据经济发展规律可以预见中小民营企业终将成为我国许多省份经济发展的主体。此外，像股份制的民营经济，股权已经社会化、大众化、员工化，这样的民营经济更加具有共有或公有性质。省政府可以向全国人大、中央政府提出第四次修改宪法的建议，做出对民营经济的正确界定，这样做有利于我国经济的持续健康发展。

(二)中央层面真正放开民间投资限制,创造公平的竞争环境,释放制度红利

虽然中央政府出台了"非公 36 条"和"新 36 条",但由于遭遇"玻璃门",民间资本投资无门或被"挤出",难以进入金融行业、基础设施、社会事业等领域,能源、航空、电信、电力等是左右整个国民经济运行效率的关键性行业,对于民营资本的进入"步步为营",中小民营企业只能在低端制造业的"红海"残酷竞争。民间资本进入不了上游资源性行业,上游的重要资源严格控制在大型国企的手中,定价权并非按市场走,所以中游的民营企业参与议价的能力就低;但是下游市场充分放开,充分竞争,定价权不是由企业自己决定的,这不符合市场经济的一般规则。所以在中央层面要放开民间投资限制,创造公平的市场环境,这就会带来真正的"制度红利"的释放。

二、浙江转变政府职能促进中小民营企业转型升级的政策建议

虽然浙江省政府在支持中小民营企业转型升级发展的政策空间上是有限的,但在转变政府职能和具体的执行政策方面可以有更多的手段选择。

(一)转变政府服务中小民营企业的观念,重点放在服务中小民营企业的品牌建设和人才工程的配套服务上

首先,无论是发展新兴产业、朝阳产业,还是留在传统行业转型升级产业,中小民营企业都需要得到政府更多的支持。省及省以下的政府首先要放弃盲目追求规模、抑制恶性竞争,立足浙江实际,坚持浙江特色发展的比较优势,即中小民营企业量大面广档次高。转变好大弃小的观念,树立小的也可以是美的观念。这是转变政府职能,促进浙江中小民营企业升级发展政策供给的前提条件。

其次,帮助中小民营企业搞好品牌战略,树立品牌是中小民营企业升级的必由之路。品牌战略也必然改变以产品为核心的初级营运模式,它促使企业从单一的通过交易获取一次性利润转换为全方位整合市场,通过文化、消费习惯和商业价值等方面赢得持续性利润。以品牌作为核心竞争力,要抛弃"代工"、"贴牌"这样低技术、低利润、高能耗、高环境代价的经营模式。企业的竞争重点不是放在无限降低成本、降低利润的低级操作层面,而是着力开拓目标消费者需求的临界线,塑造一个专属的品牌消费市场;政府积极帮助企业培育自主创新品牌,政府可以从放松品牌准入管制,简化品牌申报程序,缩短品牌申请时间,降低品牌注册费用,加强品牌保护方面入手,帮助企业培育自主创新品牌;强化品牌的信用管制,既包括质量信用,也包括信贷信用。政府应当强化品牌的商标保护,着力打击假冒伪劣品牌,加强品牌质量国际标准的推广采用,如 ISO 系列和 3C 认证等。对于品牌涉及的知识产权保护,特别是对于高科技行业的品牌的专利保护,政府也应当高度重视。深化品牌退出管制,实现衰微品牌的顺利退出,保证品牌资源的合理再配置。政府还要及时进行有关品牌法律的制定、修订等工作,加大法律的宣传力度。有了这些措施才能够鼓励中小民营企业创立品牌,有意识地保护品牌的合法权益,推动创新。

再次,政府必须出台有针对性的有利于浙江中小民营企业引进人才、留住人才的优惠政策。把人才留住,解决各类人才的安居和户籍问题,这是个关键问题。要根据中小民营企业转型升级所需的人才特质,地方政府可以推出技术型人才落户的一套标准;参照各地高层次人才待遇条件,给中小民营企业所需人才相应的安家费和专用经济适用房;每年以政府的名义评选出一批对中小民营企业发展做出突出贡献的技术人才,授予人才称号等。扭转高素质人才普遍不愿到民营企业就业的局面(参见第七章)。

（二）政府不仅出台促进中小民营企业转型升级的具体政策，更要切实落实好政策，重点要搞好产业扶植和推动产学研协同融合，建立好创新中心

首先是为促进中小民营企业转型升级，省及省以下的各级政府虽然出台了一些相应的扶持政策，但调研发现，目前部分政策仍难以惠及中小民营企业，例如，浙江省用于扶持中小民营企业发展的专项资金，由于申请条件高，大部分小型企业都难以达到，微型企业更是难以问津；再如银行的贷款门槛很高，中型企业勉强能达到要求，中小民营企业很难通过银行获得贷款。所以省政府有必要制定扶持和服务中小民营企业的专项政策，且政策的落实细则要完善，有可行性。

其次是搞好产业扶植，并在税收、行政事业性收费、融资、培训、财政扶持等方面都要有实质性政策支持。浙江的民营企业家大多学历不高，年纪很小就出来经商，从事低端制造业和服务业，依靠廉价的劳动力成本和生产的规模经济占领市场，他们自身没有技术创新的意识，粗放型的企业发展方式也不需要技术创新。所以，浙江民营企业比北京民营企业创新难度大，政府所采取的对策也应该有所不同。浙江省政府除了要借鉴中关村激励民营企业技术创新的一些政策外（如搭建各方共同参与建设的产业促进平台等），更要注意引导民营企业家发挥创新主体的作用，对浙江中小民营企业的创新激励可以采用"倒逼"机制，即政府在鼓励企业技术创新的同时，淘汰落后产能，也就是对于不积极进行技术革新的企业不予扶持，任其自生自灭，完全通过市场机制调节企业的生产。在这样的"倒逼"机制下，一部分企业可能会倒闭，而另一部分企业可能被迫走向技术创新，重塑品牌之路。

再次是推动学研协同融合，建立创新中心，把省小企业创业基地纳入省中小企业专项发展资金扶持范围，依托高等院校、科研院所的科技优势，支持用于提升创业孵化功能的软硬件建设。浙江省拥有不少高等院校和科研院所，在医药、机械、电子等方面研究成果处于领先

地位,省政府应发挥政府的协调组织功能,推动产学研结合,建立富有地方特色的科技创新体系,也可以像"中关村实验室"那样,高校、研究机构与企业共建科技创新中心等。在此过程中,政府承担重要的协调管理工作,扫除合作和网络协作中的障碍,促进大学、研究机构和企业间的高效合作。

(三)促进中小民营企业转型升级,转变政府职能的过程中,要充分发挥好行业协会的独特作用

在完善浙江中小民营企业外部环境方面,除了政府作用外,还特别需要发挥各种中小民营企业行业协会的作用,建立起为中小民营企业发展提供所需的各种社会化辅导体系。

民间行业协会、研究会等学会根植于广大会员企业,其专业性强,中介地位突出,了解的行业情况最为翔实丰富,反映的问题也最为真实,从而提出的建议措施同样最能得到广大会员企业的认同和支持,从这个角度讲,行业协会、研究会既是政府服务民营经济的得力助手,又是会员企业不断发展的好参谋。他们可以起到政府与企业沟通的中介和桥梁作用。

(四)促进中小民营企业实现转型升级,要减少直接的行政干预,遵循经济规律

促进中小民营企业转型升级,首先要从制度上保障大幅度减少行政审批,降低企业税费,加快推进城镇化建设,科学规划土地资源,减少对企业的行政干预,正确宣传和引导企业转型升级,扶持生产性服务组织的发展,为在转型升级中遇到困难的企业排忧解难,为企业转型升级提供沟通交流的平台,保持政策的连续性和科学性等。针对浙江土地资源不宽裕,中小民营企业又分散于县乡镇,地方政府促进其转型升级,就要探索农村集体建设用地通过租赁、入股、合作等方式用于发展中小民营企业的新途径;积极探索农村宅基地的集约利用模式,为中小民营企业发展服务。

其次应遵循市场规律,由市场杠杆去淘汰没有订单、没有销量、没有利润空间的中小民营企业。地方政府要为淘汰的中小民营企业做好各类经济纠纷的后续服务,履行好政府的社会保障基本职能。同时也要注意到转型升级虽是浙江大多数中小民营企业的必由之路,但在企业发展面临困境之际,不能简单地把企业困难归结于产能过剩、技术和设施落后等方面因素,并千篇一律地提出转型升级,淘汰落后产能。转型升级并非一味摒弃劳动密集型的传统产业,更不是只热衷于发展高技术和高技术产业。

(五)根本转变政府工作作风,树立政府服务意识

长期以来,政府及其公务人员由于受到官僚作风惯性的影响,服务型政府迟迟不能建设到位,门难进、事难办、脸难看、话难听的官僚作风没有获得根本改变。浙江作为东部先发地区,讨论转变政府职能服务中小民营企业转型升级,首先也是最基本的要求,就是政府部门要做到转变政府工作作风,转变服务方式、服务心态。党政机关要简化群众走访办事的手续,这也是转变政府职能与作风的最直接要求。

就转变政府职能促进浙江中小民营企业转型升级而言,政府的工商服务窗口是与中小民营企业打交道最多的。要规范办事流程,完善服务功能,进一步增加办事程序的透明度,提高行政效率,做到在准入条件上能宽则宽,在注册手续上能简则简,在办理时间上能快则快,在收取费用上能低则低。同时窗口还要强化前期服务、延时服务、全程服务和延伸服务,以适应中小民营企业的发展需要,方便中小民营企业。

第五章　发展生产性服务业,助力浙江中小民营企业转型升级

第一节　生产性服务业的内涵和重要性

生产性服务业是指为保持工业生产过程的连续性、促进工业技术进步、产业升级和提高生产效率提供保障服务的服务行业。它与制造业直接相关,近年来,随着产业分工的精细化,生产服务部门从传统的制造业内部独立发展成一个新兴产业,贯穿于企业生产的上游、中游和下游诸环节中,为生产企业提供现代物流、现代商贸、信息咨询、科学研究与综合技术、金融等相关服务,以人力资本和知识资本作为主要投入品,是二、三产业加速融合的关键环节。

生产性服务业是现代服务业的重要组成部分,发达国家的服务业占 GDP 的比重超过了 70%,其中生产性服务业在服务业中占 70%以上。新型工业化的过程也是生产性服务业迅速发展的过程,生产性服务业与制造业相互融合,"工业经济"向信息化、知识化、专业化的"服务经济"转型,社会经济逐步进入依靠服务业增长的新阶段,最终形成

以服务业为主导的"三、二、一"经济结构。如跨国公司汽车销售收入中约有45％分配给零部件制造和装配商，而分配给专业设计、保养维修等生产性服务环节的占到约55％。通用公司有2/3以上的收入来自于生产性服务领域。生产性服务业在经济格局中所占份额越来越大，已成为世界经济中增长最快的行业。

生产性服务业拥有高度的知识密集性和深度的产业关联性，能极大地促进传统产业提高生产效率和自主创新能力，在新型工业化道路中具有突出重要的地位，是促进浙江省中小民营企业转型升级，走上现代化、标准化、创新型发展道路的重要支撑。国务院总理李克强2014年5月14日主持召开国务院常务会议，进一步明确了发展生产性服务业的重要性，会议认为：加快发展生产性服务业，是向结构调整要动力、促进经济稳定增长的重大措施，既可以有效激发内需潜力、带动扩大社会就业、持续改善人民生活，也有利于引领产业向价值链高端提升，实现服务业与农业、工业等在更高水平上有机融合，推动经济提质增效升级。结合浙江实际，大力发展生产性服务业，对于提升浙江省中小民营企业的核心竞争力、带动整体经济的转型升级都具有不可替代的重要作用。

我国国民经济和社会发展第十个五年计划中就提到了"面向生产的服务业"，在"十一五"规划中首次明确提出了生产性服务业的概念，并把交通运输业、现代物流业、金融服务业、信息服务业、商务服务业等行业归类到生产性服务业的范畴。提出生产性服务业是面向生产者的服务业，是与生产者息息相关的，对整个经济的结构效益质量都有着巨大影响的多个服务业门类的集合体。符合当代经济运行所要求的高科技高效率高竞争力等特征。根据以上概念及内涵界定对照国民经济行业分类，在综合考虑数据取得的便利性和科学性的基础上，本书将交通运输和仓储邮政业，信息传输计算机服务，软件业、批发业、金融业租赁，商务服务业，科学研究技术服务和地质勘查业6个大门类作为浙江生产性服务业的统计范围。

一、生产性服务业推动经济转型升级

推动经济增长方式的转变是浙江省"十二五"期间面临的重大课题,实现生产方式由劳动密集型向知识密集型转变,由要素驱动向创新驱动转变,就必须发挥生产性服务业在推动转型升级中的重要作用。

发展生产性服务业有利于深化分工、提高效率、加快技术与产业的融合、提升企业信息化程度和现代化管理水平、提高产品知识含量和附加值,对其他产业的发展具有重要的推动作用。如现代物流业有利于提高社会运营效率、降低经济运行成本;设计、检测、营销等生产性服务环节能提升产品附加值和竞争力;科技服务业搭建科学技术创新与生产制造的桥梁。

发展生产性服务业有利于浙江的经济增长方式由粗放型向集约型转变,有利于淘汰落后产能,实现节能减排和产业结构调整。近年来,土地、能源、简单劳动力等生产要素成为制约浙江经济发展的瓶颈,但也成为浙江经济转型升级,向集约型、知识型转变的根本动力。服务业以知识和人力资本投入为主,具有资源消耗低、环境污染少的特点,大力发展生产性服务业,提高资源利用效率和利用水平,能有效缓解当前经济增长与资源、环境约束之间的尖锐矛盾,带动其他产业实现转型升级,推进经济增长方式的根本性转变。如工业设计是产业链中极具增值力的环节,据美国工业设计协会测算,在工业设计上每投入1美元,就可以新增销售收入2500美元,而在年销售额10亿美元以上的大企业中,工业设计上每投入1美元,销售收入甚至能增加4000美元。

发展生产性服务业能增强中小民营企业的自主创新能力。浙江中小民营企业众多,单个企业的自主创新能力较弱,研发设计、品牌培育、现代化管理等能力不足,生产性服务业能为其提供专业化的配套服务,以增强其产品附加值、提升其自主创新的能力。如科技服务业,可以为传统中小民营企业提供研究与实验发展、专业技术服务、科技交流与推广、工程设计与工业设计等服务,从而推动中小民营企业提高竞争力,实现转型升级。

二、生产性服务业促进工业化与城市化、信息化融合发展

城市化与工业化、信息化融合发展,相互促进,是"十二五"浙江转型升级,走新型工业化道路的重要方面。生产性服务业是城市功能的核心,具有强大的辐射作用,带动工业化与城市化、信息化相互融合。城市是生产性服务业集聚的重要载体,国际大都市的金融、信息、科技、贸易等生产性服务功能都非常发达。如纽约是跨国公司总部集中地,世界500强中有30%总部设在纽约;东京除拥有大量企业总部和金融机构外,也是全国的文化教育中心和信息技术中心,聚集了日本33%以上的国家级文化机构、65%的信息服务业和90%以上的工程技术业。

浙江正处于工业化、城市化和信息化加速推进的发展阶段,工业发展转型升级、城市化水平不断推进,信息化建设加快发展。在这一阶段,工业化、城市化与信息化相互融合、相互促进。发展生产性服务业有利于增强城市资源聚集、辐射、带动和配置能力,从而强化城市功能,推动信息化建设和城市化集聚发展,促进工业转型升级,成为融合工业化、城市化和信息化的重要推动力。如培育物联网产业,推进"三网融合",发展3G、电子商务、网络动漫、软件服务和电子娱乐等新兴产业,推进发展物联网、传感网、云计算等新技术,推广信息技术在经济社会各个领域的深度应用,加快信息技术向传统行业的渗透,能改造提升传统产业。发展生产性服务业,在城市化进程中运用高新技术

和先进实用技术,能促进城市功能的完善,吸引现代产业集聚,实现经济社会发展方式的优化升级。

第二节　浙江生产性服务业的现状与不足

2010 年浙江生产性服务业增加值占全省 GDP 的比重为 23.3%,生产性服务业所包含的行业中,交通运输仓储及批发业两个行业一般被划分到传统服务业之列。而信息传输计算机服务,软件业、批发业、金融业租赁,科学研究技术服务和地质勘查业这 4 个行业一般被划分到新兴服务行业之中。传统服务业在经济运行中起着重要的作用,但新兴服务业在其创新性、运行效率等多方面都比传统服务业有着很大的优势。2010 年浙江新兴服务业占生产性服务业比重为 55.9%。

课题组在对杭州奇观机电有限公司、杭州金马能源科技有限公司、杭州惠枫科技咨询有限公司、浙江永德信铜业有限公司、浙江中盈瑞博科技创新有限公司、浙江嘉宜实业有限公司、嘉兴市东软软件培训学校、永康工业设计基地、趣游(北京)科技有限公司、深圳高新投集团等机构实地走访后,在与兄弟省、市的对比研究之后发现,近年来,随着工业经济的稳步发展,浙江生产性服务业发展较快,已经成为全国生产性服务业较为发达的地区之一,但与经济转型升级的需求仍存在较大差距,在一定程度上制约了传统产业的升级。浙江生产性服务业发展存在有效供给不足、产业结构不合理、技术水平不高以及市场竞争力较弱等问题。这些问题的存在,严重影响了浙江中小民营企业的转型升级。概括起来,主要有以下几个方面。

一、有效供给严重不足

在全省各市县调研中我们发现,从事传统制造的中小民营企业在转型升级的过程中十分需要生产性服务,但市场供给完全无法满足当前的需要。如一些外贸加工型企业在外贸出口遇阻的情况下,计划由外向型企业转为内向型企业,希望通过塑造品牌、加强国内营销力度打开国内市场,然而在当地却缺乏相应的品牌策划和营销策划企业,而从大城市请来的策划人员,收费昂贵且不熟悉当地市场状况,导致中小民营企业在转型过程中,由于缺乏本土型的专业化服务而举步维艰。宁波一休服业有限公司董事长反映,当地县市缺乏高水平的设计人才,他们只能从日本、韩国高价聘请设计师,然而设计出来的服装又与国内需求有一定的差距。一些民营制造型企业反映,由于生产的产品技术水平低,市场竞争十分激烈,国内市场已经饱和,希望能通过技术升级改造,提高产品的附加值,但由于缺乏相应科技中介机构,无法提供相应的科技信息服务和技术服务,企业找不到转型升级的方向。在湖州德清调研时,民营企业浙江嘉宜实业有限公司负责人向课题组坦陈,他们亟须流程改造、自动化管理、工业设计等方面的生产性服务。

从浙江服务业的比重上看,传统的交通运输仓储及邮政业、批发和零售业、住宿和餐饮业、房地产业占据了整个服务业的"半壁江山"。信息服务、中介服务、科技服务、工业设计等知识密集型的生产性服务业发展相对滞后,全省科技服务业增加值占生产总值的比重还不到1%,在调研中我们发现部分县级城市没有科技服务业企业。浙江服务业超亿元的企业中,八成以上企业集中在批发零售业。[①]从生产性服务业的区域分布看,浙江各地生产性服务业发展区域分布严重不均衡。在全省 11 个地级以上城市中,杭州、宁波、温州是全省生产性服务业的主要集中地,但由于生产性服务企业服务半径还不大、本土化色彩较强,大部分市县中小民营企业对生产性服务的需求无法被满足,阻碍了其走上转型升级之路。

---

① 杨娟.杭州市知识密集型服务业创新发展对策研究.杭州科技,2011(6):41—44.

二、产业结构仍不合理

近年来,随着浙江经济增长方式加快转变、工业结构调整逐步推进,以及信息技术的广泛应用,涌现出以信息软件、电子商务、现代物流与会展、科技服务等行业为代表的一批生产性服务业。但总体上看浙江生产性服务业仍以交通运输、金融等行业为主,与发达国家以商务服务、信息软件、咨询服务、科技服务等新兴行业占主导地位的产业结构存在明显差距。

生产性服务业对于转型升级所发挥的促进作用很大程度上取决于知识和技术密集程度。然而总的来看,浙江生产性服务业服务竞争力不强,高素质、复合型专业技术人才不足,盈利能力较弱,缺乏知名服务品牌,研发投入有限、技术水平不高,多数企业只能提供一些位于知识和技术服务链低端的产品和服务。如科技中介企业,主要停留在帮助企业申请科技项目上,缺乏高层次、战略性的科技信息服务、科技改造咨询、科技与市场对接服务等,在知识和技术水平上,远远无法满足中小民营企业转型升级的需要。

三、缺乏支撑要素

在调研中,生产性服务业企业谈到他们发展中最大的问题就是人才问题。高层次的生产性服务是知识和技术密集型的服务,极其需要高知识、高技术型人才,如科技中介服务业是以信息和智力成果为内容的高端服务行业,对从业人员综合素质要求较高,既要求其掌握前沿的技术,又要有丰富的市场经验。目前,浙江省技术经纪人市场还处于初步发展阶段,真正从事技术经纪人职业的人很少,技术经纪人培训市场也没有真正建立起来。

很多杭州的生产性服务业企业反映,浙江只有浙江大学一家"211高校",优秀毕业生远远无法满足本地企业的需求,比如通信类的优秀人才会首选 IBM 之类的大企业,中小民营企业在吸引人才方面处于劣势。现行中等和高等院校专业中,生产性服务类专业设置时间较晚,数量偏少,专业人才供给总体上难以适应生产性服务业加快发展的需要。同时由于杭州商务成本、生活成本高,加之中西部城市新兴产业不断发展,杭州对外地人才的吸引力正在逐步下降。生产性服务业企业亟须政府改善城市功能,为企业吸引人才、留住人才提供良好的政策环境。同时,生产性服务业集聚区开发建设由于受规划、环境等多种因素制约,推进速度不快,尤其是为产业集群服务的公共物流、科技服务、信息服务等领域的服务平台建设拓展偏慢。

另一方面,由于生产性服务业企业主要依靠人力资本,缺少有形资产,使其向银行融资较为困难,加之浙江省大部分市县地区专业性的风险投资、担保机构和中小银行的缺失,针对生产性服务业的金融供给体系没有建立,使得其融资较为困难,大部分只能依靠自有资金发展。

四、体制机制不适应

生产性服务业的发展水平与现行体制机制密切相关。浙江这些年虽然每年都要召开全省服务业工作会议,但从省对地市、地市对县(市、区)的考核评价指标中,服务业的量化指标很少,考核评价体系尚未形成。一些行业存在交叉管理现象,如会计师事务所有财政、审计、税务等多个主管部门,企业感到无所适从。市场准入障碍也未真正消除,许多行业需要较多的行政审批程序,阻碍了行业的发展,金融、通信等行业虽然鼓励非公资本进入,但准入前置条件过高,存在"玻璃门"现象。

如科技中介服务业是在从计划经济向市场经济转轨过程中逐步发展起来的。长期以来只作为政府或事业单位的附属机构存在,定位于配合落实上级机关的任务和意见层面。由于大量"官办"、"半官办"

技术中介服务机构的存在,使得科技中介服务市场的竞争机制很不完善。"官办"、"半官办"的技术服务机构在竞争中既当运动员又当裁判员,有的甚至垄断相关资源。如浙江火炬生产力促进中心等有政府背景的技术中介服务机构凭着良好的出身就能轻易地帮助企业拿到相关的资质认定,或可以保证能申请到相关的项目和资金。这样,一些企业宁愿花钱去找这些"官办"、"半官办"技术中介服务机构为他们进行技术中介服务,而不管服务质量的好坏。其结果必然会导致市场不公平竞争,严重挤压民营科技中介服务机构的生存和发展空间。

第三节　浙江生产性服务业的制约因素

上述几个方面问题的存在,主要是受生产性服务业发展中制约因素的影响。制约浙江生产性服务业发展的因素很多,包括体制机制改革的滞后和发展环境的制约等。

一、体制机制改革滞后

在市场需求旺盛的情况下,浙江生产性服务业供给不足,主要是市场机制不完善,体制机制改革滞后造成的。

一是缺乏公平的市场竞争环境。生产性服务业蓬勃发展的前提是完善的市场机制和公平的竞争环境。然而由于浙江市场经济体制改革特别是行政事业单位改革滞后,导致生产性服务业没有形成公平公正的自由竞争市场。阻碍了整个行业的发展。

目前,浙江有不少生产服务机构是事业单位、国有企业,它们与相关行政管理部门有隶属关系,可以凭借背后的行政权力,获得行政垄断权。有些职能管理部门通过提高准入门槛、加强资质审批、限制牌照发放等手段限制新的生产服务机构进入,维护相关机构的利益,使得事业单位、国有企业等生产性服务机构在市场竞争中始终处于有利地位,挤压民营生产性服务业企业,降低了市场竞争效率,阻碍了整个市场的发展。如浙江全省科技中介服务法人单位已经超过400家。目前浙江省科技中介服务机构的主体依然是有官方和半官方背景的事业单位。《2010年浙江科技发展报告》数据显示,浙江省第一批重点科技中介服务机构中,从其经济性质来看,国有16家,占53.2%;民营5家,占16.7%;股份制2家,占6.7%;理事会制2家,占6.7%;其他5家,占16.7%。从法人类型来看,事业法人12家,占40%;企业法人12家,占40%;社团法人4家,占13%,法人内设机构2家,占7%。可见,在浙江省重点科技中介服务机构中,国有企业及事业单位占据了一半以上。另据寿剑刚等的调研,2008年,浙江省行政事业单位类机构、企业以及其他这三类科技中介服务机构法人中,平均每家企业法人收入459.52万元、平均每家行政事业单位收入750.54万元、其他机构平均收入74.4万元。科技中介服务机构中行政事业单位类收入是企业类收入的1.6倍。可见,市场机制在服务业特别是生产性服务领域的资源配置中仍未发挥基础性作用,垄断和限制使生产性服务业发展动力明显不足,更难以提高产业竞争力。

二是缺乏完善的法律法规和管理体系。新兴的金融信息网络服务业企业找不到相关的主管机构和法律法规,缺乏行业发展的有效规范。法律规范的制定跟不上生产性服务业,尤其是新兴生产性服务业的发展,呈现出散、乱、不统一的格局。有些法律法规由部门法演变而来,带有浓厚的部门色彩,并且规定的条款弹性大,可操作性差;有些散见于各个法律法规中的相关条款,有的甚至还存在彼此矛盾和打架的现象。

三是生产性服务业发展缺乏一个高效的监管体系。多头管理、监管不力、处罚不严等问题也普遍存在。各部门、各单位之间协调沟通少,存在多头管理或管理真空现象,如上海拍拍贷等新型网络金融平台就向课题组反映,在企业经营中,苦于找不到主管部门;各监管部门之间缺乏一个统一的监管信息交流平台,信息资源难以实现共享;不同部门对同一违法违规行为的处罚,缺乏充分的沟通和一致的制度规定,导致监管缺乏权威和效率。同时,生产性服务业的自发组织在行业规范方面所起的作用不足,如虽然浙江省已经成立了浙江省技术经纪人协会,该协会长期以来基本不运作,起不到促进技术经纪人市场规范发展的作用。

二、发展环境的制约

浙江的整体发展环境也制约了生产性服务业的发展。当前,税收政策一般都把生产性服务业企业等同于普通服务业企业,执行相同的企业和个人所得税税率。由于生产性服务业企业对知识积累度要求较高,从业人员受教育的成本远比一般服务行业职工高,从业后往往还需要不断进行教育培训投入,而这些成本却无法与普通服务企业的原材料等投入一样作为成本在税前列支。对这些企业及其人员执行与普通服务企业及其人员相同的企业和个人超额累进所得税税率,不利于充分发挥这些行业从业人员的积极性以及行业规模的扩大。

在调研中,生产性服务业企业普遍反映缺乏资金、人才与科技等要素支撑。作为知识密集型的新兴生产性服务业,高层次人才是企业最重要的资本,然而由于浙江优质教育资源的稀缺和现行教育体制的限制,导致高层次服务人才严重短缺。目前,浙江现有生产性服务业从业人数中有相当部分没有接受过专业教育,如科技服务业中,缺乏高层次的科技人才,无法为浙江大量的中小民营企业提供有效的技术信息咨询和技术支持服务。高层次专业技术服务人才严重短缺,与快速发展的生产性服务业明显不相适应,更无法满足浙江中小民营企业转型升级的迫切需要。

生产性服务业企业融资难也是普遍存在的问题,浙江缺乏针对生产性服务企业的金融支持体系。生产性服务业企业最重要的资产是知识、信息和服务,然而这些资产无法成为获得银行贷款的抵押品,很难从商业银行得到资金。某企业反映,生产性服务业企业尤其是技术服务类企业大多为科技型中小民营企业,非常需要风险投资等金融支持,然而由于种种原因浙江风险投资、信用担保以及中小银行发展缓慢,致使生产性服务业企业特别是在创业初期的企业缺乏金融支持,从而抑制了生产性服务业发展的后劲。

近年来,浙江杭州、宁波和温州等主要大城市商务成本特别是房价的飙升使得生产性服务业成本不断提高,限制了生产性服务业需求的增长。高昂的房价与不断上涨的生活费用不仅影响投资者的收益,也影响就业者的生活,使得省外的生产性服务业企业不愿进入,同时也导致省内服务业创业艰难和高素质专业人才外流。

第四节　国外发展生产性服务业的经验借鉴

一、国外发展生产性服务业的政策措施

(一)成立专门的服务业发展机构,指导生产性服务业发展

由于生产性服务业涉及门类较多,行业管理较为复杂,发达国家在推动生产性服务业发展过程中,十分重视成立专门的服务业发展或促进机构,从战略高度指导和协调生产性服务业发展。如日本东京经济财政咨询会议和金融厅两大政府机构成立了服务业专门研究小组,协调和解决服务业发展中的重大问题。英国为保持其金融服务业在国际金融市场的竞争力,成立了由 20 名金融业要员构成的"金融服务业全球竞争力小组"。新加坡为全力推进服务经济的知识化和信息化,专门成立了服务业总体推进机构,及时监测和解决服务业发展中

存在的问题,并通过一系列产业政策和扶持行为引导和强化生产性服务业发展。

(二)出台系列产业发展政策,优化生产性服务业发展环境

一是生产性服务业科技创新政策。由于金融、信息、物流等生产性服务业都是知识密集型和科技含量较高的行业,因此发达国家普遍重视生产性服务业的科技创新。

注重服务业科研投入。20世纪90年代以来,美国的金融、咨询、法律等生产性服务业经历了一个以信息技术的研发和应用为主要内容的技术创新和改造浪潮。据统计,美国近20年服务业研发经费投入的平均增长率是其他行业的两倍。英国政府则大力推行技术预测计划,并通过税收政策鼓励生产性服务企业增加研究开发投入。据英国国家统计局统计数据显示,2002年,英国服务业的科研投资总额达到25亿英镑,是当年制造业科研投资增长速度的4倍。

强化技术创新的政策支持。2002年7月,英国贸工部出台了《投资与创新》的政府战略报告,鲜明提出要为国家创新能力的提高增加投入。随后政府出台了技术创新发展计划,积极鼓励大学与企业联手开展科技创新活动。

二是为生产性服务业提供优惠财税政策。为改善生产性服务业发展环境,促进服务企业发展,许多国家实施了税收优惠、简化手续等政策。2007年,韩国财政部等21个相关政府部门制定了新的"增强服务业竞争力综合对策",该"综合对策"吸收了以往的成功经验,加大了政策力度。如在改善经营环境方面,着力撤销服务业与制造业的差别待遇,将服务业的土地开发负担金降低到与制造业同等水平,同时,加大对服务业的税收、融资扶持,包括将服务业临时投资减税期限延长一年并扩大适用范围;降低服务业办公用不动产的交易税;产业银行、企业银行大幅增加对服务业的支援,并逐步为服务业创造信用贷款条件等。新加坡政府为服务国家战略需要,在金融、跨国营运总部、采购

中心等方面也出台了税收优惠、简化审批手续、城市基础设施优先安排等优惠政策。

三是实行生产性服务业人才政策。发达国家十分重视生产性服务业人才的培养、引进和发展。①重视服务业人才教育。韩国由各行业主管部门、有关人员及专家共同拟订"服务业人才培养体制完善计划",设立了各服务领域专科学校,加强"产学服务专门人才联合教育",并与"服务产业支援中心"共同输送高质量服务专业人才。②实施就业培训计划。如新加坡为解决金融人才紧缺的问题,推出了新加坡金融人员转换方案,目的在于通过对没有金融业工作经验的人员提供金融培训,使其成为符合金融业能力标准的金融人才。③引进高端人才。英国政府建立了"企业家奖学金",鼓励高技术领域的研究生到英国发展并开创新型企业。④政府着力吸引和留住高素质人才。新加坡着力发展零售、休闲、娱乐等服务业,通过创造优良的生活环境,吸引和留住高素质的专业服务人才。澳大利亚则为吸引和留住专业服务人才,实施了商业和社区振兴运动,着力改进社区服务和生活方式。

(三)推动服务外包与服务贸易发展,带动生产性服务业发展

发达国家生产性服务业的发展,在一定程度上取决于服务外包和服务贸易的推动。一方面,许多国家都十分重视服务外包对生产性服务业的促进作用。韩国将服务外包提升到战略高度加以培育,通过建立"外包服务提供商数据库"、"外包服务需求企业"等网上检索系统,对外包服务企业实行"国家公认资格证书"制度等,推动服务外包发展。另一方面,一些国家通过积极发展服务贸易,带动生产性服务业发展。美国为促进和扩大生产性服务贸易出口,专门制定了"服务先行"的出口促进策略,重点促进其具有强大竞争优势的旅游、商务与专业技术服务(包括环保、能源等工业服务)、交通运输、金融保险、教育服务、电信服务等行业发展。同时,十分注重对国际市场的分析和研

究,为开拓服务贸易新兴市场,美国做了大量针对性调查,根据不同地区的不同情况采取不同策略,并通过美国贸易代表办公室的谈判为服务出口公司提供更好的市场准入机会。

（四）推进行业改革与制度建设,促进生产性服务业发展

金融、电信、运输等生产性服务业属于垄断行业,为促进这些生产性服务业发展,发达国家采取了放松管制、打破垄断、完善立法等措施。英国政府于1991年打破了英国电信公司垄断市场的局面。在金融服务业方面,为推动一体化发展,英国1986年实施了《金融服务法案》,1997年成立了金融服务管理局（FSA）,2000年通过了《金融服务与市场法》。同时,于1993年专门成立了8个工作小组对法律法规体系进行梳理,以解决知识密集型生产性服务业发展过程中出现的知识产权和法律法规等问题。在信息服务业方面,美国先后制定了《信息公开法》（1966）、《版权法规》（1970）、《计算机软件保护法》（1980）、《美国电讯法》（1996）等法律法规,规范和促进信息服务业发展。

（五）重视对服务企业的咨询与培训,促进生产性服务企业发展

发达国家政府十分重视对企业的服务,包括提供信息咨询、市场调查、贸易展览、专业培训、技术辅导等服务项目,促进服务企业发展。英国政府非常注重对生产性服务企业的教育和指导,在每个地区均建立了顾问署,作为专门的企业管理和咨询机构。在全国雇用了1000多名有公司背景的退休企业家和工程技术人员为高层顾问,负责帮助企业制定发展计划,引导企业改变经营策略。同时,积极开展企业高层培训,由企业自己报名,制订有针对性的培训方案。

二、借鉴日本 JST 发展经验

在我国,国家和省、市的科技中介机构组织近年有了很大的发展。技术市场、科技开发中心、科技成果转化中心、技术转移中心、科技创业服务中心、科技咨询公司、专利事务所、高新技术开发区、孵化器、生

产力促进中心、工程技术研究中心、大学科技园等多种类型的科技中介机构纷纷建立,为加强科技信息交流,促进成果技术交易,推动科技创新,实现产业转型升级,发挥了积极的作用。但从宏观战略的高度审视,无论是国家层面,还是省、市层面,都未建立起科学、健全、完善的科技中介服务体系。浙江科技中介市场总体上存在着指导思想不明、数量多、规模小、服务内容单一、服务水平层次不高等问题。国家在营造有利于科技中介机构组织发展的外部环境、基础设施建设和宏观调控上还要做大量的工作。

为了科学地发展浙江省科技中介机构,繁荣科技中介事业,发挥科技中介机构在科技、产业创新中的应有作用,这里对日本最重要的科技中介机构和科技信息机构——日本科学技术振兴机构做一介绍。该机构肩负着为科技和产业创新服务的双重使命,全方位地勾画出了科技中介和信息服务工作的蓝图,为我们未来的工作发展发挥了导航员的作用。

日本科学技术振兴机构(Japan Science and Technology Agency, JST)系隶属于日本文部科学省的独立法人。它建立于 2003 年 9 月,是日本最重要的科技中介机构和科技信息机构,也是日本科学技术基本规划的核心实施机构。

JST 作为从基础研究通向产业界的桥梁,承担着实现科学技术创新立国的使命。

JST 的具体目标是促进从基础研究到产业化全过程的研究开发,建设包括促进科学技术信息化流通在内的科学技术振兴所必需的基础环境。

JST 的主要业务内容是:①支援新技术创造性研究。②进行新技术的产业化开发。③促进科技信息的流通。③支援科学技术交流。④推动科学技术普及,增进国民对科学的理解。其中,促进信息化流通业务主要分为两个方面:一是捕捉全世界的科技信息;二是为研究开发建立和提供必要的数据库。

JST 的主要工作包括：①捕捉世界科技信息。它采集来自日本国内以及全世界约 1.6 万种期刊、数据报告、会议资料等各种科技文献，制作数据库，提供在线服务，出版相关刊物，提供报道、翻译等服务。②为研究开发建立并提供必要的数据库，具体包括"综合目录数据库（ReaD）"、"研究成果应用综合数据库"、"研究人才数据库（JREC-IN）"、"研究信息数据库（http://dbs.jst.go.jp/）"等。③面向社会各界提供专利、技术信息，包括建设"研究成果应用综合数据库（J-STORE）"，举办新技术说明会，建立失败知识数据库、技术人员 Web 学习系统、研究成果应用广场（RSP）等。④技术转让援助。JST 开辟技术转让窗口，免费向大学、研究机构、企业等提供有关各省厅实施的各项技术转让信息咨询和企业推介服务，以促进成果的迅速转化，在大学、研究机构和企业之间架起桥梁，以实现产业化。其主要活动包括技术转让咨询、技术转让鉴定人才培训、制定研究成果最佳转让计划等。⑤提供产学官合作信息。JST 以支援日本国内大学、研究机构、企业、技术转移机构等进行产学官合作为目的，建立了产学官合作网站（http://sangakukan.jp/）。同时，推出产学官合作的电子杂志，于每月 15 日发行，建立产学官合作数据库，向社会免费提供产学官合作方面的信息。

日本科技中介机构的运行模式通常有委托开发和开发斡旋两种方式，这也是 JST 最基本的运行模式。所谓"委托开发"，是对于一些事关国计民生的重大战略性基础技术以及产业化较困难的新技术，通过国立中介机构实行委托开发。这种委托主要来自国家计划而非机构本身。国立机构将新技术的开发采用"委托"的形式交给企业或企业群，并提供开发所必需的费用（此费用由国家财政列支）。研究开发的成果归国家所有，参与企业在获准时享有优先使用权。

具体而言，JST 在广泛搜集科研成果的基础上，从中挑选出对国民经济可能产生重要影响并有开发前途,但民间企业又难以单独承担开发费用的科研成果,作为应用开发课题,交由新技术审议委员会的专家集体审议确定后,出资委托民间企业进行应用开发。JST 的委托开发项目,其实施主要分三个阶段:①收集新技术;②确定课题;③推进开发。

"开发斡旋"则是针对开发风险较小、离实用较近的技术,JST 站在技术所有者和实施企业之间,通过契约调整彼此关系的一种中介形式。JST 采用合伙、技术入股和买断等几种形式,从技术所有者手中广泛获得优秀科研成果,然后向海内外企业广泛介绍科技成果,同时为科研成果持有者挑选有意合作开发的企业,协助其签订开发合同并对执行情况进行监督,促使其尽快商业化。该方式转化风险较小,成功率较高,一般适用于中小企业的开发和创新。

此外,JST 还有以下三种运行模式:一是独创性研究成果育成事业。为了使那些有概念但尚未具有具体形态的创意能够尽快发育、成长,JST 通过在创意提供者和开发企业之间进行协调,从而使"创意"具有具体的形式(即模型化过程),并取得向实用技术方向发展的必要数据,然后据此获得新的商业化的技术。二是支援成果专利化。针对那些实用化程度较高的技术,JST 通过实施专利申请代理等方式,对研究成果及其所有者权益进行合理的保护。三是建立失败知识数据库。JST 在分析科技各领域的事故和失败案例的基础上,将所得教训纳入数据库,免费供研究人员查询,以帮助研究人员汲取教训,少走弯路。

日本 JST 只是一个科技中介机构,但它清晰的工作思路和广泛开展的业务内容,勾画出的科技中介和科技信息服务的蓝图,给我们以很大的启迪。浙江发展科技中介工作,的确应从科技创新和产业创新两个层面思考。对建设浙江的科技中介服务体系,应从宏观战略上着眼,使得科技创新、成果转化、技术转移、新兴产业发展各方面的工作,都能取得科技中介机构的帮助、支持和服务。对国有性质的科技中介机构应该做什么工作,民营的科技中介机构应该做何种服务,均需要政府管理部门做出决策,提供指导意见。不要使大家都争同一口饭吃(例如为企业申报项目),不要让许多基础环境建设、资源整合工作无人做的局面延续下去。要构建起使命认准、目标明确、功能清晰、分工各异、优势互补的科技中介服务体系。要从 JST 取得真正的借鉴,必须开展科技中介课题的认真研究,弄清科技创新、产业创新的道理和科技中介服务的真谛。

第五节　　发展生产性服务业的路径研究

2014 年全国"两会"的《政府工作报告》在"2014 年重点工作"中提出"优先发展生产性服务业,推进服务业综合改革试点和示范建设,促进文化创意和设计服务与相关产业融合发展,加快发展保险、商务、科技等服务业。"结合报告精神,从浙江实际情况看,大力发展生产性服务业是推动浙江工业经济转型升级的重要途径,是提高浙江产业集群创新能力和科学发展的必由之路,优先发展是明智之举。促进中小民营企业转变发展方式,提升浙江中小民营企业的竞争力,就必须积极发展生产性服务业,为中小民营企业注入创新活力。基于当前中小民营企业转型升级的迫切需要,浙江必须以科技服务业为重要抓手,以体制机制创新为突破口,以产业集聚为核心,以政策体系为基础构建生产性服务业助力中小民营企业转型升级的良好格局。

一、以体制机制创新为突破口,营造良好环境

宽松、有序的市场环境是生产性服务业发展的基础,浙江省体制机制改革的滞后制约了生产性服务市场的发展,必须加快推进浙江行

政事业单位管理体制改革,为浙江生产性服务业的发展提供体制保障和良好的市场环境。2014年全国"两会"《政府工作报告》提出,2014年将深入推进行政体制改革,年内将再取消和下放行政审批事项200项以上。对于浙江中小民营企业来说,这无疑是一个良好的发展机遇。

深化生产性服务业的市场化改革。推动从事市场竞争业务的事业单位企业化改制,剥离公益类事业单位的市场职能。加强市场监管,杜绝已经企业化了的事业单位与原行政主管部门利益挂钩,利用行政权力从事不正当竞争,破坏市场公平。要积极依靠市场力量推进生产性服务业的市场化发展。

改革生产性服务业的行政审批制度。进一步清除不利于生产性服务业发展的各种体制和政策障碍,放宽非国有资本特别是国内民间资本的准入条件,彻底打破地域、行业和部门垄断,按照平等对待和"非禁即入"的原则,允许国内民间资本进入法律法规及国家产业政策未禁止的生产服务领域,形成充分竞争和服务价格的市场决定机制,保护消费者权益,并通过市场竞争提升浙江生产性服务业的竞争力。

二、以科技服务为抓手,带动转型升级

浙江中小民营企业转型升级是当前经济形势的迫切需要,民营企业对科技服务的需求日益增长,随着能源资源环境制约日益趋紧,要求发挥科技对经济社会发展的支撑引领作用的愿望不断强烈,必须以中小民营企业转型升级的实际需求为出发点,引导浙江省生产性服务业,尤其是中小民营制造型企业密集的县市地区的生产性服务业快速发展。

科技服务业是生产性服务业的重要组成部分,是提高企业自主创新能力的重要推动力量,大力发展以研究与开发服务、工业设计服务、科技中介与推广、专业技术服务为重点的科技服务业,加速科技创新转化为生产力,提升中小民营企业的科技创新能力,是推动中小民营企业转型升级的重要抓手。

以市场化为导向,为科技服务业的发展提供良好的政策环境,重点扶持高新技术产业园区和传统产业集聚区发展科技服务业,加强浙江省科技服务业与上海、北京、广州等地科技服务业的交流合作,对为中小企业转型升级做出重大贡献的民营科技服务企业给予奖励,对科技服务业企业人才培养给予资金支持。

三、以产业集聚为核心,服务中小民营企业

传统产业集聚发展是浙江省中小民营企业发展的显著特征,浙江年销售收入 10 亿元以上的产业集聚达 312 个,年销售收入 100 亿元以上的产业集聚达 72 个,占据全省经济总量的半壁江山。生产性服务业集聚是各类服务企业为制造业提供全方位配套服务的集聚场所。主要是围绕制造业的共性需求,最大限度地整合资源降低成本,构建集金融、信息、物流、研发和展示等为一体的空间布局产业成长模式。

一是以传统产业集聚为核心,以生产性服务业推动现代产业集群生态体系的建立。浙江的县域经济大多依靠传统产业集聚发展,比如长兴的工业炉、玉环的汽摩配、海宁的经编、浦江的水晶、大唐的袜业、柳市的低压电器,这些产业集聚里存在大量以制造为主的中小民营企业,其品牌运营、市场推广、产品设计、技术创新的能力较弱,产业集聚内部同质性强,分工水平弱。推动传统中小民营企业转型升级,就必须坚持以原有的产业布局为基础,以当前的产业集聚为核心,形成生产性服务业围绕并支撑传统产业转型升级的格局,推动浙江产业集聚向拥有完整的产业链和配套服务体系的现代产业集群生态体系转变。如 2001 年,永康成立了一家以市场性和公益性相结合的科技中介服务机构——浙江永康五金生产力促进中心有限公司。2009 年,永康成为全国首批工业设计服务试点单位中唯一的县级市试点,也是浙江省

唯一的试点单位。到了 2011 年,浙江省五金产业工业设计示范基地正式落户永康,目前已经有 18 家工业设计企业入驻基地,工业设计基地的影响力正迅速扩大,越来越多的中小制造型民营企业到基地中寻找创新的源泉。

二是加快培育发展生产性服务业集聚区。围绕浙江制造业转型升级的共性需求,依托杭州、宁波等地的科技、人才优势,最大限度地整合资源降低成本,构建工业设计、品牌运营、市场推广、科技服务、知识产权服务等生产性服务业集聚区。如宁波和丰广场就是工业设计产业集聚发展的一个代表。

四、以相关制度为基础,构建保障体系

发展生产性服务业,必须建立健全各项政策、法规和行业技术标准体系,不断完善政府监管与行业自律机制,构建权责明晰、服务高效的行业监管体系。

一是建立健全各项规范生产性服务业发展的政策与法规。当前,浙江生产性服务业发展较快,而我国现有规范生产性服务业的法律法规体系不完善,有些脱胎于原部门法规,带有浓厚的部门色彩;有些散见于各法律法规中的相关条款甚至还存在彼此矛盾和打架的现象,远不能适应生产性服务业快速发展和加强管理的需要。建议省有关部门加强对新兴行业发展情况的跟踪与研究,及时制定相应法规和规章,确立其法律地位、权利与义务。同时,根据浙江生产性服务业发展实际需要,加快对原有相关法律法规的审查与修改,没有修订权限的,提请全国人大有关部门研究,为加快浙江生产性服务业发展扫除障碍。

二是建立健全生产性服务业发展的行业标准体系。生产性服务业提供的主要是知识形态产品或技术性服务,非专业消费者一般很难鉴别产品质量和服务水平。随着我国服务业发展逐步与国际接轨以

及人们接受高质量消费的意愿日渐强烈,建立健全生产性服务业行业标准已是迫在眉睫。鉴于目前浙江生产性服务业中多数行业尚无统一的行业技术标准和规范,建议借鉴美国、德国与日本等发达国家的技术标准和服务规范,从浙江生产性服务业发展实际水平出发,适当降低技术水平和服务要求,加快制定市场准入标准、技术服务标准和信用评价制度。同时,加快生产性服务业特别是新兴行业职业资格标准体系建设,认真实施从业人员职业资格鉴定与评审工作。

三是努力构筑政府各行政主管部门监管与行业自律相结合的行业监管体系。进一步明确各监管部门的职能分工和监管责任,切实加强部门协调和配合,完善监管体系,形成监管合力。加快建立生产性服务企业监督管理的公共信息平台,实现各部门监管信息的互联互通和共享,切实推进生产性服务业规范发展。充分发挥行业协会自律作用,推进政府职能转变与审批制度改革,把部分职能委托或授权给行业协会,充分发挥其协助政府监管行业发展的职能。同时,行业协会要加强自身组织机构建设、规范内部管理,并在各行业主管部门指导下,建立行业自律规范、行业信用等级制度和奖惩办法,努力构筑行业自律与外部监管紧密结合的行业监管体系,促进全省生产性服务业规范发展。

第六节 发展生产性服务业
助力转型升级的具体措施

一、与制造业联动发展

浙江省现阶段相当多的生产性服务还埋没在制造业之中,没有外部化形成独立的专业化产业,这正是浙江省生产性服务发展水平低、难以满足制造业高层次需求,进而导致相当多的外商投资企业采取自带生产性服务、实行自我服务的主要原因。制造业是生产性服务业发展的基础和支撑,为生产性服务业发展创造需求空间,而生产性服务业专业化水平的提高,又有利于降低中间服务成本,提升制造业产品竞争力和企业竞争力。我们应立足于发挥现有产业优势,及时更新发展理念,积极主动地适应产业结构调整的新变化,努力形成生产性服务业与现代制造业联动发展新格局。

(一)以制造业需求为导向加快生产性服务业发展

生产性服务业应以服务于制造业特别是产业集群为立足点,针对产业集群内中小企业多、共性需求大的特点,为其提供社会化、专业化的生产性服务,主要包括金融服务、物流服务、信息服务、科技服务、培训服务、会展服务、商务服务和公共服务等方面。培育更多的生产性服务供给主体,提升服务质量和水平,为制造业转型升级提供强有力的支持。

(二)推进制造企业服务外包

制造业企业服务外部化趋势越来越明显,目前浙江省企业服务外包程度还不高,应积极鼓励引导企业改变"大而全"、"小而全"的组织观念,推动企业服务外包,走专业化发展道路。加强政策研究,调整相关税收政策,为推进制造业服务外包创造条件。建立信息共享等基础平台,健全社会信用、中介服务等体系,搭建各种形式的交流平台,实现社会化服务与制造环节的"无缝式对接"。

二、突出重点领域,加快转型升级

生产性服务业的发展应坚持以助推企业转型升级为导向,从浙江省生产性服务业发展的现实基础和制造业转型升级的实际需求看,以下几个方面应当作为"十二五"期间浙江省生产性服务业助推中小民营企业转型升级的重点。

（一）工业设计

工业设计是以工业产品为主要对象，运用新技术、新材料、新工艺，结合美学、经济学等知识，对产品功能、结构、形态、包装等进行整合优化的创新活动。工业设计企业能带动众多的中小型民营制造企业提高产品附加值和创新能力，提升产业集聚的整体竞争力。加快特色工业设计产业基地的建设，服务于浙江制造型中小民营企业的转型升级。

（二）信息服务业

信息服务业主要包括网络传输服务、计算机和软件服务以及数字内容服务等，是实现新型工业化重要支撑。大力发展软件产业，加快发展信息系统集成和应用服务软件，鼓励软件出口与外包。完善网络基础设施，优化网络布局，适时引入下一代互联网、第四代移动通信等新技术，提高大容量信息化网络的覆盖率、利用率和可靠性。加强信息资源开发利用，优先发展数据库产业，建立一批应用广泛的基础资源数据库，以提升中小民营企业的信息化程度。

（三）科技服务业

科技服务业是提高创新能力的关键，必须大力扶持与经济发展水平相适应的科技服务体系建设。培育科技研发主体，深化科研院所改革，积极推动高等院校、科研院所与民营企业合作。完善科技服务基础设施，建设一批科技企业孵化器和生产力促进中心，完善公共科技信息平台和协作网络建设。发展民营科技中介组织，繁荣网上技术市场，加快建设科技招投标、技术产权交易、检验检测等科技中介服务机构。实施知识产权战略，进一步拓宽知识产权服务机构的服务范围，促进专利代理服务业和专利技术交易服务业发展。

（四）商业服务业

应加大对品牌运营、市场营销等服务业的政策扶持力度，创造良好的发展环境，培育更多的市场主体。加大商务服务业开放力度，积极吸引国际知名的会计、法律、咨询、评估等中介企业入驻，扶持有实力、有品牌、有信誉的中介机构向综合化、大型化、国际化方面发展。加快制定行业服务标准，注重培育浙江本土的服务品牌，提升服务质量。

三、完善相关政策，加大扶持力度

积极构建促进浙江生产性服务业发展的人才、资金、技术、信息等要素保障体系，加大政策支持力度，切实改善生产性服务业发展环境。

一是成立专门的服务业发展或促进机构，从战略高度指导和协调生产性服务业发展。及时监测和解决服务业发展中存在的问题，并制定产业政策和扶持措施，引导和强化生产性服务业发展。2014年5月14日，国务院总理李克强已在国务院常务会议上要求，进一步深化改革开放，放宽市场准入，减少前置审批和资质认定项目，鼓励社会资本参与发展生产性服务业。简化审批程序，提高生产性服务业境外投资便利化程度，提升中国企业竞争力。有序放开建筑设计、会计审计、商贸物流等领域外资准入限制。这就从政策上进一步明确了国家对于生产性服务业的扶持力度。

二是为生产性服务业提供优惠财税政策。加大对服务业的税收、融资扶持，针对营改增后服务业企业增值税抵扣少的问题，出台过渡性的扶持办法，扩大生产性服务业企业的抵扣范围；降低服务业办公用不动产的交易税；鼓励金融机构增加对服务业的贷款，并逐步为服务业创造信用贷款条件。对重点扶持的工业设计、信息服务业、科技服务业、商业服务业企业给予税收优惠、简化审批手续、城市基础设施优先安排等优惠政策。在这一点上，国家已经提出相关措施，要求完善财税、土地、价格等相关政策。研发设计、检验检测认证、节能环保等生产性服务业企业，可申请认定高新技术企业，享受相应所得税优惠。尽快将"营改增"试点扩大到服务业全领域。

三是实行生产性服务业人才政策。人才是生产性服务业发展的第一要素和根本推动力,必须重视服务业人才教育。制定浙江服务业人才培养计划,设立服务领域的专业学校,根据生产性服务业发展的需要调整浙江高校专业设置,增强专业人才教育与浙江生产性服务业发展实际需要的对接性,努力培养针对性强又具有多种技能和国际市场开拓能力的服务业人才。同时,通过创造优良的生活环境,吸引和留住高素质的专业服务人才。

四是资金保障体系。继续鼓励发展浙江风险投资和信用担保业,对这些行业实行税收优惠政策,适当放宽民间资本组建中小金融机构的条件限制,允许股份制银行直接到县级城市开设分支机构,积极引导外资投向租赁和商务服务业等生产性服务业,为生产性服务企业提供更加便捷的金融服务,解决资金投入不足问题。2014 年国务院常务会议已经提出:鼓励金融机构采取多种方式,拓宽企业融资渠道。有关部门要抓紧制定配套措施,为生产性服务业创造良好发展环境。可以说,这从政策上保障了生产性服务业的多种融资渠道。另外,建议在财政预算中建立生产性服务业发展专项资金、科技研发基金等各种专项基金;对生产性服务业实施税收优惠政策和支持性政府采购政策。其中永康的做法值得借鉴,永康有民营工业企业 2 万多家,其中规模以上民营企业只有 460 家,大多数民营企业长期处在低端市场。永康加大财政扶持力度,以工业设计为载体推动中小民营企业转型升级。2012 年国家级"永康市工业设计基地"挂牌,设计基地有配套设施,如扫描仪、成形机、模具制造机械等。首期有 12 家设计单位入驻。永康市出台奖励办法:注册资金 50 万元以下、工作人员 10 人以下,一次性扶持 10 万元;注册资金 50 万元以上、工作人员 10 人以上,一次性扶持 20 万元。在基地工作 1 年以上的初级资格设计人员,按每人每年奖 2 万元,中级设计师,按每人每年奖 5 万元,引进的高级设计师,按每人每年奖 10 万元。同时,鼓励设计机构自主培养人才,按设计师级别,分别给予每人 1 万～2 万元的奖励。如果设计机构外出交流,展览费、场租费、摊位费给予不超过 3 万元的补助。如果工业设计机构设计的产品实现了产业化,把设计交易额的 50％用来奖励,其中设计机构得 60％,企业得 40％。政府一年拿出 1000 万元来奖励。

五是建立技术支撑体系。建议浙江进一步加大对生产性服务业技术开发基础设施建设的投入,努力构建以企业为研发主体、产学研三位一体的科技创新机制,整合政府有关部门特别是政府投资各类实验室、企业、高校以及科研等单位的科技信息资源,形成基础技术知识、信息高速公路以及经济技术数据库等重大基础设施资源在一定范围内的共享机制,积极搭建研发成果产业化平台,加速研发成果产业化,加强服务领域的知识产权保护,促进浙江生产性服务企业竞争力的大幅提升。

发展生产性服务业助推中小民营企业的转型升级,是构建中小民营企业转型升级的生态环境的重要环节,在生产性服务业重点领域的突破能带动一大批中小民营企业提高核心竞争力,走上转型升级的发展道路,浙江必须从发展战略和具体措施上,切实扶持和培育生产性服务业机构,形成以服务推进民营企业转型升级的良好格局。

第六章　建设创业创新服务体系，促进浙江中小民营企业转型升级

　　创业是脚踏实地、积极进取、善于把握机会、创造性地整合资源、从无到有的创造。创新是在创业的基础上从有到新、创造出在实质上不同于既有形式的新思想、新行为或新事物，是一项涉及经济社会生活各个领域的创造性活动。前者实现量变，后者实现从量变到质变，民众在创造社会财富、提升经济发展质量这两个过程中，都离不开包括政府在内的社会系统提供的服务。

　　创业创新服务体系，是为经济领域中的创业创新活动提供服务的社会系统。这一系统的主体包括各级政府、金融机构、行业协会、产业联盟、产业园（孵化器）、专业服务组织、科研机构等。

　　构筑区域创业创新服务体系是建成创新型区域的核心与关键。改革开放以来，浙江"敢为天下先"，积极营造宽松良好的创新创业环境，最大限度地发挥人民群众创新创业的主动性和积极性，以全民创业为重要实现手段，在体制、机制、市场、产业、科技等诸多领域进行了异常活跃的创新，大力鼓励和引导民营经济健康发展，从而形成了民办、民营、民有、民享的经济发展特点，在全国保持了持续快速发展的态势。试看当下的中国，大部分地区都已建立或初步建立了市场经济

体制,你追我赶,创业创新,浙江经济社会发展的时代背景与外部环境已发生了重大变化,原有的先发优势已经不再明显。我们这次组织开展的深入调研发现:相较于其他发达省份,浙江创业创新服务体系发展滞后,尤其是中小民营企业创业创新服务体系滞后,制约了浙江省"创业富民、创新强省"总战略的实施。而创新性中小民营企业培育发展的缓慢,反过来又影响了区域经济的可持续发展,制约了"调结构"和"转方式"的推进,延缓了创新型区域建设的步伐。

第一节 浙江创业创新服务体系
建设的现状与问题

近年来,浙江省创业创新服务体系建设卓有成效,建立了政府主导的中小企业服务网络,为中小企业提供创业辅导、融资担保、技术支持、市场拓展等八大重点领域的服务,并培育了一批中小企业示范服务机构。

浙江省高度重视高校毕业生创业工作,把鼓励创业作为毕业生就业工作的重中之重来抓,实施"大学生创业引领计划",着力健全和完善创业组织体系、创业政策体系、创业平台体系、创业培训体系和创业服务体系"五大体系",夯实大学生创业的基础,有序推进大学生创业工作。为使创业服务真正落到实处,浙江省单独建立了高校毕业生就业工作联席会议制度,由省人社厅、财政厅、教育厅及其他社会组织等共同参与完善创业组织体系。创业工作机制和服务体系的形成,有效地缓解了初创期大学生创业企业缺资金、缺场地、少经验等矛盾和问题,从而大大提高了创业企业的生存力和竞争力。

《福布斯》中文版发布的 2012 中国大陆最佳商业城市排行榜中,杭州成为继上海之后,最具创新活力的城市。

但在实地走访调研中,我们发现,浙江省针对中小民营企业的创业创新服务体系发展依然滞后,大部分中小民营企业没有享受到政府、社会组织或市场化的创业创新服务。归纳起来,浙江省创业创新服务体系的问题主要表现为以下几个方面。

一、政府部门在创业创新服务中没有发挥应有的作用

一些地方政府没有充分认识到构筑创业创新服务体系对于区域可持续竞争力的重要作用,一味强调引进大企业大项目,忽略了区域创新氛围的构建,不重视对中小民营企业创业创新的服务。这不但不利于中小民营企业的发展,且使得其转型升级的道路更加困难重重。政府部门在创新服务中没有发挥应有的作用体现在以下诸多方面。

(一)政事不分损害创新服务市场的公平竞争

政府体制机制变革的滞后阻碍了创业创新服务体系的构建。许多创新服务项目由事业单位承担,事业单位凭借其政府背景,从事竞争性服务项目,有些单位既是企业资格认定机构,又是中介服务机构,这种政事不分的体制损害了市场的公正性,挤压了民营创新服务机构的生存空间,不利于创新服务市场的发展。

(二)行政审批手续繁杂阻碍了高效创业创新服务体系的建立

在宁波奉化调研时,我们发现,由于审批较为严格,奉化当地缺乏创新服务机构,如缺少设计企业、研发机构、环保评估机构、能耗评估机构、职业培训机构等,致使企业必须到外地高价聘请服务机构,不利于当地企业技术创新和产品创新,严重阻碍了当地中小民营企业的转型升级。

(三)政府资金支持错位使中小民营企业得不到政府资金的支持

虽然政府每年有很多专项科研基金,但这些基金主要偏向于大企业,应当作为创新主体的中小民营企业在申请中遇到较大困难。如杭州科雷机电工业有限公司反映中小民营企业科技项目申报困难,首先

是申请程序复杂,要配备专门的人员负责项目申请并与政府公关,增加了企业成本;其次是放款慢,往往要等待较长时间才能放款;再次是有风险,投入了人力、时间、资金后,不一定能申请上,中小民营企业在与国有企业的竞争中处于十分不利的地位,它们希望政府能对中小民营企业科技研发给予更多的资金支持和申请程序上的创新服务。

(四)政府服务的缺失和不科学决策使中小民营企业缺乏正确的信息引导

信息服务的缺失使得诸多中小民营企业并不了解当前创业创新的政策,缺乏与政府沟通的渠道,缺乏新兴产业的市场情况和技术发展信息。比如杭州奇观机电有限公司的市场以印度、印尼等发展中国家为主。而印度政府补贴政策有所改动,2013年第二季度,该公司的出口量开始明显下滑。在这种形势下,该企业已经认识到转型升级的重要性,但是技术和市场信息的缺乏使得该企业对转型升级的方向十分迷茫,渴求政府能提供相应的政策咨询和信息服务。许多地方政府还存在违背市场经济规律和科学发展观,盲目干预经济、盲目鼓励企业做大的现象。如宁海、浦江的一批中小民营企业,在传统产业利润微薄的情况下,于2010年纷纷投资光伏产业,在新兴产业的光环下,当地政府大力支持,由于缺乏科学合理的产业规划和正确的市场信息,光伏产业产能迅速扩大并出现严重的产能过剩,后进入的中小民营企业亏损严重。

二、科技金融体系发展滞后

金融创新与科技创新的结合是浙江省提高自主创新能力、建设创新大省的基础。当前,如何引导金融资源服务于科技创新和创业,推动虚拟经济与实体经济的良性互动,实现资本与技术的有效对接,是浙江省打造创业创新天堂的重中之重。在实地走访中,中小民营企业普遍反映融资渠道少、融资成本高,尤其在转型升级的过程中,缺乏科研资金。浙江省中小民营企业创业创新的融资服务体系尚未建立,科技金融发展的滞后阻碍了中小民营企业的科技进步和商业创新。

（一）银行金融体系无法满足中小民营企业创业创新的需要

由于我国金融领域限制民间资本的进入,银行等金融机构"嫌贫爱富",偏向于大企业大项目。金融资源的供给无法满足中小民营企业创业创新的需求。高技术中小民营企业普遍反映:本身不需要资金支持的大企业,银行一定要予以"支持",而嗷嗷待哺的中小民营企业却总是没办法得到支持,由于缺乏抵押物,无法获得银行贷款,且银行放贷人员对于专业技术领域知之甚少,即使技术创新成果具有良好的市场前景,银行出于惧怕风险而拒绝放贷。企业普遍反映,即使有抵押物,银行抵押贷款效率低、程序繁杂、附加条件多,从申请到放款要三个月以上,对于科技创新来说,三个月时间意味着技术的又一轮更新换代。

（二）科技金融投资市场发展不规范

近年来,浙江省涌现了一批天使投资、风险投资、股权投资、担保机构,但因缺乏专业投资人和良好的投资氛围,科技金融投资市场存在较强的投机性。它们往往只关注即将上市的企业,忽略对创业创新的中小民营企业的培育。同时,由于技术投资人才的缺乏,大部分投资机构管理人对技术创新和应用并不了解,从而无法辨别出有前景的科技创业创新项目。

调研中,有民营企业向课题组反映,风险投资往往价格高昂且急功近利,要求企业必须三年内上市,这使得企业仓促推出新产品,鉴于研发时间不足,产品被大量仿制,或者产生质量问题,不利于企业长远发展。

（三）中小企业信用体系建设滞后,增加了企业的融资难度与融资成本

完善的信用体系建设有利于中小民营企业,浙江省尚未形成较为完善的中小企业信用体系,包括信用评级制度的建设、企业信息的公

开查询体系、创新项目的备案管理等,使银行、担保公司等金融机构在考察企业信用状况中要承担较大的工作量,降低了金融机构服务中小民营企业的效率,也使中小民营企业的融资成本大幅提高。

三、创业创新机制不完善,阻碍了创业创新的发展

创新已经成为经济社会发展的推动力量。

创业创新机制,是创业创新快速成长的土壤。在调研中我们发现,创新机制的不完善,尤其是创新保护机制的缺失,使得中小民营企业在创新发展的道路上举步维艰,严重阻碍了浙江省科技创新的步伐。

在调研中有多家民营企业反映,由于知识产权保护力度弱、维权成本高,企业投入大量资源研发出新产品后,很快被竞争对手模仿,给企业带来很大损失。如玉环县某阀门企业,投入大量资金用于阀门零配件的研发,虽然申请了 10 项专利,但新产品推出后依然很快被模仿,且竞争对手的价格只有该企业产品的 60%,市场被竞争对手迅速占领,创新型企业遭受了重大损失。由于知识产权执法力度薄弱、维权成本高,严重挫伤了企业创新的积极性,已经成为浙江科技创新和中小民营企业转型升级的一大障碍。

近年来,浙江省重视区域创新服务中心体系的建设,目的是借此完善机制,推进创业创新。但从调研来看,这个体系和机制还不够完善,主要表现在如下几个方面:

一是相关政策法规体系还不健全。浙江省区域创新服务中心发展较快,但是,立法工作相对滞后,存在无法可依的局面。现行的《中华人民共和国科技进步法》比较笼统,主要是基本原则,缺少明确具体的措施。创新服务中心的性质、运行机制、税收政策以及收费管理等相关政策大都由国家管理部门和地方政府文件来确定,而非由法律规定。此外,现行政策大都是与国家、省资助计划相关联的缺乏配套的

整体政策。

二是以市场为导向的运行机制不够完善。虽然目前省级区域创新服务中心基本都实现了企业化运作，但大多数中心仍然依托于所在区域的龙头企业或代表性企业，以中心名义注册成立独立法人的还不多，这使得区域创新服务中心在资金、服务与人员配置上与依托单位分工不明确。大多数中心在运作手段、资金上依赖于各级政府和依托单位的支持，缺乏市场化运筹，融资手段、发展后劲不足。譬如以政府科技部门为依托的中心倾向于承担事务性科技管理与咨询工作；以大企业为依托的中心则倾向于成为纯粹的技术开发部门。

三是整体发展不平衡。主要表现在地区性机构发展，业务拓展、服务能力不平衡以及公共信息流通不畅等方面。部分区域创新服务中心取得显著成效的同时，大部分中心由于发展历史较短，仍停留在起步运营阶段，规模小、人员少，主导业务不明确，特色服务少。据了解，目前全省区域创新服务中心 80% 的服务收入是由最大的 5 家中心实现的。

四是缺乏结构合理、高素质的专业队伍。据有关资料，浙江省区域创新服务中心从业人员仍以一般科技业务人员为主，拥有高级职称者仅占 11%，缺少高水平专业技术人才和经营人才，尤其缺乏懂技术、熟悉市场和法律的复合型中介人才。许多中心的从业人员结构不合理，影响其承接大型、跨学科、综合性项目的能力，使得科技中介服务水平和质量满足不了客户需求。

五是社会显示度和影响力还比较有限。"十二五"以来，浙江省从领导重视、政策支持、舆论宣传等方面促进了科技创新服务事业的快速发展，创业创新环境也有明显改善，一批优秀的创新服务中心业绩在社会各界引起了一定的反响，但受宣传力度、资金及服务能力等因素的制约，许多中小企业对科技创新服务工作的必要性与价值不甚了解，创新服务中心的社会显示度和影响力还比较有限，相当多的创新服务中心尚未得到社会和企业的认可,导致市场需求不足,业务开拓存在较大困难。

四、产业集聚区、创业园区创新服务缺失

产业集聚是浙江省中小民营企业的典型发展特征,尤其是各县、市均存在相同产业的制造型中小企业相互集聚分工的现象。促进集聚区内中小民营企业提高自主创新能力和品牌建设能力,提升集聚区的整体竞争水平,完善集聚区的产业链分工,是浙江省推进现代化产业集群建设的重点,也是浙江省中小民营企业转型升级的重要路径。各级创业园区是浙江创业创新的主战场,是推动浙江未来经济发展的主要驱动力。产业集聚区、创业园区创新服务的缺失,不利于浙江省制造型中小民营企业的转型升级和科技创新型中小民营企业的顺利发展。

(一)产业集聚区创业创新服务匮乏

在玉环、永康、萧山、宁波等地的走访调研中我们发现,浙江的产业集聚区依然以低端制造为主,缺乏有效的产业链分工、整合、协作机制和信息沟通、共享机制,缺少为集聚区内制造业企业提供政策咨询、科技创新、工业设计、检验检测、市场信息整合等服务的服务机构,没有形成技术革新、创立品牌、相互带动转型升级的良好氛围,致使产业集聚区内制造业企业无法突破原有的发展模式。

(二)创业园区配套服务不完善

调研中,我们走访了萧山汇林科创园、湖州国家级科技创新孵化器、永康创业孵化器等创业园区,我们发现浙江省大部分创业园区没有形成市场化的管理体制,园区缺乏完善的创业创新配套服务体系。创业园区普遍缺少投融资、技术学习、商业创新交流、管理制度建设、技术与市场对接等相应的服务,园区服务的不到位和管理的松散,致使创新资源没有被充分整合和挖掘,不利于区域创新能力的构建。萧

山汇林科创园负责人呼吁政府给予民营创业园"两免三减半"的税收优惠,他认为只有切实减轻民营创业园的负担,才能提高创业园的服务能力,更好地推动浙江省创业创新的发展。

（三）政府对园区企业间的创新互动未予以足够的重视

无论是产业集聚还是其他园区,都是培育企业学习与创新能力的有效载体。产业集群作为新经济形式下一种极具活力的产业组织形式,在技术创新方面具有创新所需的组织架构、产业文化基础、知识积累和扩散的内在机制,产业集群为创新区域的构建提供了现实的基础,也为企业创新提供了很好的"栖息地",一些具有强大技术创新能力的产业集群都是以科技创新系统为基础的,世界上很多成功的产业集群都是借助于集群与技术创新的互动而发展起来的。而反观我们产业集聚区还是其他类似园区,这种企业间的互动严重缺失,甚至不同行业之间还有"老死不相往来"的现象存在,政府对这方面没有引起足够的重视,引导乏力,没有形成齐心协力创业创新的浓厚氛围。

五、市场化的创业创新服务业发展滞后

市场化的创新服务业包括为创业创新提供服务的各个行业,是创业创新服务的主体,是提升中小民营企业自主创新能力、实现产业结构升级、推动创新资源集聚的重要途径。只有建立健全市场化的创业创新服务机制,才能提高创业创新服务效率,建立现代化的创业创新服务体系。然而浙江创业创新服务业尚未形成完整的市场化产业链,使创业创新缺乏相应的支撑体系。如在浙江省运行的各类孵化器中,民营孵化器占40%,不到总数的一半,而区域科技创新服务中心大多数为事业单位。又如浙江省市场化科技中介服务发展滞后,没有成为企业科技创新"引路人"及资本与技术结合的"桥梁"。2010年11月,浙江省科技厅共认定了30家重点科技中介服务机构,其中民营科技中介服务机构仅 7 家,民营科技中介大多规模小、服务内容单一、服务水平不高,业务范围主要集中在帮助中小民营企业申请项目上,在科技信息咨询、前沿技术应用、科技和市场的对接中发挥的作用较小,缺乏高层次的、战略性的、宏观性的科技咨询和转移对接服务。

第二节　完善浙江创业创新服务体系的经验借鉴

为借鉴国内外、省内外科技创新和建设创业创新服务体系的成功经验,课题组成员收集各方面资料认真学习研究,赴外省、市调研走访了多个政府机构、社会组织和企业,总结各地创业创新服务建设的有效措施,为浙江省构建创业创新服务体系提供参考。

一、发达国家之探秘

(一)美国在科技领域一直领先世界

美国立国以来,在科学技术的许多重要领域,一直在世界上占领先地位。特别是 20 世纪 50 年代以来,物理学、化学、生理学、医学领域,诺贝尔奖获得的人数,美国始终居世界各国之首。在基础科学研究领域,美国也一直领先。数字农业是 20 世纪后期才兴起的高新技术,在数字农业的进展中,美国始终走在前面。几个最著名的农业模型(作物模型,农业持续发展模型等)都由美国率先完成。在医药领域,根据中国知识产权年度公开的发明专利申请统计,从 1997—2001 年,外国申请人在中国的医药专利申请量,一直是美国第一,日本第二,德国第三。美国一直重视医药的基础研究,并将基础研究与新药的设计与开发紧密结合,又加上严格而合理的专利政策,使美国在新药物研究上处于世界领先地位。

18世纪后期,从英国开始的世界第一次科技革命使人类进入了蒸汽机时代。19世纪70年代,从美国和德国开始的第二次科技革命使人类进入了电气化时代。20世纪40年代,从美国开始的第三次科技革命使人类进入了信息时代。1946年,在美国宾夕法尼亚大学诞生了全球第一台电子计算机(ENIAC);互联网(Internet)最早起源于美国国防部高级研究计划署于1969年投入使用的ARPAnet,它标志着现代计算机网络的诞生。20世纪八九十年代。美国摩托罗拉公司最先研制出第一代(1G)手机,目前3G手机已经普及。电脑、互联网与手机,使全世界进入信息时代,信息技术正在改变人类生活的各个领域。

美国为什么在科技领域一直领先?或者说美国迅速崛起、国力强盛的最主要原因是什么?读了唐晋主编的《大国的崛起》第九章"美国:从蚂蚁到大象"、美国学者尼尔·R.皮尔斯的《现代城邦——美国城市如何在世界竞争中崛起》和我国学者王彦民《大国的命运》等有关美国迅速崛起、国力强盛的书籍资料,可以让人产生直接的感悟:十分注重激励全体国民持续的科技创新精神,是美国"从蚂蚁到大象",迅速崛起、国力强盛的根本动因。

(二)日本科技创新特征及其体系

虽然我国的经济总量已超过日本,但不得不承认日本的综合实力仍然比我国强大,乃是当今亚洲最强大的国家。日本在第二次世界大战后迅速崛起,是多种原因综合作用的结果,其中重视教育、科技立国、科技创新是占主导地位的原因之一。

1.日本科技创新的主要特征

第一,R&D投入大。日本在R&D方面的财力和人力资源投入很大,总规模仅次于美国,远大于英国、法国、德国等主要工业化国家。据日本文部省近年发表的白皮书显示,每年用于研究开发的总经费约16.5万亿日元,仅次于美国,超过英国、法国、德国三国之和。

第二,企业研发能力强。民间企业不仅是大部分研究经费的使用者,而且也是大部分研究经费的提供者。综观日本、美国、英国、法国、德国5个主要工业国,自1980年以来各国政府的R&D投入占全国投入的百分比逐年下降,而民间企业的R&D投入逐年加大。

第三,政府发挥重要的指导作用。日本政府通过制定长期规划、积极的投资与教育政策等,在推动企业增强创新能力方面发挥了重要的作用。尤其在完善国家创新体系、科研基础设施建设、组织产官学合作、促进国际科技交流与合作等方面,日本政府发挥了主导性的作用。

2.日本的国家科技创新战略和政策体系

(1)科技创新是日本的立国战略

日本正在实施的"第二期科学技术基本计划"提出了科技创新的战略目标为:依靠持续不断的科技创新,构建一个"在知识的创造和利用上对世界有贡献(即领先世界)的国家";"具有国际竞争力且能够持续发展的国家";"能获得安心、安全和高品质生活的国家"。

为实现上述战略目标,日本在《科学技术基本法》和《科学技术发展基本计划》的基础上为各个科技领域分别制定了发展战略,如:《生物技术战略大纲》、《E-JAPAN战略》、《U-JAPAN战略》、《宇宙开发利用基本战略》、《新兴产业创新战略》等,来推动各个领域的具体实施。2005年6月10日制定的《知识产权战略推进计划2005》提出要建设"文化创新"国家。

(2)法制化的科技政策体系

作为法治国家,日本的科技政策大多以法律的形式确立。

①科技基本法。1995年制定的《科学技术基本法》是目前日本制定科学技术政策的主要法律基础,同时也是日本"科学技术创造立国"基本政策所依据的核心法律,它规定了日本科学技术振兴的方针:发挥研究者的创造性;促进基础研究、应用研究及开发研究的协调发展;

维持科技与人类社会及自然的协调发展;明确中央政府和地方政府在科学技术振兴事业中的职责;为综合有序地推进科学技术振兴政策,政府必须制定5年一次的"科学技术基本计划",并要为保证上述计划的实施努力筹措相应资金;确定国家应采取的措施;推进各项开发的平衡发展;确保人才的培养;加强研究开发的基础设施建设;推进研究开发相关的信息化建设;促进科学研究交流。

②科技五年计划。根据《科学技术基本法》,日本政府正在积极制定并实施第三个《科学技术基本计划》,提出从2011年开始的5年间将进一步加大科技投入。关于国家战略技术领域,拟在原有四大重点领域的基础上增加航天技术和原子能技术等基本技术。

③促进科技创新的主要税务政策。

a.对新增研发费部分的免税。

b.中小企业从所得税中免除研发费的12%。

c.对于购置研究用设备的企业,按价格的一半免税。

d.对于企业将研究设施建于国立大学或者公共研究单位提供公用的,可以减免大半固定资产税。

以上a与b两项政策在前3年可以将免税比例提高2~3个百分点。

④专利扶持政策。日本政府大力支持本国企业在海外申请专利,积极与欧洲和美国联合构建专利申请和检索系统。另外,还从财政上提供资助,如经济产业省为在国外获得专利的生物技术提供一半的维持费等。

⑤人才政策。日本每万人拥有的研发人员数已经远超过世界各国,说明人才不足有可能成为制约日本科技创新的战略性因素。为此,日本政府制定了大力培养年轻人才、启用女性人才,以及引进海外人才等政策。

⑥对本国战略产业的技术发展的保护策略。尽管日本已经宣布

贸易和投资自由化,但它仍然以复杂的技术标准和行业规范排斥外商。例如:限制外国劳工进入日本的规定客观上就让外国建筑企业无法中标日本建筑工程。

3.国家科技创新体系的构成

(1)决策和管理体制

内阁府的综合科学技术会议是日本政府最高科技决策机构,由首相任主席,内阁大臣、著名学者和资深企业家为成员。该会议依据《科学技术基本法》和《科学技术基本计划》,制定科学技术发展的基本政策,分配政府科技预算等相关资源,并对大型国家研发项目进行评价。

文部科学省根据综合科学技术会议制定的发展战略,通过制定各相关领域的研究开发计划、调整各研究机构的经费使用方针、分配科学技术振兴调整费等手段,协调各政府部门的科技事业,并负责尖端、重点领域的研究开发,充实强化创新性、基础性的研究,全面推进科技事业的发展。文部科学省掌管政府每年 3 万多亿日元科技预算的2/3,主要用于基础研究及科研环境建设。政府其余各部门,也都负责相关领域的科技事业。如经济产业省掌管政府科技预算的1/5,主要用于产业化过渡阶段的研究。厚生劳动省、农林水产省、国土交通省以及总务省分别负责医疗卫生、农林水产、国土测量以及邮政通讯等领域内的应用研究。近年来,为了提高管理效率,日本各政府部门之间正在不断加强沟通和协同,共同推动一些大项目或者重要计划的实施。政府各省厅所管的科技经费都通过各种专项和计划,由一些独立行政法人来管理和组织实施。

(2)国家研究机构

日本国立研究机构大部分已改革为独立行政法人,引入了"研究者任期制度",明确了专利所有权归属以及专利所得分配制度,扩大了研究人员自由选题的空间,增加了竞争性研究经费,使研究机构的活力得到相当程度的解放。

（3）大学和研究机构

日本有 22056 个各类研究机构。其中大学研究机构 3015 个，国、公有研究机构 615 个，非营利研究机构 523 个，企业研究机构 17903 个。日本在全国设有 15 个"大学共同利用研究机构"，它是供全日本大学及社会研究人员共同使用的研究据点。

为配合大学的法人化改革，从 2002 年开始日本推出了旨在培育世界水平的研究与教育基地、培养世界顶尖科技人才的"21 世纪优秀研究教育中心项目"。

（4）民间企业

日本企业的创新能力在主要发达国家中处于领先位置，多数大型企业都设立了专门的研发本部和知识产权本部。

（5）产学官协同机制

为了加强大学及独立研究机构与产业界的合作，日本政府推出了"产业群"以及"知识密集区"建设计划，并支持大学建立知识产权本部、技术转移中心（TLO）。

（6）创建知识密集型基地

在美国硅谷效应的启发下，经济产业省从 2001 年度起实施产业群推进计划，在各地方选建了 19 个各具技术特色的产业集群。日本文部科学省从 2002 年开始，以大学、国立公立研究机构为中心，通过对特定技术领域的研究开发，建立了研究机构、风险企业等研究开发型企业构成的技术创新基地。此外，在政府的要求和支持下日本各大学都设立了知识产权本部或技术转移促进机构（TLO）。

4. 日本科技创新科技立国的主要经验

日本作为一个曾经的东亚落后小国，在短短一百多年间，特别是在第二次世界大战之后一举发展成为世界第二的经济科技强国，其经验值得重视。

（1）充分利用开放的国际环境，通过引进、消化、吸收和改造国外技术,为提高自主创新能力打下坚实的基础。

(2)充分相信本国技术力量,不断积累人才和技术,崇尚永不言败的"挑战者精神"。

(3)重视改善科学技术发展的支撑条件,改善国家科技创新体系。

(4)抓住机遇,以大项目带动创新。

(5)政府各相关部门积极配合协同。综合科学技术会议这种体制保证了政府各部门的政策行为都要为总体科技政策服务。如经济产业省制定的《新兴产业创造战略》实际上就是第二期《科学技术基本计划》的产业版;外务省为国外人才提供签证便利等。①

(三)德国科技创新举措与体系的特点

德国是个典型的创新型国家。21世纪初以来,在政府政策宏观调控与资助计划的积极引导下,德国的创新体系出现了结构不断调整完善、创新成果转化加快以及教育科研趋于与国际接轨等特点,取得了丰硕的成果。在德国,企业是创新的主体,马普学会、弗朗霍夫学会等分工有序、特色鲜明的科研机构,以及高校、专业信息机构、图书馆成为企业创新的重要知识来源。德国企业研发密集型产品的出口年增长率超过8%,居世界第二。高等教育国际化趋势加快,在科研、创新的国际化方面,许多国外企业和科研机构非常看中德国这个"思想工厂",纷纷在德设立科研机构,将德国作为研发基地。

1.营造促进创新的良好环境

——科研实力雄厚,创新创意层出不穷。在基础研究领域,德国科学家获得了10%左右的诺贝尔奖,包括伦琴、爱因斯坦在内的65位科学家获诺贝尔奖。仅过去的15年中,就有8位德国人获诺贝尔奖。在应用研究领域,德国在机械制造、生物医学、医疗技术、环境科学、车辆制造、工程学、纳米技术、光学技术、微系统技术、神经科学、生物技术和过程技术等领域位居全球之首。在创新方面,德国每年在欧洲专

---

① 资料参阅 http://www.sgst.cn、www.chinainfo.gov.cn.

利局登记的专利数量超过 2.3 万项,明显领先于其他欧洲国家。阿司匹林、安全气囊、牙膏、汽车火花塞等德国的创新成果在不断改变着世界。

——国民富有科学传统和创新意识,教育发达、普及率高,知识传播系统完善。德意志民族思维严谨、办事认真、遵守纪律、尊重个性、崇尚科学、敢于创新。德国实行 13 年制义务教育,高校入学率约为 1/3,1/7 的就业人口接受过高等教育,教师为国家公务员。城乡基础设施差异极小,知识和信息能够及时传播到城乡各个角落。全方位、多层次、长时间的教育与科普,为科研与创新储备了取之不尽的智力资源。

——全社会高度重视教育、研究与创新,研发投入逐年递增,渠道畅通,政府促进创新方式多样。德国研发投入体制具有政府投入为导向、企业为主力、社会投入为补充、国外投入日渐重要的特点。政府采用科研事业费、专业项目计划、促进投融资计划以及政府投资计划等多种方式支持创新。研发投入中,企业投入占总投入的 66.2%,这一比例位居国际经合组织前列。

——法律环境宽松完善,且有良好的科研协调机制;学术自由,机构自治,政府宏观管理协调。长期以来,《德意志联邦共和国基本法》规定的科研学术自由、管理自治、不受外部干扰等原则,为促进科研机构发展和提高国际竞争力奠定了法律框架。联邦制明确了联邦与各州在科研领域的权限、责任和义务。政府以政策、财政和计划等手段对科研与创新加以宏观引导。科研机构的定位在传统方向基础上,可以随学科、技术发展以及国家科技发展战略需要,适时、灵活地进行调整。同时,为加强方方面面科研资助的协调,德国专门设立了联邦、州教育规划与科学研究促进委员会和科学委员会。

2.制定创新战略目标与政策

德国 2004 年宣布的创新战略目标是:成为纳米技术产品头号出

口国;成为创新产品、创新服务的主要出口国;建设新一代因特网;研究大脑思维,提高生活质量;实现交通智能化。为实现这一战略目标,德国联邦政府制定了相应的创新政策:

——重点支持有良好应用前景的技术领域并开展早期研究,加强与公众对话,以期得到公众对新技术的认同。

——继续开放国内外市场,完善必要的法律法规,支持经济界利用新技术开发市场,在研究和创新政策中突出未来关键技术的重要地位。

——调整双元制职业教育和高等教育内容,开辟有吸引力的职业教育新途径,提高对国内外顶尖科技人才、年轻科研人员的吸引力。

——保护和发展自主创业文化,鼓励学校设置相关课程,鼓励大学、研究人员创建企业,推动风险投资市场发展。

——根据中型企业实际需求调整政府创新政策,结合政府资助计划并通过适当的项目支持中型企业开展技术引进。

——推动高校和科研机构的应用研究成果转化,在确保政府委托研究项目的前提下,根据市场需求调整研究方向。

——支持产学研共同参与的研究和创新合作网络建设,吸收产业部门参与研究资助系统评估,并对资助结构进行相应调整。

——鼓励就未来技术建立区域技术协作中心,鼓励区域性创新互动,对经济薄弱地区的资助给予倾斜,形成极具潜力和区域辐射作用的科技增长点。

——支持企业开展国际合作,鼓励科研机构将国际合作作为其发展战略的组成部分,采取优先资助措施,提高德国作为国际研究、创新基地的吸引力。

3. 以计划促进创新融资机制

德国政府促进创新的投融资政策是:鼓励企业研发和创新,鼓励研究机构围绕企业需求研发与创新,鼓励创建技术型企业,加强研发和创新基础设施建设,鼓励投资者为研发和创新活动提供贷款、风险投资,为企业融资创造优惠条件。

投融资机制主要由研发和创新政府资助计划(简称:政府资助计划)、中小企业研发和创新融资支持计划(简称:企业融资计划)以及政府行为投资计划(简称:政府投资计划)三部分组成,根据项目不同目标和阶段采取不同的计划。对研发和创新项目、共性技术研究以及提升企业创新能力,一般采取政府专项资助的直接方式,主要以联邦财政资金无偿资助项目为主,即"政府资助计划";对研发和创新项目成果进入市场以及技术型企业快速成长,一般采用政府资助中小企业研发和创新融资的间接方式,以及政府行为风险投资的直接方式。

"企业融资计划"以促进风险资本市场发育、扩大风险投资规模为着眼点,以民间投资者为直接支持对象,以风险性、有偿性作为投融资条件,以再融资贷款及担保为主要形式。该类计划资金来自欧洲重建计划特别基金以及以优惠条件在资本市场上吸纳的、由联邦财政对部分损失进行补贴的资金。"政府投资计划"以促进中小企业研发、创新活动,提高企业创新能力为着眼点,以填补外来投资空白为手段,以风险性、有偿性为投融资条件,以联合投资或政策银行办理风险投资业务为主要形式。该类计划资金来自欧洲重建计划特别基金、欧洲投资基金以及以优惠条件在资本市场上吸纳的、由联邦财政对部分损失进行补贴的资金。[①]

以上介绍的是美国、日本、德国国家层面的创业创新经验,但也适用省部级层面,可供借鉴。

二、发达省、市之经验

(一)江苏的经验

2012 年 9 月 17 日,课题组赴江苏省南京市等市(县)调研。据江

---

① 科技日报,2006-09-01.

苏经信委介绍,近年来,江苏省委、省政府高度重视中小企业健康发展,把加快发展中小企业作为一项长期的战略任务,出台了一系列相关政策措施,许多做法值得浙江借鉴,尤其是南京在打造科技创新城市中的系统性制度设计,值得浙江省许多城市学习。

1. 主要政策

2006 年,江苏省人大常委会在全国率先出台了《江苏省中小企业促进条例》(以下简称《条例》),2008 年江苏省人大常委会组织《中华人民共和国中小企业促进法》和江苏省《条例》的执法检查,并对《条例》进行修订,为中小企业发展提供了良好的法制环境。2008 年,江苏省政府印发了《关于促进中小企业平稳健康发展的意见》,出台 10 个方面的政策措施,加大对中小企业扶持力度。2010 年,为落实国发〔2009〕36 号、〔2010〕13 号文件精神,江苏省委、省政府又先后出台了《关于加快民营经济转型升级的意见》、《关于鼓励和引导民间投资健康发展的实施意见》以及《关于进一步促进中小企业发展的实施意见》等苏发 17 号、苏政发 130 号和 90 号文件。2011 年,为落实国务院 10月 12 日常务会议精神,帮助中小企业特别是中小企业解决融资难、税费负担偏重等实际困难和问题,江苏省政府出台了《关于改善中小企业经营环境的政策意见》,制定了支持中小企业健康发展的 18 条金融、财税政策措施。重点加强对小型微型企业的信贷支持,着力降低中小企业融资成本。支持银行业金融机构特别是小金融机构增加对小型微型企业的信贷投放,严格控制贷款利率上浮幅度,禁止金融机构强制贷款企业购买理财、保险、基金等金融产品,禁止收取手续费、管理费等。逐步扩大中小民营企业集合票据、集合债券、短期融资券发行规模,推动小型微型企业加快手持商业票据流转。加强贷款监管和资金链风险排查。加大省级专项资金对中小民营企业的扶持力度,加快担保体系建设,推进创投引导基金工作。适当增加省级中小科技型企业、省现代服务业发展专项引导资金规模,省财政设立省级战略性新兴产业专项引导资金,建立和完善省、市、县三级担保网络服务体系,省财政安排资金充实省再担保公司注册资本,推动省级新兴产业创业投资引导资金与有关市、县和省级机构加强合作,促进创业投资企业加强对新兴产业领域中小民营企业的支持。省财政继续安排专项资金,对参加进出口信用保险的企业给予保费补助。细化对小型微型企业金融服务的差异化监管政策,适当提高对小型微型企业贷款不良率的容忍度。加快发展小额贷款公司等新型金融组织,鼓励农村小贷公司、科技小贷公司加大对小型微型企业的支持力度。进一步加大对小型微型企业税收扶持力度,减轻生产经营者个人税收负担,提高小型微型企业增值税和营业税起征点。2013 年 4 月 16 日,江苏省政府又专门下发了《关于开展中小企业服务年活动的通知》,提出了支持和服务中小民营企业的 25 条政策措施。以"聚焦中小企业,服务提档升级"为主题,全年创建 300 家中小民营企业公共服务示范平台,建设300 家中小民营企业创业基地,培育 2000 家中小民营企业进规模,服务 10 万家以上中小民营企业,培训 20 万名中小民营企业管理人员。加强中小民营企业享受优惠政策登记备案管理,3 年内对失业人员、大中专毕业生创立的,注册资本不超过 10 万元的中小民营企业免征部分管理类、登记类和证照类行政事业性收费。2014 年 12 月 31 日前,对中小民营企业免征税务发票工本费。2015 年 12 月 31 日前,对年应纳税所得额低于 6 万元(含)的小型微利企业,其所得按 50% 计入应纳税所得额,按 20% 的税率缴纳企业所得税。2014 年 10 月 31 日前,对金融机构与小型微型企业签订的贷款合同免征印花税。对在中小民营企业产业集聚示范区建设 4 层以上标准厂房的,优先安排土地指标。对于中小民营企业在初创期租赁标准厂房的,给予一定补贴。支持中小民营企业参加国内外重点和专业品牌展示展览会,对中小民营企业开拓国内、国际市场,给予 50% 展位费补贴。举办高层管理人员工商管理硕士(EMBA)学位班、EMBA 课程研修班、中小民营企业主研修班、中小民营企业竞争力大讲堂、网络在线培训,帮助中小民营企业培养经营管理人才、提高员工专业素质。

2.具体措施

(1)抓好政策落实,营造良好发展环境。江苏落实中小民营企业的税费减免和扩大政府采购比例政策,扩大中小民营企业专项资金规模。着力缓解中小民营企业融资困难,积极引导金融机构对中小民营企业加大信贷支持,清理纠正金融服务不合理收费。清理规范涉企收费,加大督查力度,努力构建长效机制,切实减轻中小民营企业负担,着力优化发展环境。江苏省级财政不断加大政策扶持力度,近三年共安排中小民营企业专项引导资金 6.4 亿元,用于引导和促进中小民营企业转型升级、创新发展,2012 年在专项资金中新增了 5000 万元专门用于扶持小型微型企业发展。从 2011 年起,还首次设立启动了 1 亿元的中小民营企业发展基金。采取切实措施减轻中小民营企业负担,深入开展规范涉企专项治理行动。2008 年以来,江苏全省共清理各类收费、基金项目 183 项,减少涉企收费 34.33 亿元。

(2)加强平台建设,完善公共服务体系。一是建立完善中小民营企业服务体系。进一步完善以公益性服务机构为主导、商业性服务机构为支撑的省、市、县三级中小民营企业服务体系,支持有条件的地区将中小民营企业服务延伸到乡镇(街道)和工业园区(集中区)。二是拓宽融资渠道。加强政银企融资合作,举办"2012 江苏中小企业融资推进会"。健全省、市、县三级担保服务网络,扩大中小民营企业融资担保规模。三是加快公共技术服务平台建设。依托大专院校和重点产业集群,力争到"十二五"末建立 100 家为中小民营企业提供研发设计、检验检测、新技术推广、信息咨询等服务的省公共技术服务示范平台。四是加快创业基地建设。强化创业服务,建设 300 家中小民营企业创业基地。开展中小民营企业创业基地巡诊活动,组织创业辅导、管理咨询等活动,集中咨询诊断,持续跟踪辅导,为中小民营企业成长提供专业化服务。实施百万人才培训计划,力争全年培训中小民营企业各类经营管理人员 20 万人次。

(3)推广自主创新,促进企业转型升级。支持中小民营企业加快技术改造。重点支持中小民营企业开发和应用新技术、新工艺、新材料、新装备,提高自主创新能力、促进节能减排、提高产品和服务质量、改善安全生产与经营条件等,切实加大对小型微型民营企业技术改造的支持力度。实施创新型企业培育计划。培育和认定一批省级中小民营企业创新能力建设示范企业、高成长型中小民营企业。组织实施"专精特新"产品。加快推进中小民营企业两化融合。引导中小民营企业运用现代信息技术和信息化产品,提高经营管理的科学化、网络化、智能化水平。大力推进"数字企业"创建活动,开展"百场万企"数字企业培训,认定百家"星级数字企业"。

(4)强化企业管理,提升中小民营企业素质。建立完善现代企业制度,引导中小民营企业改变传统家族管理模式,逐步建立产权清晰、权责明确、管理科学的现代企业制度,规范公司运作方式。引导企业提升管理水平。将中小民营企业管理列入各级服务机构开展培训服务的重点内容,帮助中小民营企业加强财务、安全、节能、环保、用工等管理。开展中小民营企业管理创新成果推广和标杆示范活动。召开全省中小民营企业管理创新大会,推广一批中小民营企业管理创新典型案例,认定一批管理创新示范企业,引导中小民营企业切实提高管理水平。推进企业诚信建设。深入推进信用管理"万企贯标、百企示范"工程,确保全年参加贯标企业达到 2500 家。探索在行政管理中建立企业信用管理制度的办法,开展区域企业信用审查试点工作。

(5)培育特色产业,提高集聚发展水平。加强统筹规划。按照"布局合理、特色鲜明、用地集约、生态环保"的原则,坚持市场导向,突出地区优势和特色,培育一批省级中小民营企业特色集群和集聚示范区。推进标准厂房建设。支持重点中小民营企业集聚区新增标准厂房 1500 万平方米,吸引 5000 家中小企业入驻。每年提供工业用地奖励指标 3000 亩,给予高标准厂房建设和使用的先进地区建设用地计划指标奖励和厂房租赁资金补贴奖励。对于中小民营企业在初创期租赁标准厂房,安排专项资金给予补贴,为更多的中小民营企业入驻创业发展提供便利条件。

3.南京鼓励科技创业创新的政策举措

2009 年,经科技部批准,南京正式成为全国唯一的科技体制综合改革试点城市。长期以来,南京丰富的科教人才资源一直没能真正转化为推动发展的现实生产力,科技创业不足。在宁高校、科研院所不缺科技创新成果,而南京却一直缺少"高素质创业主体和高品质的创业环境"。为进一步激活南京的科教资源,将科技人才优势转为现实生产力,加快科研成果转化、提升科技创新动力,南京市委、市政府相继制定了一系列深化科技体制改革的政策措施,2011 年 7 月推出了"1+8"科技政策体系,2012 年初出台"科技九条"新政。

(1)建立和完善工作机制

近年来,南京市加强对民营经济工作的领导,逐步构建坚实的机制保障。一是成立工作领导小组。2010 年 12 月,南京市委、市政府成立了以市长为组长,相关市领导为副组长,各机关部门责任人参与的市民营经济工作领导小组。二是成立专门工作机构——市民营经济发展办公室,专门承担全市民营经济工作,同时,逐步建立起涵盖各相关部门、各区县、开发区、各商会协会组织以及外地在江苏(南京)商会的工作联动渠道。三是出台政策意见。市委、市政府联合下发了《关于鼓励和引导民间投资健康发展的意见》和相应的《任务分工》,并通过丰富多彩的宣讲和解读,推动政策的落实。四是实施联系工作制度,由 26 位市领导挂钩联系本市有代表性的民营企业。五是抓好工作调研和协调。市委、市政府每年都要召开民营企业家座谈会、团拜会,并通过开展调研活动,了解民营企业发展情况,为民营企业在发展过程中遇到的资金、土地、行政审批、项目整合、投资合作等实际困难提供相应的服务和帮助。每年还定期召开全市民营经济工作会议,布置阶段性工作。

(2)鼓励和促进投资创业

近年来,南京市大力加强民间资本的招商力度,推动民间投资健康发展,南京市委、市政府下发了《关于鼓励和引导民间投资健康发展的意见》(45条),同时,从2011年起,南京市确立了全市民营经济和民间投资四项主要发展指标,其中新增民营经济注册资本、民间经济纳税纳入全市经济和社会发展奋斗目标,有效地促进了民营资本扩大投资。一是实施重大民营资本项目服务计划。市相关部门对全市重大民营资本项目进行定期汇总、分析和跟进,并积极开展政府与民企合作,成功举办了"南京市扩大民间投资暨政府与民企合作投资项目招商会",鼓励和引导民间资本承办项目。二是认真做好重洽会、金洽会民营资本客商的组织工作,并积极开展民企走进高校、拟上市民企赴深交所参访培训等主题活动,推进民营资本与项目的对接。三是组织民营企业家开展广泛的经贸考察,近年来,南京市组织民营企业家赴欧洲、美国、日本、韩国等国家和中国台湾地区,以及大陆发达地区进行交流考察,举办招商活动,推动了一批项目引进来,也带动了一批民企"走出去"。四是加强小企业创业基地建设,大力推动和培育中小民营企业实施创业工程。目前已有小企业创业基地近30家。同时还加强文化产业园区(基地)建设,目前南京有各类已建成及在建文化产业园区(基地)45个,投资总额100多亿元,其中60%投资经营主体为民营企业。目前全市有国家级文化产业基地9个,省级文化产业基地7个,市级文化产业基地33个。其中民营企业占主导的产业园就有28个,占总数的51%。

(3)支持服务企业的发展

一是政策服务。为加强对中小民营企业政策宣传,市、区、县均组织民营经济政策宣讲组,深入企业宣传解读,有的区、县利用 QQ 群及时发布各类政策文件,有的区、县将各级民营经济政策汇编成册,免费发放给民营企业。在政策执行方面,市发改、经信、科委、国土、规划、工商、环保、国税、地税、金融办等单位,认真贯彻促进民营经济发展的各项优惠政策,并重视抓好政策的落实兑现。二是构建服务体系。初步形成了信息网络、行业辅导、人才培训、技术创新、市场开拓、融资担保、管理咨询等服务网络体系,开展网上服务。基本建成了省、市、区县三级联网的中小企业网站,开展对中小民营企业的网上服务。三是资金扶持。各级政府积极为中小民营企业争取科技扶持资金、技改技创及外贸出口补贴等各项政策性扶持和补贴资金。四是积极开展融资对接服务。主动推进政银企融资合作,每年组织开展银企融资对接活动,协调解决企业融资难问题。2012 年以来,南京市经信委先后与高淳县、六合区等工信局联合举办"走进园区——融资对接"等专场融资服务活动十余场,为近 400 家中小企业提供融资服务。玄武区在全市率先启动了 1 亿元中小民营企业集合票据发行工作,江宁区加快发展种子基金、风创投基金、股权基金和科技小贷公司,为中小民企发展提供金融支撑。为引导金融机构对中小企业加大信贷支持,南京市经信委还与市财政、人民银行共同组织了"银行贷款增长风险补偿奖励资金"申报,2010 年,补偿金额为 1088 万元,2011 年,补偿金额达 1200 万元。五是加快中小民营企业的转型升级。2011—2013 年来已有 600 多家中小民营企业进规模,有 1057 家实现"千企升级"。为提高广大中小民营企业的管理水平,南京市开展了"7S 现场管理"升级活动,每年选择一部分企业,帮助其实现"7S 现场管理"达标。六是推进中小民营企业"两化融合"。开展数字企业创建活动,下发了数字企业创建活动意见,通过数字企业创建,借助现代计算机网络技术、数据库技术和电子商务技术等,将企业产、供、销、人、财、物等信息数字化,提升中小企业产品的研发设计和生产工艺水平。七是加强民营企业人才培训。几年来，相继组织了五届"中小企业主高级研修班"和两届"中小企业主电子商务高级研修班"，近 800 名中小企业家参加了培训。八是帮助中小民营企业拓展市场。每年均组织部分中小企业参加在广州举办的中国中小企业博览会。

(二)深圳的经验

深圳特区是我国改革开放的桥头堡。2012 年 6 月 18—29 日，课题组在深圳等城市调研期间发现，近年来，深圳中小民营企业成长速度快，大量中小民营企业依靠技术、管理提升实现了转型升级和跨越发展；上市数量多，在中小板和创业板上市企业总数达 105 家，占两个板块上市企业总数的 10.9%；创新能力强，特别注重商业模式创新；领军企业多，很多中小民营企业专注于细分市场，成为细分行业的领跑者。

深圳市场化程度高，创业创新氛围浓，给课题组留下了深刻的印象，其扶持中小民营企业创业创新的新商事登记制度、金融政策、梯队扶持项目和人才培养机制值得浙江学习借鉴。

经过近 3 年的努力，深圳市商事登记制度改革工作顺利推行，全国首部商事主体资格与经营资格分离的商事登记法规《深圳经济特区商事登记若干规定》于 2013 年 3 月 1 日正式实施。3 月 1 日以后，深圳办理营业执照程序简化，办照门槛大大降低，营业执照不再记载经营范围，经营项目许可审批不再成为办理营业执照的前置条件，改革后实行按照"谁许可审批，谁监督管理"的原则；商事登记制度改革后，实行公司注册资本认缴登记制度，商事登记机关只登记公司的注册资本，不再登记公司的实收资本，也不再收取验资证明文件和注册登记费；新的商事登记制度实施后，企业将不需要年检，改为每年提交年度报告，个体工商户也不用每年验照，只需要每年提交年度报告，有利于减少对商事主体的管理和控制，增加对市场的服务；商事主体只需在窗口领取验证码或密码，其他申请到领照都可以在网上操作，无须再去窗口，3个工作日就可以完成企业设立。新规的实施简化了企业登记、设立、监督的程序，大大节约了企业运营成本，提高了市场效率，能极大地提高创业活动的活跃程度。

在扶持中小民营企业创新方面，深圳市主要通过四个方面的举措全面优化中小民营企业的发展环境。

1.加大财政扶持力度，提高企业创新能力

深圳市于2004年设立了深圳市中小民营企业发展专项资金，每年安排1亿元专项用于扶持中小民营企业发展。2011年，专项资金在企业改制上市、国内市场开拓、紧缺人才培训、管理咨询和信息化建设等方面共对超过1000家中小民营企业给予每月2亿元的资助。自2011年起，专项资金每年预算规模不低于2亿元。

深圳市中小民营企业信息化建设项目财政资金资助计划，资助企业购买实施信息化建设项目。给予申请企业为实施该信息化建设项目实际完成的总投资额最高不超过30%的补贴，总补贴额不超过75万元。其中，咨询顾问费最高按30万元列入投资总额计算。

深圳市中小民营企业发展专项资金企业改制上市培育项目资助计划，资助企业为改制上市而实际发生的辅导、保荐、审计、法律、资产评估和办理工商登记变更手续等费用。境内上市完成股份制改造的，资助最高限额30万元；境内上市完成上市辅导的，资助最高限额80万元；已在境内证券交易所上市的，拟给予最高不超过100万元的奖励；已在境外证券交易所上市的，不分阶段给予一次性最高限额80万元奖励。

深圳市中小民营企业管理咨询项目财政资金资助，资助企业实施管理咨询项目产生的费用。按最高不超过企业为获得该项服务实际发生费用总额的40%给予资助，资助总额最高不超过30万元。

深圳市中小民营企业产业紧缺人才培训项目财政资金资助，资助企业为实施该培训项目实际发生的各类费用，主要包括专家讲师费

（含授课费、市外教师交通食宿等接待费）、教材资料费、培训宣传费、培训场地及设施使用费和组织管理费等。资助标准为根据该培训项目实际参与培训的企业人次按每人每天最高不超过 300 元的标准予以资助。

深圳市中小民营企业发展专项资金企业国内市场开拓项目资助计划，对企业自行参加国内各类经贸科技展会实际发生的展位费给予资助，资助额最高为实际发生展位费的 50％。国内市场开拓项目在每个申报年度对每家企业的资助额最高不超过 50 万元。

2.拓宽融资渠道，缓解创业创新融资难

围绕中小民营企业融资难，深圳构建了"5＋5"的直接和间接融资服务体系。

直接融资方面。一是大力推动上市融资，市政府在 2004 年抓住中小板在深交所开板的历史机遇，启动中小民营企业上市培育工程；2009 年，以创业板开板为契机，进一步完善了上市培育工作机制，引导中小民营企业逐步建立现代企业制度。二是首创中小民营企业集合发债。2007 年，深圳成功发行全国第一只中小民营企业集合债券，组织 20 家中小民营企业发行 10 亿元企业集合债券。三是试点发行中小民营企业短期融资券。四是设立创投基金。2009 年，市政府设立了总规模 30 亿元的创投引导基金，解决初创期小企业直接融资困难。五是推动股权融资。大力推动高新区非上市公司进入代办股份转让系统，设立了深柜市场和深圳联合产权交易所。

间接融资方面。一是健全融资担保体系。目前，深圳共有融资性担保公司 76 家，2011 年为 2940 家中小企业提供担保，担保贷款额 289.79 亿元。二是建立重点民营企业池。截至 2011 年年底，"企业池"的合作银行已发展到 18 家，入池企业 391 家，通过审核贷款 258 笔，贷款金额 193 亿元。三是启动中小企业联保增信计划。以企业联保为手段，调动商业银行参与，重点解决成长型中小企业的短期小额信用贷款问题。四是丰富金融服务机构。推动商业银行建立中小企业金融服务专营机构，引进一批在经营战略上专注中小企业业务的金融机构在深设立分支机构，批准设立 6 家村镇银行。

3. 培育四支队伍，实行梯队扶持

一是民营领军骨干企业队伍。2007 年，深圳市政府认定了首批 111 家民营领军骨干企业，这些企业都是深圳各个行业的领头羊。

二是上市及拟上市企业队伍。通过实施上市培育工程，培育一批优秀的上市企业，同时也储备了一大批优质后备上市资源。

三是成长型中小企业队伍。2010 年，深圳根据工商、税务及企业备案提供的资料，认定了首批 500 家成长型中小工业企业。

四是创新型中小企业队伍。自 2012 年起，深圳将一批符合产业发展方向且具有"专精特新"特点的中小企业，特别是从事战略性新兴产业和创新特征显著的中小企业纳入梯队建设，建立创新型中小企业队伍，进行重点培育和扶持。

4. 健全人才培训机制，提高企业人员素质

一是实施中小企业家培育工程。自 2007 年起，分别与清华大学、北京大学联合举办"深圳市中小民营企业高级工商管理研修班"。2009 年，又与中国人民大学联合举办"中小民营企业家卓越领导力培训班"。以培训班学员为主体，成立了中小企业家联谊会，为企业家打造后续交流学习合作平台。

二是开展紧缺人才培训。针对企业部分专业人才紧缺的情况，开展产业紧缺人才培训。截至 2011 年年底，共提供了 240 余个培训课程，为 7000 多家企业培训各类紧缺人才 3.6 万余人。

(三)北京(中关村)的经验

2012 年 5 月 23—27 日，课题组赴北京中关村等部门调研。

在中关村调研中，课题组充分感受到中小民营企业在灵活的体制机制下所焕发出的强大的生命力，感受到社会组织在推动创新中的重

要作用,下面就对中关村的做法做简单介绍,为浙江推动体制机制创新和社会创新服务体系建设提供借鉴。

中关村是我国首个国家级自主创新示范区,经过 20 多年的发展建设,已经聚集以联想、百度为代表的高新技术企业近 2 万家,形成了以电子信息、生物医药、能源环保、新材料、先进制造、航空航天为代表,以研发和服务为主要形态的高新技术产业集群,形成了"一区多园"各具特色的发展格局,构建了较为完善的创业创新服务体系。

1. 以体制机制创新引领创业创新

在调研中,企业普遍反映中关村宽松的创业环境、以创业创新为中心的政府服务模式是吸引企业落户中关村的重要因素。

2010 年年底,国务院原则同意了中关村"1+6"的鼓励科技创新和产业化的系列先行先试改革新政策,为中关村示范区的创新发展营造了良好的政策环境。"1+6"先行先试新政策,"1"是搭建中关村创新平台,"6"是在科技成果处置权和收益权、股权激励、个人所得税、中央单位股权激励审批方案、科研项目经费管理体制、统一监管下的全国场外交易市场和完善高新技术企业认定等方面实施 6 项新政策。

中关村创新平台由国家有关部门和北京市共同组建,下设重大科技成果产业化项目审批联席会议办公室、科技金融工作组、人才工作组、新技术新产品政府采购和应用推广工作组、政策先行先试工作组、规划建设工作组、中关村科学城工作组和现代服务业工作组等 8 个工作机构,19 个国家部委相关司局和 31 个北京市相关部门派驻人员到平台办公,重在进一步整合首都高等院校、科研院所、中央企业、高科技企业等创新资源,采取特事特办、跨层级联合审批模式,落实各项先行先试改革政策。在中关村试行的 6 项新政策,针对多年以来制约中关村科技转化的体制机制障碍,均取得了不同程度的突破。

体制机制创新,使中关村打破了原有的行政管理体制,建立了以创业创新为中心的社会管理模式,激发了创业创新的活力,成为引领创业创新的重要力量。

2.以政府购买服务的方式发挥社会组织的服务作用

政府通过购买社会组织的服务、对社会组织进行职能授权等方式,发挥社会组织的服务作用,提高了对创业创新的服务效率。

2003年,中关村管委会推出旨在缓解中小企业融资难的"瞪羚计划"。同年,配合"瞪羚计划"的中关村企业信用体系建设起步,由中关村管委会授权一家第三方社会组织——中关村企业信用促进会负责实施。实施以来,中关村信用体系建设在组织体系、制度体系、信用产品体系、信息服务系统和信用激励机制等方面取得了长足发展。截至2013年上半年,中关村企业信用促进会发展企业会员3200多家,吸纳各类中介服务机构320多家,搭建了中关村企业信用信息公共服务平台。

中关村管委会还委托北京民营科技实业家协会承担了中关村开放实验室等相关组织工作。2006年6月,清华大学分析中心等首批8家中关村开放实验室挂牌,中关村企业可以将试验、检测和科研工作委托给开放实验室完成。2008年,中关村管委会委托北京民营科技实业家协会组织建设开放实验室信息网络平台。该信息网络平台在大规模数据调研的基础上,建立起中关村106家各类科研机构基本情况、研发能力、合作项目、开放资源等基础数据库,搭建起科研机构、企业、产业联盟、行业协会等创新链各环节的供求和资源信息平台。截至2012年,中关村示范区内已有80余家中关村开放实验室正式挂牌,初步形成了与中关村产业总体需求相对接的科研资源开放体系,满足了不同类型企业不同层次的创新需求。开放实验室目前已为千余家高科技企业提供了技术支撑,合作研发项目近千个,产生了数十个重大产业化项目,政府对开放实验室的资助总金额近亿元。

3.扶持市场化创业创新服务业的发展

中关村现有100多家创业服务机构,形成了较为完善的市场化创业服务链条。不仅有以投融资为主要目的的社交网络——创投圈,还有为创业企业全方位介入服务的民办非盈利孵化器——常青藤创业园,不仅有专注于早期阶段投资并提供商业、技术、市场、人力等全方位服务的创业平台——创新工厂,还有通过科技周刊和电子读物等帮助互联网创业者实现创业梦想的——36氪,不仅有服务于华人商业精英和创业者的公益性社会组织——亚杰商会,还有著名天使投资人自发组织。中关村管委会先后将常青藤、创新工场、创业家等一批新型创业服务机构认定为中关村国家自主创新示范区创新型孵化器,并纳入中关村创业服务支持体系,给予财政补贴等扶持政策,并和各类创业服务支持政策实现无缝对接。

　　4.建立科技金融创新体系

　　一是完善信用体系建设。在中关村科技园区,存在着名为"瞪羚计划"的解决融资方案。2003 年在北京市委、市政府的部署下,中关村管委会开始实施"瞪羚计划",截至 2012 年,已为示范区广大中小民营企业提供担保支持资金近 200 亿元,成为示范区高成长企业重要的担保融资渠道。该计划由中关村科技园区管委会组织推动,由银行、担保公司、信用中介和企业共同参与的旨在促进园区高成长企业快速发展的信用援助计划。该计划将政府的政策导向和政策扶持资金与银行的信贷资金、担保公司的信用资源以及企业的信用自律意识有机地结合在一起,以实现便利企业融资、降低企业融资成本、增强企业信用意识、改善园区信用环境等多重政策目标。成立于 2003 年 7 月的北京中关村企业信用促进会是中关村信用体系建设的重要平台,中关村信用促进会根据企业的规模、特点和需求提供不同类型的信用服务。中关村信用促进会协调信用中介机构、银行和担保机构的业务,为企业提供快捷的信用评级和融资担保服务。目前已有 8 家评级公司、5家征信公司成为中关村信用促进会指定的第三方中介机构。

　　二是搭建中关村金融服务平台。为了缓解中关村科技园区企业融资难问题,在中关村科技园区管委会协调领导下,北京中关村科技创业金融服务集团有限公司(以下简称"中关村金融集团")与银行、创业投资和中介服务等机构共同搭建中关村创业金融服务平台,整合中关村科技园区企业资源,打造统一融资服务申请通道,促进有效融资需求的形成。平台将针对不同发展阶段的企业,以网上申报和实地培训相结合的方式,提供快速、高效、综合的一站式金融服务。

三是探索科技金融工作新模式。作为深化科技金融政策先行先试改革试点,中关村示范区不断加大科技金融创新力度,探索科技金融工作新模式。"十一五"期间,中关村着力完善信用贷款机制。据统计,2010年北京地区中资商业银行累计发放高新技术产业贷款1568亿元,同比增长66.65%。北京银行、华夏银行等14家银行在中关村设立了专门为科技企业服务的信贷专营机构和特色支行。截至2010年年底,各专营机构共为871家企业发放贷款126.4亿元,其中2010年新增贷款96.2亿元。此外,中关村科技担保公司2010年新增担保总额102亿元,累计担保总额400亿元。各银行共为172家企业提供授信额度61.88亿元,实际发放53.86亿元。各银行累计发放知识产权质押贷款58.7亿元。

(四)上海(浦东软件园)的经验

2012年5月16—18日,课题组在上海浦东等地的民企调研。浦东高科技创业园是创新服务的重要载体,是培育区域创新能力的重要平台,是知识、技术、资本等创新要素的集聚区。完善高科技创业园区的创业创新服务体系,是吸引创新要素集聚的前提,也是培育区域创新能力的重要方面。本书以浦东软件园为例,介绍创业园区如何构建良好的创业创新服务体系。

上海浦东软件园是国家软件产业基地、国家软件出口基地。自2000年开园以来,上海浦东软件园入驻企业、就业人数、产值规模及上缴税收持续快速增长。2010年实现经营总收入达257亿元,上缴税收

16 亿元。上海浦东软件园园区企业现已拥有近千种软件产品与服务，包括芯片设计、金融信息、移动通信、信息安全、企业管理、电子政务等各个方面，良好的创业创新服务体系是浦东软件园得以迅速发展的重要原因。

1. 技术支持与网络通信服务

一是技术支持服务。为提高对园区内企业的技术支持，上海浦东科投、浦东软件园、上海数讯信息等三家国有资本于 2002 年 12 月发起成立上海浦东软件平台有限公司。该企业旨在有效地整合和配置软件企业聚集区的公共技术服务资源，为企业创造一个优良的创业和技术创新环境，帮助企业降低运营成本，提高中小民营企业的技术创新能力和核心竞争力，推动和提升企业信息化发展。为园区企业提供的技术支持包括软件测评服务、计算机司法鉴定、嵌入式技术服务、信息系统工程监理、软件研发、教育培训、咨询服务、公共服务等。企业业务部门建立了规范的软件测试流程、严格的质量控制体系和完善的产权保护制度。企业配备了专业的测试团队，本科人数占 90%，中高级测试工程师都拥有 3 年以上项目管理和测试工作经验。业务部门还与世界著名软件厂商建立战略合作关系，配置了大量测试工具和设备，形成一个专业且独立的软件测试实验室，免去了园区内软件企业购买大型测试设备的负担。已累计为 6000 余家企业提供了 7000 余项次的技术服务。该企业不以利润最大化为目标，在服务收费上，对普遍性的公益服务实行免费，对 10% 的大企业收费占总收入的 80%，以收费项目支撑公益项目。同时，企业的发展也获得多项政府专项资金的支持，2011 年以前，接受平台服务的企业可以获得政府 20%～30% 的补贴。

二是网络通信服务。包括数据通信服务和弱电及系统集成服务等。"浦软汇智"IT 服务云平台由上海浦东软件园股份有限公司投资建设，旗下子公司上海浦东软件园汇智科技有限公司负责日常运营管理。"浦软汇智"IT 服务云平台是旨在为中小型科技企业提供虚拟主机、网络存储、开发运行平台环境、支撑服务软件等内容的开放式的云计算公共服务平台。"浦软汇智"IT 服务云平台提供设计、实现、调试、测试、部署所需要的应用支持,即为用户提供一个完整的开发环境,使用户能基于云计算平台构建、运行相关的应用。客户以租赁方式享受"浦软汇智"IT 服务云平台的软件服务,可以根据自己的实际需求,通过互联网订购所需的应用软件服务,并按照订购的服务内容和时间长短向"浦软汇智"IT 服务云平台支付费用。"浦软汇智"IT 服务云平台提供可升级、多用户、可配置的服务,简化了软件部署和维护过程。

2.人才培养与人才交流服务

上海张江信息技术专修学院、上海市浦东软件园职业技能培训中心和上海浦软汇智人力资源服务有限公司通过战略整合,构建了集招聘、求职、培训、鉴定于一体的"浦软人才"服务平台。"浦软人才"整合政府、高校、企业、社会各方资源,致力于提升园区企业人才竞争力、构建软件人才高地。

"浦软人才"的集成服务平台主要由校企互动平台、人才交流平台、技能成长平台、综合会务平台四个子平台支撑,提供如下服务:校企互动平台,下设社会开放日、信息技术实训基地(动手实践营、云实训工厂)、课程嵌入学分置换三个模块,旨在架接高校与企业之间的桥梁;人才交流平台,下设委托招聘、人事外包、人才派遣三个模块,为企业提供猎头招聘、人事代理、人事外包、外国人证代理、企业员工心理咨询受理代理、补充医疗商业保险受理代理、财务记账代理、中国员工签证服务代理、青年见习及相关一系列其他服务;技能成长平台,下设职业技能培训基地、企业内训(企业成长阳光计划)、高技能人才鉴定站(职称评审)、服务外包培训基地、E-learning(网络课堂、在线论坛、电子月刊)五大模块,为 IT 行业提供培训、鉴定一条龙服务;综合会务平台,下设培训联盟、高端论坛、员工关怀、会务支持四大模块,及时为园区企业提供最新资讯及各类支持。

3.营运咨询与商务推广服务

园区为企业提供了营运咨询与商务推广的相关服务,包括企业营运事务协调,如企业注册代理,会计、审计、法律等配套服务;政策宣讲及咨询,配备政策咨询专员,召开政策宣讲会,E-mail 通知或网站发布政策信息等;建立企业社交及展示平台,包括上海浦东软件园行业沙龙、上海浦东软件园 IT 经理人俱乐部、上海浦东软件园老总午餐会、上海浦东软件园青年俱乐部、展示交易平台服务等;市场推广服务,联合园区企业开展活动、帮助推广或优先采购园区企业产品等。

4.企业孵化与投资融资服务

上海浦东软件园企业孵化器是由上海浦东软件园股份有限公司投资建设、上海浦东软件园创业投资管理有限公司运营和管理的专业孵化器。该孵化器以"专业服务＋天使投资＋创业导师"为模式,帮助初创的中小型软件与信息服务企业降低创业成本,减小创业风险,促进自主创新,快速健康成才。服务项目包括提供办公空间;提供管理咨询、市场拓展、人事代理、人才培训以及财务和法律事务服务;提供天使及风险投资、项目融资策划和培训、项目资本对接、投融资咨询、各类政府基金申请和各类政策咨询等服务。

5.生活配套与基础保障服务

园区建立了较为完善的生活配套和基础保障服务,为园区企业和工作人员提供便利的生活条件。包括物业服务、餐饮服务、停车服务、会场租用服务、车辆租用服务、住宿服务、园区"一卡通"服务等。

第三节　完善浙江创业创新服务体系的政策建议

创业创新服务体系承载着重要的经济和社会功能。根据对发达国家科技创新的考察和发达省、市经验的调研，结合浙江的情况，建议在贯彻实施"创业富民、创新强省"的"两创"总战略过程中，必须把构建完善的创业创新服务体系放在重要的位置上。具体建议如下。

一、营造创业创新的社会氛围

改革开放以来浙江人"敢于创业、勇于创新"的精神是促使浙江民营经济蓬勃发展的强大驱动力。"自强不息、坚韧不拔、勇于创新、讲求实效"是"浙江精神"的高度概括。然而近年来，随着国内外形势的变化，浙江民营实体经济的发展遇到瓶颈，投机炒作的风气开始蔓延，小富即安的心理逐渐滋生，脚踏实地、创业创新的精神有所下降。针对这一现象，浙江应致力于营造创业创新的社会氛围，通过政府、企业、学校、媒体等多方面合作，开展创业创新宣传，建立起人人重视创业创新，积极参与创业创新的社会风气。首先，各级政府要高度重视创业创新对经济社会可持续发展的重要性，把培育和聚集创新资源放在首位，尤其是县级政府，应当把提高企业创新意识、加大创新宣传力度作为工作的重点。可以通过高规格、常规化的创业大赛、技术创新论坛、商业模式创新论坛、创业讲坛、二次创业媒体交流平台等，使全社会共同关心浙江企业如何再创新优势，如何把浙江打造成为"创业天堂"。同时，加强企业、学校与媒体的合作，以成功的案例指引青年人，以奋进的精神激励青年人，在青年人中树立起"创业光荣、创新可贵"的价值理念。

同时，积极开展中小民营企业家素质提升工程。企业家的创新意识、创新能力直接决定了企业的发展方向，决定了浙江经济转型升级的成效，应通过政府购买培训服务、搭建交流平台、加快发展工业旅游等方式，切实提升企业家素质、开拓企业家的发展思路，引导中小民营企业走上科学化、规范化、科技化的发展道路。

发展区域文化，提倡创新文化，营造良好的创新氛围，这是构建区域创新系统中最重要也是最有效的工程。一要大力营造宽松的发展空间和良好的创新氛围,弱化政府多余的管制和不规范的行政干预。二要完善科技创新政策体系。要以提升企业自主创新能力和区域科技创新能力为重点,制定出台一系列新的科技发展政策,激发企业自主创新的积极性。三要加强科技宣传工作。利用网络、报刊等载体加大科技宣传力度,提高全民的创新意识。四要积极营造人才"引得进、留得住、用得上"的环境,吸引各类人才来产业集聚区创业。五要加大知识产权的保护力度,营造鼓励企业进行自主知识产权开发的良好氛围。创新带来了成功,而成功又拉动了创新,这是一个良性循环。

二、重视和支持科技创新

改革开放以来,浙江省的经济建设取得了瞩目的成就,科学技术也取得了突飞猛进的发展,但是,经济的综合竞争力和国际竞争力还不强,其中一个重要原因就是科技创新特别是自主创新能力还比较弱,甚至在许多方面还比较落后。党的十七届五中全会通过的《中共中央关于制定国民经济和社会发展第十二个五年规划的建议》指出:"经过全国人民的共同努力奋斗,要使我国转变经济发展方式取得实质性进展,综合国力、国际竞争力、抵御风险能力显著提高,人民物质文化生活明显改善,全面建成小康社会的基础更加牢固。"关键是要在今后的发展中紧扣科学发展主题,抓紧加快转变经济发展方式主线,坚持把科技进步和创新作为加快转变经济发展方式的重要支撑,充分发挥科技第一生产力和人才第一资源作用,推动我国经济发展更多依靠科技创新驱动。

当今世界上,我国是最大的发展中国家,浙江是经济大省,还是经济强省,在科技创新等方面与发达国家和发达省、市相比,差距很大。浙江在致力于建设创新型省份的重大战略的实践中,要注重从实际出发,而更要着眼于发展、崛起,跻身于经济强省之林,因此,学习与借鉴发达国家和发达省、市的科技创新精神与经验,对于建设中国特色社会主义是很有价值的。对浙江来说,在经济社会发展的同时,更需要重视建立转变经济发展方式的机制和改革社会进步发展的体制。

如果继续依靠廉价的劳力,依靠资源的浪费与环境的破坏,那么经济是没有持续发展的可能的,将永远停留在一个经济总量虽大,但环境恶化的水平上,而不能成为人民富裕,环境优良的发达省份。要建立加快转变经济发展方式的机制,关键的因素是要提高科技创新能力,加快建设创新型省份。2014年6月9日,国家主席习近平在两院院士大会上强调:"科技是国家强盛之基,创新是民族进步之魂。自古以来,科学技术就以一种不可逆转、不可抗拒的力量推动着人类社会向前发展。16世纪以来,世界发生了多次科技革命,每一次都深刻影响了世界力量格局。从某种意义上说,科技实力决定着世界政治经济力量对比的变化,也决定着各国各民族的前途命运。"我们要借他山之石铺垫自己的发展之路,也要励精图治铺设自己奋发图强腾飞的航道。着眼于中国特色社会主义的构建,着眼于加快发展,认真总结改革开放30多年来的经验,坚持改革开放不动摇,在全社会更大力度推进思想解放,倡导、鼓励大胆创新,以更加开放的胸襟激励探索、宽容失败、创业创新。

一是要深化科技体制改革,完善科技创新体制机制。

习近平主席在两院院士大会上还着重指出:要解决创新问题,就必须深化科技体制改革,破除一切制约科技创新的思想障碍和制度藩篱,处理好政府和市场的关系,推动科技和经济社会发展深度融合,打通从科技强到产业强、经济强、国家强的通道,以改革释放创新活力,加快建立健全国家创新体系,让一切创新源泉充分涌流,把创新驱动的新引擎全速发动起来。习近平主席的讲话已经从国家层面,为深化科技改革、完善科技创新机制确立了方向。加强科学研究与高等教育有机结合,建设国家创新体系,强化基础性、前沿性技术和共性技术研究平台建设,加强社会科技资源集成融合,推进各具特色的区域创新体系建设,鼓励发展科技中介服务,深化科研经费管理制度改革,完善科技成果评价奖励制度,增强科技创新能力。

二是要加快建立完善的技术创新体系。

重点引导和支持创新要素向企业集聚,加快建立以企业为主体、市场为导向、产学研相结合的技术创新体系。增强科研院所和高校创新动力,鼓励大型企业加大研发投入,激发中小企业创新活力,发挥企业家和科技领军人才在科技创新中的重要作用。鼓励发明创造。强化支持企业创新和科研成果产业化的财税金融政策,加大政府对基础研究的投入,推进重大科技基础设施建设和开放共享,促进科技和金融结合,培育和发展创业风险投资。实施知识产权战略,完善知识产权法律制度,加强知识产权创造、运用、保护和管理。

三是要大力促进科技成果向现实生产力转化。

坚持自主创新、重点跨越、支撑发展、引领未来的方针,增强共性、核心技术突破能力,促进科技成果向现实生产力转化。加快推进国家重大科技专项,深入实施知识创新和技术创新工程。把科技进步与产业结构优化升级、改善民生紧密结合起来,增强原始创新、集成创新和引进消化吸收再创新能力,在现代农业、装备制造、生态环保、能源资源、信息网络、新型材料、安全健康等领域取得新突破,在核心电子器件、极大规模集成电路、系统软件、转基因新品种、新药创制等领域攻克一批核心关键技术。加强基础前沿研究,在生命科学、空间海洋、地球科学、纳米科技等领域抢占未来科技竞争制高点。

四是必须高度重视引导企业技术创新。

不断的技术创新是企业始终拥有先进技术的重要手段。要引导企业制定技术创新战略,加大技术创新投入,调整现有技术创新的组织结构,包括建立企业研发中心,加强技术创新过程的协调与交流,与国内外的大学、科研机构建立新型的"产、学、研"联合模式等,使企业始终保持技术优势。同时，要引导企业大力实施市场名牌创新。在进一步强化产品质量的同时，加大广告宣传和市场营销的力度，逐步创立起自己的品牌，成为真正拥有自己品牌的制造商，才能在激烈的市场竞争中生存下来，也才能使自己的企业做大做强，正可谓"企业强则国家强"！

三、构建宽松的制度环境和规范化的社会管理体系

宽松良好的政策环境是创业创新的土壤，通过创业创新环境的改善，培育和吸引创新人才、创业资本、先进技术和理念的集聚，是浙江"创新强省、创业富民"的基础。浙江应致力于在现有的条件下，进一步放松管制，建立公平公正的市场环境，减少对民间资本创业创新活动条条框框的约束和收费。要转变政府职能，把服务创新、引导创业作为转型时期政府工作的重点。提高政府服务效率和企业获得政府服务的便捷性，建立长效性的企业对政府服务的评价和反馈机制，并纳入相关机构的考核体系。要学习借鉴深圳新的商事登记制度，简化企业登记、设立、年检程序，放松对企业的控制，提高市场效率。创业环境改善了，创新活动就会自然而然在市场竞争中不断涌现。

规范化的社会管理体系是建立公平市场环境的前提，是创业创新活动得以顺利进行的保障。许多在深圳的浙江企业家表示，他们之所以留在深圳，就是由于深圳的社会管理体系较为规范，政府不会盲目干预企业的经营管理，不会给企业增加额外的负担，为企业提供了较为公平公正的发展环境。因此，浙江各级政府和社会管理部门，都应在创造公平发展环境的目标指引下，建立规范化的管理和操作制度，严格遵守市场经济规律和现代社会管理制度，杜绝盲目干预经济、任意配置资源的行为。

四、为科技创业创新提供制度保障

科技创业创新需要良好的制度保障。在调研中，有的企业表示新

产品被模仿的速度太快,打击了企业自主创新的信心,模仿的产品大多价低质次,影响了企业的产品形象。浙江必须完善创业创新的相关配套制度建设,并加大法律法规的执行力度,以彻底整顿市场的决心,严厉打击侵犯企业知识产权、制造贩卖假冒伪劣商品的行为,杜绝妨碍企业自主创新、损害浙江企业形象的现象,在全国建立起知识产权保护和产品质量控制的高地。只有坚定地告别不正当竞争手段,提高市场监管力度,才能使浙江在全国树立起自主创新的形象,成为品质与创新的标杆。

同时,通过扶持市场化中介机构的发展,积极促进和规范知识产权的应用和转化,建立起有利于鼓励创新的知识产权定价机制,提供技术、创意和资本公平交易的市场环境。

在调研中我们发现,民营企业难以吸引科技人才的重要原因之一是难以解决科技人才的长效激励问题,相比于事业单位和国有企业而言,科技人员对民营企业的长期发展能力和个人发展前途抱有不确定性,因此应为服务于民营企业的科技人员提供长效发展的制度保障,如通过创新制度设计,在一定条件下给予民营企业技术人员事业编制;为民营企业技术人员学习交流提供平台支持;完善技术入股和科技人员股权激励机制,解决他们的住房和子女入学问题,从而最大限度地调动科技创业创新人员的积极性。

五、提高中小民营企业的创新能力

提高中小民营企业的创新能力是一个系统工程,创新不仅包括科技创新,更包括商业模式、管理模式、人才培养模式等各个方面的创新。因此,对创业创新的财政支持,不应仅仅停留在技术创新上,而要涉及中小民营企业提高创新能力的各个方面,如浙江省衢州市于2012年4月24日在全省率先出台了《关于进一步支持全民创业促进中小企业健康发展的若干意见(试行)》,从2012年起市财政每年安排5000

万元支持市区中小企业发展,项目类别包括:新创办中小企业资本金补助、初创型中小企业发展资金补助、中小企业上台阶奖励、中小企业质量管理、品牌和标准化建设奖励、中小企业商标品牌奖励、微型企业创业培训资金补助、加快技术市场发展、科技资源平台建设项目资金补助、商贸连锁经营等。

浙江中小民营企业在转型升级中首先要建立规范化的管理制度,告别粗放型的管理模式,建立现代企业制度、提高规范化管理程度是企业有序运营、科学发展的基础,可以通过政府购买中介组织服务或提供资金资助的方式,帮助企业建立科学管理制度,资助企业为规范管理而发生的管理咨询、信息化建设、人员培训、财务制度建设、法律咨询、资产评估和办理工商登记变更手续等费用。

商业模式创新是推动经济发展的重要方面,能产生巨大的经济社会效益。可以建立商业模式创新备案登记制度,鼓励民间资本搭建新兴商业模式交流互动平台和创意与资金对接平台,对有较好的社会效益的项目给予一定的财政支持。

开展创新型中小民营企业示范工程,通过备案登记,评选出在技术创新、商业模式创新、管理模式创新、企业文化创新等方面有突出成绩的中小民营企业,进行重点培育和扶持,并以论坛交流、媒体宣传、工业旅游等方式,引导其他中小民营企业提高创新能力。

六、加快科技金融创新发展

浙江地方金融体系的改革正处在一个非常关键的时期。今后几年中,浙江会以温州金融改革试点为契机,推进地方金融体系改革,放松金融业准入门槛,将民间资本纳入正规的金融体系。在这个过程中,应该把加快科技金融创新放在重要的位置,通过科技金融创新,调动各方面的资本,解决科技型中小企业融资难的问题。完善创新投融资机制。推动科技与金融相结合,打造企业成长全周期的金融服务链。搭建科技型中小企业投融资服务平台。

一是加快中小企业信用体系的建设,尤其是科技型中小企业信用制度的建设。可以委托专门的社会组织负责科技型中小企业的信用体系建设,协调信用中介机构、银行和担保机构,为企业提供有公信力的信用评级和便捷的融资担保服务。

二是扶持高新技术投资担保机构的发展。扶持针对浙江省内孵化器和初创期的科技型中小企业和企业科技研发项目的政策性投资担保机构,为高新技术产业提供贷款担保、投资及咨询服务。并建立针对此类企业的风险补偿机制。

三是搭建科技型中小企业金融服务平台。鼓励金融机构、银行、创业投资和中介服务等机构共同搭建科技型中小企业金融服务平台,打造统一的融资服务申请通道,促进有效融资需求的形成。平台可以针对不同类型的企业,针对其个性化的需求,为其寻找适合的金融服务,提供全方位的金融解决方案。

四是鼓励科技银行的发展。通过建立风险补偿机制和贴息等方式,鼓励银行机构设立针对科技型中小民营企业的科技支行,鼓励其创新科技金融服务模式,加强与创业投资、风险投资、担保公司的合作,创新金融产品,建立符合科技型企业金融服务需求,收益覆盖风险的可持续发展机制。

七、促进社会组织和创业创新服务业的发展

社会组织应该是提供创业创新服务的重要力量,积极推动中小民营企业社会化服务体系建设是政府的重要职能,各级政府要积极推行"政府支持社会组织,社会组织服务企业"的做法,充分发挥行业协会、商会、民营经济研究会、民营经济研究中心、科研院所、高校在整合创新资源、提供创新服务等方面的积极作用,建立健全中小民营企业服务机构和服务体系,大力发展为中小民营企业服务的各种社会组织。

当前浙江省社会组织的服务体系不健全，服务能力薄弱，尚未在社会管理中发挥应有的作用。北京、广东两地已经取消了社会组织审批制度，社会组织不再需要挂靠主管单位，可以直接到民政部门申请登记。浙江省也应当进一步改革社会组织的管理体制，降低社会组织的注册门槛，给其创造更大的发展空间。通过政府购买社会组织的服务，向社会组织放权，重点支持各类社会组织对中小民营企业开展培训、政策宣讲、创业辅导、技术改进、管理咨询等服务，带动社会资源进入为中小企业服务的领域。实现政府职能转变和创新社会管理体系（详见第八章）。

同时，应尽快加大对创新服务业的扶持力度，促进浙江创新服务业的发展。通过重点培育的示范作用，聚集创新要素和资源，扩大创新服务业的影响力。比如中关村管委会先后将常青藤、创新工场、创业家、车库咖啡等一批新型创业服务机构认定为中关村国家自主创新示范区创新型孵化器，并纳入中关村创业服务支持体系，给予财政补贴。浙江可以在重点创业园区中，扶持创业服务机构，如提供常规化的财政补贴；实行项目备案制、奖励成功项目等。形成政府提供政策、社会组织提供服务、创新服务行业市场化发展的良好格局。

八、加快创业基地创业创新服务体系建设

鼓励孵化器、创业园、创意园等各类创业基地加快创业创新服务体系建设，为入园企业提供技术支持、人才培养与交流、营运咨询与商务推广、投融资、生活配套与基础保障等各项服务，在园区内形成技术、资金、人才、创意的集聚和交流。在创业示范基地的认定中，要把创新服务的内容纳入考核范围。重点扶持几个创业示范基地中创业创新服务体系的构建，资助建设各类创新服务平台，并对成果显著的创新服务机构给予奖励。

金华市在推进企业研发机构建设方面做了积极的探索。围绕汽

车及零部件等传统块状经济向现代产业集群转型提升目标,浙江绿源电动车有限公司等 6 家企业新组建省级企业研究院,青年汽车、众泰集团、浙江康恩贝建立省级重点企业研究院。新认定省级高新技术研发中心 16 家、市级 50 家,省级农业科技研发中心 9 家、市级 10 家。市科技开发中心成为省级优秀科技中介服务机构。推进科技园区建设,中科院金华科技园新引进金华快速成型技术研究所,园区入驻机构共签订服务金华企业项目 93 项,合同金额 5500.62 万元,主营收入2379.54 万元,实现利税 590.83 万元。武义科技园建设筹备工作顺利推进。

九、鼓励传统产业集聚区构建产学研合作平台

县级的产业集聚区是浙江省中小民营企业转型升级的重点领域,构建产学研合作平台,能有效促进浙江省中小制造型企业告别低、小、散的发展格局,向精细生产、科学管理、科技创新的集约化生产方式转变。地方政府应积极提供资金、土地等各项优惠政策,搭建产学研合作平台,吸引与区域产业相关的研究机构在当地成立分支机构,或与企业共建研发中心,对有效促进当地中小民营企业转型升级的科研机构给予奖励,对产学研合作项目实行备案、宣传和适当补助。鼓励传统产业集聚区建立针对区域产业的公共服务平台,分行业、多层次,为中小民营制造型企业提供科技信息咨询、人才培养、技术提升、设备研发等服务,能有效克服中小制造型企业在转型升级中缺乏人才、信息的困难,整合当地行业资源,提升行业整体竞争力。

在这一方面,浙江省台州市玉环县的做法值得推广。2012 年 8 月21—23 日,课题组在玉环县调研时发现,按照"政府扶持平台,平台服务企业,企业自主创新,创新升级产业"的思路,玉环县把公共科技创新平台建设作为科技创新体系建设的重中之重来抓,一方面抓高新技术企业和企业研发机构建设,另一方面抓行业共性技术难关攻克。玉

环县先后引进和启动了一批公共科技平台的建设,重点突出三大公共科技创新平台建设。在设立浙江大学台州研究院汽摩研究所和中国汽车工程研究院浙江分公司平台方面,县财政给予 10 个实验室、共 3000 多万元的配套资金,并无偿提供近 1 万平方米场所和 22 亩土地用于实验室、办公场所等建设。在玉环县设立高校(院所)玉环联合研究院方面,动态安排 10 家高校、每家高校安排 2 名科研人员入驻,并提供办公、住宿和办公经费,出台考核办法,保障其日常运行成效。三大平台通过开展科技讲堂、小型项目对接会、大型成果推介会、科技特派员下乡等活动,通过举办农业讲座,参与动漫节专家讲坛,多途径为企业发展出谋献策。2011 年与企业正式实施科技合作项目 61 项,合同金额 6000 多万元,共涉及 54 家企业,为玉环县新兴产业的发展和传统产业转型升级提供了有力的科技支撑。玉环县定期组织科技活动周平台,高校院所摆设"科技超市",现场为企业"把脉问诊",加速科技成果转化。从 2006 年开始,玉环县成功举办了六届科技活动周,累计共有 60 多所全国科研院所和名校的专家教授 1000 多人次,针对汽摩配、阀门、机床、眼镜、医药、包装、农业等行业与 5000 多家企业进行直接的科技项目对接,达成合作项目和意向项目 553 项,合作金额 5.74 亿元,使科技创新引领未来成为玉环县转型升级的主旋律。

这方面金华市的成功经验是:深化校企协同创新。每年市委、市政府都举办工业和科技联姻大会,在 2012 年 11 月 7—8 日第 13 届工科会上,共邀请全国 88 家高校院所的 376 名专家参会,签订科技合作项目 135 项,协议总金额 4.89 亿元;其中会上签约 50 项,协议总金额 2.09 亿元;举办的 5 个专场科技对接活动共组织 147 家院校所的 279 位专家教授、全市 375 家企业参加,提供院校所技术成果 701 项、其中现场发布 150 项,企业技术需求 205 项,达成合作意向 36 项;"院校所专家企业行"活动共邀请 86 位专家教授深入 7 个县(市)的 52 家企业考察洽谈,正式签约 13 项,达成合作意向 27 项。积极引进大院名校,解放军军事交通学院等 7 家大院名校新设立金华技术转移中心,全市累计达到 31 家次,2012 年共达成为企服务项目 178 项、合同总金额 7200 多万元。各县(市、区)也积极做好产学研工作,如东阳市大力推进"东阳人智力回归工程",永康市组织赴哈尔滨开展"科技架桥"活动,武义县、磐安县重点加强与上海高校的科技合作等。

在产业集聚区要十分重视建立有利于企业技术创新的支持网络,这是构建产学研合作平台的创新举措。产业集群的技术创新网络是指一定的地域范围内,构成产业集群的各个行为主体(如企业、大学、研究机构、政府管理机构、金融机构等)在交互作用与协同创新过程中,彼此建立起各种相对稳定的、能够促进技术创新的正式或非正式关系的总和。产业集群内的企业、相关机构(政府、大学、研究机构以及中介机构)以及各种创新的思想和设计构成创新网络的结点,交流尤其是面对面的交流使各个结点链结成网或类网,并在交流中产生"网"中新的结点。交流越频繁,则结点越多;结点密度越大,交流的机会也就越多、越频繁;创新的机会越多,创新的能力也就越强。产业集群的技术创新网络反映了集群中创新行为主体之间的关系,通过横向、纵向的联结,信息、技术、资源在网络内部不断流动和优化配置,从而促进了集群中企业的技术创新行为。不仅产业集群内的同类企业之间要形成一种网络关系,更重要的是还要与非同类企业之间结成一定的网络关系。产业的区域集聚就为形成创新的产业网络奠定了基础。

在产业集聚区内,大学与研究机构作为知识与技术的源头,以及专业人才的有效供给者,不仅可以创造新知识与新技术,还可以通过教育、培训以及成果转化等方式,有效地促进产业集群中知识、信息、技术等的扩散,以及创新人才的有效供给,为企业创新的实现提供智力和人才支持;政府对企业技术创新提供公共服务,中介机构为企业技术创新及时地传递科技信息、市场需求信息,金融机构为技术创新提供资金支持以及分担创新风险等,这些都使产业集群内的企业技术创新较容易进行。正是通过五大行动主体的共同行动,产业集群内比较容易实现企业的技术创新,产业集群是企业技术创新的良好平台和有效温床。产业集群创新网络的各个行为主体(企业、大学和科研机构、中介机构、政府、金融机构)在协同作用中结网而创新,并融入产业集群技术创新环境中,便组成了产业集群的技术创新系统。

十、加大政府采购中小型科技企业产品的力度

浙江省在政府采购方面对中小科技企业有一定的倾斜政策,但从调研的情况来看,中小型科技企业获得政府采购的比例依然很低。很多企业反映政府采购倾向于国外产品,科技型中小企业即使技术水平完全符合政府采购的要求,但依然在竞争中处于劣势,政府对于本土科技型企业的支持力度偏弱,不利于国内科技型企业拓展市场。因此,浙江省应加大力度,以扶持省内科技型中小民营企业尤其是有自主研发能力、拥有核心技术的民营企业为重点,落实好以下措施:

第一,加强政府采购中小型科技企业产品计划的编制工作,制定采购的具体方案,统筹确定本部门(含所属各单位,下同)面向中小企业采购的项目。在满足机构自身运转和提供公共服务基本需求的前提下,应当预留本部门年度政府采购项目预算总额的30%以上,专门面向中小型科技企业采购,其中,预留给小型和微型企业的比例不低于60%。

第二,鼓励在政府采购活动中引入信用担保手段,为中小企业在融资、投标保证、履约保证等方面提供专业化的担保服务。

第三,各级财政部门和有关部门要进一步加大对中小企业参与政府采购的培训指导及专业化咨询服务力度,提高中小企业参与政府采购活动的能力。

第四,各级财政部门应当积极推进政府采购信息化建设,提高政府采购信息发布透明度,提供便于中小企业获取政府采购信息的稳定渠道。

第五,各级财政部门会同中小企业主管部门建立健全政府采购促进中小科技企业发展的有关制度,加强有关政策执行情况的监督检查。

第七章　加快浙江中小民营企业
转型升级的人才策略

当前,浙江民营经济从事的产业一般是国民经济中的非主导产业,多为技术含量低、产品附加值低的劳动密集型、资源消耗型和环境污染型的产业。这样的产业分布将大多数民营企业长期排除在主流、新兴及支柱产业之外,必然使民营企业的发展空间受到限制。民营企业要生存和发展,唯一的出路是彻底改变高消耗、低成本和低附加值的粗放型发展方式,走技术创新、集约发展之路。为此,民营企业必须实现转型升级,但转型升级却面临很多困难,其中一大困难就是人才问题。

第一节　浙江中小民营企业人才环境的现状

浙江中小民营企业目前的发展瓶颈与人才匮乏有相当大的关系。要改善中小民营企业现时的人才状况,需要从中小民营企业究竟需要什么样的人才和怎样获得这些人才入手,有目的地构建有利于中小民营企业吸引和留住人才的人才环境。

国内大部分学者和政府机构,都将人才环境粗略地划分成软环境和硬环境两大方面。这样的划分方法使问题简单化,但是并不利于找到优化人才环境的关键因素。为了更深入地分析浙江中小民营企业的人才环境问题,这里将人才环境细分为人才经济环境和人才生活环境两个方面。

一、浙江中小民营企业面临的人才经济环境

经济环境是一个地区的经济制度和经济活动水平,包括经济制度的效率和生产率等,与之相联系的概念可以具体到人口分布、经济周期、通货膨胀、科学技术发展水平等。经济环境被认为是一个地区的经济结构、产业布局、资源状况、经济发展水平以及未来经济走势等。从产业布局看:初步核算,2011 年,浙江省生产总值为 32000 亿元,比上年增长 9.0%。其中,第一产业增加值 1581 亿元,第二产业增加值 16404 亿元,第三产业增加值 14015 亿元,分别增长 3.6%、9.1% 和 9.4%。人均 GDP 为 58665 元(按年平均汇率折算为 9083 美元),增长 7.1%。三次产业增加值结构由上年的 4.9∶51.6∶43.5 调整为 4.9∶51.3∶43.8。浙江这种第二产业和第三产业均衡发展的产业布局非常有利于经济的长期发展。从经济结构看:2011 年,规模以上工业增加值 10878 亿元,比上年增长 10.9%,轻、重工业增加值分别增长 10.0% 和 11.5%。规模以上工业企业完成出口交货值 10940 亿元,增长 12.3%;出口交货值占销售产值的比重为 20.1%,比上年下降 1.6 个百分点。经济结构呈现出中小企业为主和出口导向型为主的经济结构。在这种结构下虽然会提供大量的就业岗位,但中小企业为主的经济对高端人才的吸引力和承载能力都有限。

二、浙江中小民营企业面临的人才生活环境

浙江的人才生活环境包括生活中的很多要素,但是我们重点从三

个角度来阐释:日常消费、住房和教育。因为这三个方面往往是浙江对人才是否有吸引力的关键因素。第一,日常消费。2011年浙江省全社会单位在岗职工分行业年平均工资35731元;人均可支配收入30971元,人均消费支出20437元。2011年浙江省居民消费价格比上年上涨5.4%,食品类上涨12.1%;商品零售价格上涨5.5%,农业生产资料价格上涨10.8%,工业生产者出厂价格上涨5.0%,工业生产者购进价格上涨8.3%;固定资产投资价格上涨7.5%。从上面的数据可以看出浙江生活成本是非常高的,这是人才选择来杭州工作必须考虑的因素。第二,住房因素。从上面的数据可以计算出人均每年能有储蓄10534元。2012年杭州新建商品住宅平均价格为17867元/平方米;宁波新建商品住宅平均价格为13261元/平方米;温州新建商品住宅平均价格达到了35426元/平方米。台州、嘉兴、舟山等城市的住宅价格都超过了10000元/平方米。目前低于10000元/平方米的城市只剩下衢州、丽水、金华,但是金华市下属的义乌、永康、东阳等县城区的住宅价格都在15000元/平方米以上。按照这样的收入和房价标准,即使是较高收入的人才,想在浙江买套房子安家,都是非常困难的事。高房价使人才面临的生活环境变得极其恶劣。人才们只能租房子生活。第三,教育问题。2011年,全省拥有普通高校82所(含筹建2所)。全年研究生招生17565人,在学研究生51846人,毕业生13046人。从高等教育和职业教育的规模上看,不考虑质量,基本上可以满足浙江中小民营企业人才需求。问题主要集中在义务教育阶段,和全国一样,浙江省实行的也是和户籍紧密相结合的入学政策。来浙江工作的各类人才,如果不能在浙江买房落户的话,子女入学问题仍然很突出。这使很多人才招得来,但是留不住。

第二节　浙江中小民营企业
转型升级面临的人才问题

浙江省委、省政府在引进人才和留住人才上做了很多工作,但是就中小民营企业而言,目前出台的政策大多数和中小民营企业没有直接关系,现有的政策对于中小民营企业吸引和留住人才帮助很小。当前浙江人才政策存在的主要问题如下。

一、现有政策普适性差

课题组于 2012 年 5 月 9—10 日调研了杭州滨江区高技术服务企业。浙江网新恒天软件有限公司和杭州枫惠科技咨询有限公司负责人反映当前的政策主要针对高端人才,对普通人才的政策很少。目前出台的政策,如《关于进一步加强高层次专业技术人才队伍建设的若干意见》、《大力引进国内外人才的若干规定》、《关于引进海外高层次留学人才的意见》、《关于大力实施海外优秀创业创新人才引进计划的意见》和《浙江省"海外高层次人才引进计划"暂行办法》等,大多数是针对高级人才的。而高级人才大多数集中在大型企业或者是高校、科研院所。这样的制度设计有其科学性。一方面,高端人才无疑会带来更多的社会价值和经济价值。引进高层次人才是浙江省站在更高起点上,继续推进改革开放的重要举措;是建设人才强省,实施更加开放的人才政策的有效探索;是赢得高层次人才竞争主动权的战略选择。"百年大计,人才第一"。在国务院先后批复浙江海洋经济发展示范区、义乌国际贸易综合改革试点、舟山群岛新区和温州市金融综合改革试验区等浙江"四大国家战略"的背景下,引进高层次人才具有重要意义。首先,高层次人才对实施好浙江"四大国家战略",对促进浙江经济在转型升级的基础上实现长期平稳较快发展,推动浙江在全面建成小康社会的基础上迈向基本实现现代化新征程,提供了重要的人力资源支撑。其次,高层次人才既有利于浙江承担更大的发展使命,为全国发展大局做更大的贡献;又有利于浙江加快经济结构调整和转型升级,在科学发展道路上继续走在全国前列;也有利于浙江深化省情认识,不断拓展新的发展空间。再次,高层次人才促进了"四大国家战略"举措的实施,有利于形成浙江对外开放加速由单向的吸引外资、出口产品为主,转向对内对外开放同步、加速融入国际产经一体化的新格局。另一方面,中小民营企业不能承受引进和雇用高层次人才的高成本。毕竟引进人才要在市场的机制下完成,用人单位是主体,政策只是辅助作用。用人单位要承担起人才的工资、奖金、科研条件、工作场所等很多具体问题。越是高层次的人才,引进的后续花销就越大。中小民营企业的承载能力有限,无法提供高级人才的工作条件及高工资和高待遇等生活条件。2012 年 8 月 21—23 日,课题组赴台州玉环县调研。玉环县坎门机床厂负责人张慧坚向课题组反映,中小民营企业用工成本比较高,留不住人才。浙江隆中机械制造有限公司负责人陈绪丰介绍,当前企业科技发展方面有很大的起色,但是人才方面还是很紧缺,拿不出更好的待遇吸引人才,越高层次的人才,用工成本就越高。中国汽车工程研究院浙江分公司的经理介绍,浙江公司的员工工资远远高于重庆总公司的工资,但是还是吸引不了人才,因为生活成本高。目前公司大学本科以上学历的人不到 50%。有很多中小民营企业经营成本低,甚至连高层次人才的基本工资都不能承受。课题组 2012 年 10 月 18—23 日在嘉兴和湖州调研。中盈瑞博科技创新有限公司董事长张津化向课题组介绍,目前行业高层次人才年薪最低标准在 20 万元左右,雇佣一个高层次人才远远不够,必须雇用 3～5 个人的团队才能发挥作用,这样的话每年薪金部分就需要 100 万元,对于中小企业来说难以承受。浙江省是中国民营经济最早发育的地方之一,被誉为"中小企业王国"。到2010年年底,浙江省包括个体工商户在内的各类中小企业,总数达290多万家。解决了全省75%以上的就业。浙江中小企业才是浙江经济最具有竞争力的来源。如何解决中小企业的人才问题,才是浙江当前人才政策最需要解决的问题。

二、已有的政策可操作性不强

2012年10月30日、31日,11月2日、5日、13日、14日,课题组赴杭州余杭调研。杭州爱立特投资控股有限公司董事长刘明峰,杭州慧安投资管理有限公司董事长沈一慧,杭州瓶窑制版有限公司董事长王荣昌,杭州强力机械有限公司董事长季儒茂等向课题组反映,当前政府出台了一些政策,但是对于中小民营企业而言,可以享受到的人才政策是很少的。关于中小民营企业人才方面的政策不多,即使是已有的政策可操作性也不强。在2012年5月颁布的《浙江省人民政府办公厅关于促进小型微型企业再创新优势的若干意见》(以下简称《意见》)中关于人才方面的条款仅一条,即第二十条加大创新人才激励。完善激励各类人才创业创新机制,鼓励技术、管理等生产要素参与收益分配。规定到中小企业从事技术研发、成果转让的事业单位高层次人才,评职称可以回原单位评。且不说高校和事业单位与企业评职称的标准大相径庭,就人才的特性而言,人才具有排他性,人才一旦离开了原单位,就和原单位没有任何关系了,现在全省都是定岗定编,原单位不可能给一个已经离开的人评上职称,让他占用一个职称的编制。所以这种制度的设计没有可操作性。《意见》还规定:省内高校、科研院所科技人员在完成本职工作的前提下在职创业的,其收入归个人所有。运用科技创新成果和专利技术创办科技型中小企业的,知识产权等无形资产可按50%～70%的比例折算为技术股份。在浙高校、科研院所和国有企事业单位职务发明成果的所得收益,可按一定比例划归参与研发的科技人员及其团队所有。高校、科研院所转化职务科技成果以股份或出资比例等股权形式给予科技人员个人奖励,获奖人在取得股份、出资比例时,暂不缴纳个人所得税,等等。这些规定以前就在做了,这次只是重新提了一次,并且没有什么新的推进的举措提出,所以很难在短时间内就见到效果。

《浙江省人才发展"十二五"规划》与中小企业人才相关的部分是:加快培养造就高技能人才。围绕浙江省先进制造业、现代服务业、战略性新兴产业发展,通过深入组织实施高技能人才建设三年行动计划,培养引进一批企业紧缺的技能型人才,基本解决浙江省高技能人才队伍建设滞后问题,使高技能人才队伍不断满足浙江省经济社会发展的需要。具体办法就是把高职院校、技工院校作为培养高技能人才的主渠道,加快培养一大批技术技能型、复合技能型和知识技能型高技能人才。完善高技能人才培养平台,重点培育一批国家级、省级示范高职院校、重点技师学院,建设一批特色专业、新兴专业和骨干专业。充分发挥企业在高技能人才队伍建设中的主体作用,切实加强校企合作,加强综合性高技能人才公共实训基地建设。建设一批技能大师工作室。畅通高技能人才引进渠道,全方位贯通高技能人才职业发展通道。鼓励吸纳高校毕业生进入高技能人才队伍,扩大高技能人才规模,大幅度增加高级工总量,提升高技能人才素质。建立完善多元化高技能人才投入保障机制。按照正常的逻辑,一方面职业学校的学生在浙江读书,因天时、地利、人和等因素他们更愿意在浙江工作。另一方面浙江也确实是好地方,吸引职业院校毕业生工作。但是上面的政策只是从扩大劳动力的供给角度来解决中小企业人才问题的。并没有涉及如何让那些在浙江工作的技工等在浙江生根发芽等具体的政策扶持措施。而这些措施恰恰最重要,关系到子女入学、户口、住房、医疗等方面。

第三节　加强人才工作促进企业转型升级的建议

一、加强职业教育的支持力度

在 2014 年全国"两会"上，全国政协委员、民盟浙江省委会副主委徐向东说："光有一流设备，没有一流技术工人，很难生产出一流产品。"显然，一流的技术工人非常重要。要有更多的一流技术，必须加大职业教育力度，正如国家领导人多次强调的，要把职业教育纳入经济社会发展规划，促进职业教育在规模、专业设置上与经济社会发展需求相适应。《教育规划纲要》提出了"以提高质量为重点大力发展职业教育、调动行业企业的积极性、加快发展面向农村的职业教育和增强职业教育吸引力"的四项重大任务。

2014 年 3 月 5 日，国务院总理李克强在全国"两会"的《政府工作报告》中提出，要加快构建以就业为导向的现代职业教育体系。这明确表明了国家对加强职业教育工作的重视和支持，为职业教育的发展营造了一个良好的环境。针对浙江实际而言，人才是浙江经济发展方式全面转变的关键，高级技术工人的水平又是浙江制造业产品质量的基础决定因素。在国务院先后批复浙江海洋经济发展示范区、义乌国际贸易综合改革试点、舟山群岛新区和温州市金融综合改革试验区等浙江"四大国家战略"的背景下，提高高级技工素质则显得更有意义。提高高级技工的素质国内外普遍采取的做法是加强职业教育的支持力度。结合浙江省的具体情况，我们提出以下建议：

第一，加大职业院校校企合作支持力度。徐向东还提出建议，积极探索"校企两制、工学一体"，促进产教融合、校企合作，扶持行业龙头企业举办职业培训机构的社会化服务，整合各方力量，在构建培养体系上取得突破。针对浙江实际，我们认为，首先，加强教师和技术人员的交流，建设"双师型"教师队伍。教育部已经出台了专业教师到企业实习实践的相关政策，鼓励合作企业为职业院校提供在生产一线见习和实践的机会，使专业教师更多地了解企业技术发展、装备现状及未来学生工作岗位知识和技能需求。合作企业可以积极申请作为职业院校教师开展实践活动的技能培训基地，也可以选派技术人员担任兼职教师，提高职业教育师资水平。其次，共建实训基地，营造培养技能型人才的专业环境氛围。希望参加校企合作的企业能够为合作院校提供企业界主流使用的仪器设备。统筹职业教育资源，依托大型企业、重点院校建设技能型、高技能型人才培养和实训基地。也要通过职业教育基础能力建设、实训基地等项目支持项目学校建设，不断完善相关专业的技能教室和实训场地，提供职业院校学生"学中做，做中学"的教学实践环境，帮助他们养成良好的职业操守和工作习惯，具备较强的工作技能。再次，鼓励企业积极参与到教材的开发建设中来。对于校企合作的教材，确实有推广价值的，省教育厅给予一定的教材编写补贴，并积极推广到全省其他高职院校。

第二，允许营利性职业教育机构实行企业化、股份制运行。技术等其他要素可以通过贸易获得，只有人是不易自由流动的，因此国家之间的竞争主要决定于人力资本的供给。必须利用一切可以利用的方式和途径提高劳动者的工作技能和个人素质，才能让国家立于竞争的不败之地。当前浙江省面临产业升级和经济转型的艰巨任务，高水平技术工人的有效供给不足已经成为发展的瓶颈。在国家财力有限的情况下，充分吸收民间资本，动员全社会力量和资本发展职业教育，这既是职业教育本身的必然选择，也是经济转型升级实现可持续发展的必然要求。结合国情，浙江省在现阶段应该实行国家投入和民间资本投入相结合、营利性职业教育机构和非营利性职业教育机构共同发展的方针政策。国家财政投入的职业教育机构归属非营利性教育机构,充分体现其公益性,特别是为未成年人提供学习职业技能的基本保障。社会资本投资的职业教育机构允许其是营利性教育机构。营利性职业教育机构实行企业化、股份制运行,政府放开其在招生规模、收费等方面的管制,让其面向市场自我约束、自我发展。这不仅是尊重职业教育发展规律,也对浙江省职业教育长远发展有益。

第三,大力推进浙江省职业院校上层次。教育部正在探索建立包括中职、高职、应用型本科、专业硕士等的职业教育体系,尽快解决当前中职与高职脱节的问题。并且已经批准了本科层次的职业技术学院。开展本科及以上层次应用型技术教育将提高浙江省技术人员的培养质量。浙江省当前有实力冲击本科层次的高职院校至少有10所,培育和组织有实力的高职院校冲击本科教学层次的职业院校是有必要的。浙江和江苏都是制造业大省,都有很多的职业院校,但是和江苏省相比,浙江省的职业院校发展还是有很大的差距,应抓住教育部职业院校开展本科层次应用技术教育的试点机会,努力争取实现零的突破。同时,有关部门也必须严格落实规定工种的职业资格准入制度,加快建立由企业自主评价、社会化考评、专项能力考核、国际资格证书认证等多种评价方式组成的技能人才评级标准。这也是大力推进职业院校提高教育水平、技术人员提升综合水平的重要方面。

第四,率先实行中等职业教育免费培训。从2012年秋季学期起,全国对公办中等职业学校全日制正式学籍一、二、三年级在校生中所有农村学生、城市涉农专业学生和家庭经济困难学生免除学费。下一阶段教育部拟对全国的中等职业学校的教师实行免费培训,这对浙江来说是个利好的消息。具有实践经验的专业技术人员和高技能人才担任专兼职教师,持有专业技术资格证书和职业资格证书教师的比例提高,对浙江一线技术工人的能力、素质的提高无疑会有大的帮助。浙江可以在全国率先实行这一举措。具体做法如下:①政府组织免费对中职学校教师的培训。依托有条件的大中型企业、高校、技师学院和示范性高职院校,建设 2～3 个省级职业培训师资培训学院。由政府牵线搭桥大型制造业企业,要其为提供职业培训师资培训学院的教师学员提供学习实践基地。首先让中职教师的技能操作跟得上工业进步的发展。加快培养既能讲授专业知识又能传授操作技能的"一体化"教师队伍。②政府购买培训服务免费提供给企业。分行业对技术工人提供短期的免费培训服务。每期培训人员先由企业提出申请并进行推荐,政府按照地区、企业规模等因素分配具体名额。培训费用由政府承担。2014 年 3 月 23 日,国家发改委副主任徐宪平在"中国发展高层论坛 2014 年会"上指出,国务院已经出台有关现代职业教育的文件,并将农民工作为重点对象。在国家新型城镇化规划中也专门制定了农民工职业技能培训计划,将在今后一个时期内着力推动政府投入资金补贴职业技能培训,并强化企业开展农民工岗位技能培训的责任,足额提取并合理使用职工教育培训经费,让农民工"进得城,留得住,能发展"。这无疑是培育人才、留住人才的一大重要举措。

二、出台有力措施解决外来打工者子女入学问题

我们在浙江各县、市企业调研中发现,中小民营企业涉及人才问题最大的困难是如何解决其子女入学问题,这是留住人才的重要因素。当前浙江省义务教育阶段入学政策实行的是按学区入学制。要求拟入学学生的户口在学校划定的学区内。入学要凭户口本、房产证,并且要求房产所有人与入学学生是监护人与被监护人的关系。这意味着没有浙江的户口和没有房产是很难入学的。浙江省中小民营企业大部分的工人和技术人员都是外来打工者。浙江房价这么高,他们很难利用工资买上房子。没房子就入不了户口,没有户口和房子孩子就上不了学。有的职工为企业工作了十几年,在浙江缴纳了十几年的社会保险,孩子入学问题仍然得不到解决。子女入学问题影响到中小民营企业人才的稳定,为此,特提出以下建议:

第一，为外来务工子女平等享受义务教育权利提供有力的政策保障。对于外来务工人员子女入学问题，全省各地都很重视。这些年，全省认真贯彻"以流入地政府为主、以公办学校为主"的原则，合理配置教育资源，更好地满足义务教育阶段外来务工人员子女入学的需要。因为缺乏刚性约束，一些地方执行政策时较为敷衍。另外，各市地情况也不一样，在微观操作层面上，确实有一定的困难。比如：一些优质的教育资源本地居民的需求尚不能满足，外来务工人员的申请如何受理，准入条件是什么？拒绝的理由又是什么？操作起来很困难。必须从政策层面上以法律法规形式为外来务工子女享受义务教育的权利提供政策保障。

第二，坚持以全日制公办中小学为主渠道。规定在浙江省工作并缴纳社会保险三年以上其子女可在浙江省公立学校接受义务教育；入学学区以务工人员工作的工厂所在地的学区学校为准；一些工厂比较集中的地方如果出现生源过剩的情况，则按照就近原则，由当地教育部门负责，将生源向附近其他学校调剂；外来务工人员子女的教育经费投入，由省财政直接拨付；一些生源不足的学校，适当降低缴纳社会保险的时间要求。同时对于户口挂靠在亲友家的拟入学学生，也可以按照就近原则入学，而不要求一定要房产证、户口本户主是入学学生的监护人。

第三，积极扶持和规范管理以接收外来务工子女为主的务工人员子弟学校。首先，这些年随着计划生育政策效果的显现，一些学校生源越来越少，对一些生源严重不足的学校，建设成接受外来人员子女入学的示范学校。其次，由省财政进行资金上的投入，对办学规模大、接收能力强、农民工子女比例超过30％的学校进行重点改造。对接收农民工子女学校的校长、副校长和教师，分层、分类进行系列专题培训，从办学条件、学校管理和教学质量等各方面缩小农民工子女与城市学生的差距，逐步为农民工孩子能够获得真正的教育公平夯实基础。再次,科学规划增加教育资源配置,特别是在流动人口比较多的地区,按常住人口规模规划教育资源,布局新建学校;继续支持和帮助农民工子女学校改善办学条件,提高办学质量和水平。

第四,开放高中阶段教育。外来人员子女在初中毕业后报读浙江省中等职业学校的,根据国家规定条件与本地学生一样享受同等免费助学政策。允许在本地毕业的外省籍考生报考高中。在异地高考国家政策尚未出台的情况下,先允许外来人员子女报考浙江省的高中,待国家政策出台后,异地高考按国家政策执行。

三、劳动部门建立中小企业人才劳动档案

我们在调研走访中发现,当前中小民营企业对人才的管理仅仅体现在劳动合同上。用人单位与人才签订劳动合同,然后人才在用人单位工作,用人单位付报酬。当前这种类似于市场买卖交易的管理模式存在弊端。一方面,很多企业反映,有一些恶意跳槽者,工作没几天就跳槽,短短的时间内,更换了很多单位。这样的人给企业增加了很大的招聘成本,而企业无法在人才市场上将这种人甄别出来。另一方面,对于很多人才而言,在一家企业工作一段时间,如果再到另一家企业工作,前期积累的很多东西就没有用了,这对人才诸如职称晋升等很多职业生涯的长远规划非常不利。现在信息技术越来越发达,劳动部门和用人单位有必要为人才建立劳动档案。

第一,劳动保障行政部门与档案行政管理部门尽快制定企业职工档案管理办法。要进一步明确企业职工档案管理范围、内容、方式、标准等。使企业职工档案管理更加规范化、科学化。对职工档案的内容、分类、档案用品标准重新进行规范。有条件的地区要利用计算机网络技术,逐步建立职工个人档案与养老保险、失业保险、生育保险、医疗保险、再就业等系统化管理体系,通过科学的管理,为企业提供便利的服务,有效地保障职工和企业利益,充分发挥劳动保障部门的服

务职能,提高办事效率,使档案管理工作科学化、规范化。

第二,用人单位在与劳动者建立劳动关系后,应当及时为劳动者建立个人档案。要将劳动者在工作期间的劳动合同、工资福利、任职、奖惩、工种社会保险等资料载入个人档案,妥善保存于劳动部门,并随劳动者劳动关系的转移而转移,确保劳动者个人档案的有效接续。

第三,劳动者在劳动关系存续期间应当要求用人单位为其建立档案。要注重收集保存有关资料,作为工作经历的有效凭证,为以后职称晋升、享受社会保险和重新就业提供重要依据。一旦发生劳动争议,档案资料也是处理劳动争议的主要证据,以此维护自己的合法权利。

第四,各级劳动保障部门和工会组织,要为劳动者建立个人档案,要制定统一的标准。严格质量要求,认真实施,切实维护职工的合法权益。制定规范有效的管理制度,加强督促,定期检查,发现问题,及时解决。定期对档案管理人员进行业务培训,不断提高档案管理人员的业务水平。针对目前企业职工档案管理存在的诸多问题,在规定时期内对所有企业职工档案进行全面的清理、规范,确保职工档案的完整、真实、准确。

综上所述,深入实施人才发展规划,统筹重大人才工程,让各类人才脱颖而出、人尽其才、才尽其用,①是合理解决人才问题,助推浙江中小民营企业转型升级的重要途径。

---

① 李克强:2014 年 3 月 5 日全国"两会"《政府工作报告》。

第八章　社会组织与浙江中小民营企业转型升级

第一节　社会组织概述

这里的"社会组织"通常又称为"第三部门"、"非营利组织"（NPO）、"志愿组织"、"非政府组织"（NGO）等。在我国，社会组织主要由社会团体、基金会和民办非企业单位组成。具体形式包括协会、商会、互助合作组织（如信用合作组织）、社会团体、工会、农会、慈善团体、福利组织、消费者组织、基金会等。

20世纪下半叶以来，社会组织的发展和作用受到了世界各国的广泛关注。实际上，人们将它们命名为"第三部门"，意即与政府和企业部门并列，体现了对其庞大的体量和难以取代的社会功能的肯定。在较为理想的情况下，相比政府部门，社会组织具有灵活性、创造性和专业性的优势；相比企业部门，社会组织则不受营利目标的约束，这就是社会组织虽命运多舛却生命力顽强、在这个时代得以大量产生并繁荣发展的内在原因，这是其独特的社会功能和地位的基础。

概括而言,社会组织是政府与社会之间联系沟通的桥梁和纽带,在促进行业发展、提供公共服务、发展公益慈善事业、完善社会治理结构、增进国际民间合作交流等方面发挥着不可替代的作用,积极影响着国民经济的发展和社会的进步,是维护社会稳定、建立和谐社会的重要力量。

由于本书着眼于浙江中小民营企业的转型升级,所以在此要突出强调的是社会组织的经济功能。我国于 2002 年发布、2003 年开始实施的《中华人民共和国中小企业促进法》(简称《中小企业促进法》)第 40 条规定:"国家鼓励各类社会中介机构为中小企业提供创业辅导、企业诊断、信息咨询、市场营销、投资融资、贷款担保、产权交易、技术支持、人才引进、人员培训、对外合作、展览展销和法律咨询等服务。"第 42 条又规定:"行业的自律性组织应当积极为中小企业服务。"这里的"社会中介机构"既可以是营利性的,也可以是非营利性的,后一种就是本章所谈的社会组织。实际上,即便这里的"社会中介机构"并不包括社会组织,根据我们的经验也可以看出,这里"社会中介机构"的服务功能,实际上是很多社会组织——特别是行业协会、商会——也具备的。因此,从某种意义上讲,我国的这部《中小企业促进法》实际上部分地概括了社会组织的经济功能。作为补充,社会组织还可以在政策支持、行业整合与规范方面发挥重大的作用。例如,行业协会作为党和政府联系广大企业的桥梁纽带,可以配合政府开展宏观调控;可以在协助政府开展调查研究、制定行业标准、加强行业管理、规范市场秩序、协调行业内部关系,为企业提供信息、技术、咨询服务等方面发挥作用;可以在传递市场需求,促进科技发展,深化企业改革、改组、改制等方面,为政府、企业起参谋、助手的作用;作为市场经济运行中不可缺少的重要环节,可以促进经济结构的调整和市场体系的发育完善。凡此种种,实际上都是有助于中小企业转型升级的。国务院发展研究中心的研究显示,建立健全中小企业社会化服务机构是支持中小企业发展的一项重要国际经验。中小企业能否健康发展,与社会化服务体系是否健全有效有着密切的关系。在许多国家,存在着多种多样的社会化服务机构。[①] 2009 年民政部部长李学举也明确指出:"无论是改善企业经营状况、维护市场秩序、化解贸易摩擦、促进产业升级,还是提振企业家信心、稳定劳资关系、健全社会信用体系,维护社会和谐稳定,都需要发挥行业协会商会的独特作用。"[②]这段话对行业协会、商会的经济功能做出了比较全面的肯定。

鉴于社会组织具备这种重要的功能而且无可取代,党的十七大明确提出要"加强社会组织建设与管理"。2011 年,胡锦涛总书记在加强和创新社会管理工作的讲话中明确提出,要"引导各类社会组织加强自身建设、增强服务社会能力","进一步加强和完善社会组织管理、推动社会组织健康有序发展"。2011 年,温家宝总理在十一届人大四次会议的《政府工作报告》中提出,要强化政府社会管理职能,广泛动员和组织群众依法参与社会管理,发挥社会组织的积极作用,完善社会管理格局。国家"十二五"规划纲要对"加强社会组织建设"进行了专章论述,明确提出"建立健全统一登记、各司其职、协调配合、分级负责、依法监管的社会组织管理体制"。2012 年 3 月,温总理再次在《政府工作报告》中明确提出加强社会组织发展和规范是"当前和今后一段时期深化改革的重点领域和关键环节"之一。可以说,加强和创新社会管理已成为我国全面建设小康社会、坚持和发展中国特色社会主义的重要战略任务。

---

① 李善同,朱炎,王慧炯等. 北京市中小企业发展和政策研究. http://www.bjkw.gov.cn/n1143/n1240/n1465/n2216/n3710709/3719744.html.

② 引自 2009 年李学举在"全国性行业协会商会评估授牌大会"上的讲话. 见:国家民政部部长李学举谈:行业协会商会如何进一步加强自身建设. 上海社会组织,2009(4):3—4.

第二节　浙江发展和运用社会组织的问题

　　根据 2011 年的资料,经全省各级民政部门核准登记的社会组织总数已达 2.9 万余个,其中社会团体 1.5 万余个、民办非企业单位 1.4 万余个、各类基金会 181 个。另有市、县备案的基层社会组织 2 万余个。全省社会组织总数居全国第四位。[①] 2012 年,浙江部分城市试行社会组织直接登记。这一年 10 月,宁波市发布《关于公益类社会组织直接登记的若干意见(试行)》,放开公益类社会组织的登记管理;几乎与宁波同时,温州市出台了《关于加快推进社会组织培育发展的意见》"1+7"系列文件,其中规定,公益慈善类、社会福利类等社会组织申请成立登记时,对开办资金不做要求。这意味着在广东、北京、上海等地从 2011 年开始陆续放开社会组织直接登记之后,浙江省也开始有切实行动。

　　但是,浙江的社会组织大多存在着多方面的问题。

　　(1)总体上,社会组织特别是行业协会行政色彩较浓,政社不分的现象还未得到根本改变。例如,大量行业协会是政府部门直接举办的附属机构,其活动主要是围绕主管部门的工作开展,协会对人财物没有自主支配权。另外,行业协会通常过于行政化,发挥政府管理的部分职能,这种倾向影响了行业协会中介功能的公正发挥和公益职能的正常承担。

　　(2)认识还很不到位。人们普遍没有认识到社会组织对于经济社会发展的重要作用,在经济社会的实践中,人们没有切身感受到社会组织的作用,有事总是找政府是人们普遍的思维定式;在推进市场经

　　① 汪成明,高志涛,闫拥洲.浙江省社会组织达 2.9 万个　民间力量促社会和谐.浙江日报,2011-02-13(1).

济发展的过程中,政府部门总还习惯于大包大揽,没有充分认识到社会组织在完善市场经济中不可替代的作用,建立社会组织往往只是摆设。

(3)扶持政策较少,政府由于以上认识不到位,所以在财政预算扶持资金的安排上就显得苛刻,就算是安排了一些扶持资金,也仅仅是"做做样子"而已。在税收、社会保障方面的支持也严重缺失或者说苛刻。这一点需要中央政府层面采取措施。

(4)社会组织管理的法规体系还不完善,对社会组织的监管比较薄弱。人们可能觉得对社会组织的监管与促进社会组织的发展没有关系,这是一种错误的认识。正是因为监管不到位,所以政府不愿意看到社会组织大规模发展,怕发展多了容易出乱子,也就是所谓的"一放就乱"。如果监管得力,就会进一步促进社会组织的发展。

(5)内部运作不规范。例如,理事数量较大,且"理事不理事"的现象相当严重,理事履职意识较差,挂名理事较多,有的理事从不参加或极少参加理事会活动,理事会的到会率低成为普遍的问题。有些社会组织理事会会议制度不健全,没有按规范和议事规则召开理事会,以常务理事会替代理事会行使本应由理事会行使的职责等。此外,理事候选人缺乏民主推荐程序、理事没有明确的个人责任追究制度等,都使得理事责任意识欠缺。

(6)社会组织工作人员的职业化程度较低。由于社会组织工作人员不是专职人员,他们在社会组织的工作量和业绩无法得到所在单位的认可,因此,兼职人员在社会组织岗位上的工作时间和责任意识相对就薄弱些。社会组织工作人员职业化程度较低,还有的社会组织工作人员对社团业务相对生疏。

(7)资金困难。由于政府向社会组织转移职能和购买服务进展缓慢,还未形成气候,社会组织获得资金的主要渠道就只剩下社会捐助、会员收费两项。社会捐助的资金一般都比较少。实际上,甚至美国的社会组织,其主要资金来源都是服务收费和政府购买服务时支付的财政资金,社会捐助所占比例很低。我国由于制度不健全,社会诚信水平较差,地方社会组织通常也就只能在小范围内获得微薄的捐助。总体上看,这就使得对会员收费成为我国社会组织的主要收入来源。而在目前的情况下,通常是与政府关系越密切的社会组织,才能获得较多的会员费,这就进一步强化了社会组织的行政化色彩。

必须指出的是,以上所述诸多问题,既是浙江省社会组织及其管理体制存在的问题,也是全国性的普遍问题。实际上,相对而言,在全国范围内,浙江的社会组织发展应该还算是走在前列的。

第三节　发达国家发展和运用社会组织的经验

一、美国的经验

美国政府对社会组织的扶持政策包括以下几个方面。

(一)简便易行的注册登记制度

在美国,社会组织注册登记是一件非常容易的事情。几个人聚在一起,花几天时间把他们要做的事情及组织的未来走向写下来就行了,成立社会组织并不需要政府的允许或支援。但如果想要免税,就需要政府批准,不过这也并不困难。一般只需要提交一份两页纸的机构章程,写明机构名称、目标,说明不为任何私人谋利益的宗旨,然后交由州内政司批准,再经联邦国内收入局检验通过就可以了。如果不需要免税或不赞同法律条款,你甚至可以站在这里说:"我就是一个社会组织。"①

---

① 侯玉兰.非营利组织:美国社区建设的主力军——美国非营利组织的调查与思考.北京行政学院学报,2001(5):13—16.

(二)税收优惠

税收优惠——特别是联邦税法的优惠——是美国政府对社会组织的主要优惠政策。联邦税法对社会组织的优惠包括两个方面:一是对社会组织获得的收入减免税负。根据美国税法,几乎所有的社会组织都免收国家和地方的财产税、营业税。二是对向社会组织捐赠的机构和个人给予税收优惠。捐助社会组织的企业,如果其捐助款不超过总收入的 3%,那么捐助款将免除各项税收,个人捐赠也免除部分收入所得税。另外,美国的州政府也对社会组织设立了一些税收优惠措施。如加利福尼亚州税法规定,获得免税资格的社会组织还可以免除消费税。

(三)财政支持

20 世纪 60 年代以前,绝大多数社会组织的资金来源主要是服务收费和捐赠,政府资助的比重相对较小。但是自 20 世纪 80 年代起,政府对社会组织的财政支持有了显著增长。联邦政府在社会服务方面的支出,通过政府向社会组织购买服务的方式 50% 以上投向了社会组织。

美国社会组织在改善社会方面扮演着不可取代的角色。管理大师彼德·德鲁克曾指出:"每两名美国成年人中,就有一名会在每星期拨出至少二至三小时为非营利组织担任义务工作。就这点看来,非营利机构堪称全美第一大雇主。""如今我们意识到非营利性部门不仅对美国人民的生活质量、公民权利是非常重要的,而且它还承载着美国社会和传统的价值观。"①

作为社会三大部门之一,社会组织同样深度介入美国中小企业服务体系。美国政府特别重视和扶持社会服务组织,在美国面向中小企业的社会服务体系中,围绕着起核心作用的政府机构小企业管理局,

---

① [美]彼得·德鲁克.非营利组织的管理.吴振阳译.北京:机械工业出版社,2007:1(前言).

形成了一个政府为主导,联合社会上各中介机构建立起的专业化、系列化、社会化和市场化的中小企业服务网络,这一网络与美国的立法与政府政策一起,共同构成美国中小企业服务体系的两大支柱。

美国社会组织服务于中小企业的具体例子比比皆是。例如,退休经理服务团和在职经理服务团为中小企业提供免费指导和低费用的培训。这两个组织都是独立的全国性非营利组织。其中退休经理服务团成立于1964年,到20世纪70年代中期其参加者已达7000多人。这两个组织的人员构成是多样化的,包括退休会计、律师、工程师、银行家、零售商、制造商等等,因此能满足中小企业的多种需要。再比如,美国中小企业局与各州政府、大学和私营机构合作在全国建立了1000多个非营利性的中小企业发展服务中心;在全国各地建立了约384个支持中小企业志愿人员服务机构,约12400名志愿人员对中小企业的发展提供无偿的金融、管理、财务方面的技术服务;在全国支持约55个信息服务中心为中小企业的发展提供信息服务。在美国,甚至有社会组织直接对小企业提供资金,解决其融资问题。

二、日本的经验

日本政府和广大中小企业经营者很早就意识到,中小企业作为弱者必须联合起来才能生存下去。1946年,日本制定了《商工互助会法》,将中小企业作为产业振兴的中坚力量,确定了中小企业复兴的基本对策;1949年又出台了《中小企业互助会法》,认可中小企业联盟作为与资本集中的大企业相抗衡的势力。根据该法律,同一行业或同一地区的中小企业按照自愿原则组成了各种"互助会",加强了彼此之间的联系与协作,从而提高了整体实力。

(一)联合型互助会

作为最具代表性的互助会形式,这类互助会占日本中小企业互助会总量的80%左右。这类互助会在几乎所有领域开展活动,内容包括联合生产加工、联合销售、联合采购、联合运输、联合开展研究开发以及人才培养、信息提供等。

（二）支持创业活动的企业互助会

这些互助会主要有：①吸纳个人的"企业互助会"。②作为行业指导团体的"商工互助会"。以指导教育、调查研究、提供信息为核心。③支持联合的"合作事业型互助会"。主要是在会员生产、销售及其他活动方面开展合作。④支持商业街的"商业街振兴互助会"，主要作用是将商业街地区的零售业及服务业中的其他经营者组织起来。⑤支持"松散联合"的组织化政策，是以企业网络这种"松散联合"的形式补充和强化成员公司所缺乏的技术和信息等。⑥支持互助会成员的"组织金融"，发挥将单个企业的信用能力进行集中和互补的功能。

互助合作制度对第二次世界大战后日本中小企业及日本经济的发展起到了巨大的推动作用，加快了中小企业的现代化。进入 20 世纪 90 年代之后，受经济衰退的影响，日本中小企业破产增加。在此背景下，日本有意识地开展起互助组织革命，以适应 21 世纪的网络时代，并对中小企业互助会制度给予了明确的定位："互助会是有效利用中小企业的机动性和灵活性，使独立的企业联合起来，以期开展经营要素互补活动的组织。"

为了帮助中小企业改善经营管理，日本还建立了专门针对中小企业的诊断士制度和企业诊断组织，如中小企业诊断协会、中小企业综合事业团、日本经营士会和咨询士会等政府组织或民间组织。这些组织配备了相当数量的专职和兼职的诊断人员，有政府公务员，也有半官半民组织的人员，还有来自于民间企业或个人。而且这些咨询人员还需要通过严格的考核，参加各种形式的培训。[①]

---

① 罗明忠.日本中小企业发展的经验及其启示.南方经济,2003(12):69—72.

第四节　国内其他地区发展和
运用社会组织的经验

中国社会经济发展进入了新阶段,中小企业也进入长足发展的新时期,在国民经济发展中扮演着越来越重要的角色,但中小企业发展还面临一些问题:缺乏融资渠道,资金困难;企业治理结构不完整,市场行为不规范;生产技术水平低,组织和产业结构不合理,缺乏竞争力等,这已成为制约中小企业发展的瓶颈。促进社会组织的发展,发挥社会组织的作用,对于解决中小企业面临的问题,促进中小企业转型升级,具有重要的意义。在国务院的推动下,在各地社会经济发展客观形势的拉动下,我国很多地区都开始发展社会组织,并借力社会组织以推动经济社会的进一步发展。

一、北京的经验

民政部门主动帮助社会组织解决业务主管单位问题。一方面,北京市将社会组织寻找业务主管单位的责任转移到民政部门,以解决社会组织找业务主管单位难的问题。北京市改革了社会组织登记管理体制,对四类社会组织——工商经济类、公益慈善类、社会福利类、社会服务类社会组织实行民政部门直接登记,由民政部门协调联系业务主管单位,基本解决了社会组织找业务主管单位难的问题。另一方面,北京市选择多个区域开展了社会组织由民政部门直接登记管理体制改革的试点。中关村就是其中之一。北京市颁布了《中关村国家自主创新示范区条例》,将社会组织直接登记体制等以立法形式予以确定。中关村国家自主创新示范区领导小组还下发了《中关村社会组织改革创新试点工作意见》,明确了中关村社会组织建设思路。五个要办局联合下发了《北京市促进产业技术创新战略联盟加快发展的意见》，提出了对中关村现有社会组织、产业联盟登记管理扶持发展的工作安排。截至 2011 年，已经按新体制登记了 5 个中关村社会组织。[①]

（一）提高社会组织审批效率

北京市民政部门建立了"一口审批"绿色通道，完善首问负责、一次性告知等服务承诺制度，提高行政效率，将受理社会组织成立审批的时间从法定的 60 日缩短为 10 日。

（二）以政府购买服务支持社会组织的发展

从 2010 年起，北京市社会办每年利用社会建设专项资金，围绕社会基本公共服务、社会公益服务、社区便民服务、社会管理服务、社会建设决策研究信息咨询服务五个方面、40 个类别，向社会组织购买 300 个公共服务项目。加上区、县财政配套，2010 年北京市政府购买社会组织服务的资金达到 1 亿元。2011 年，北京市政府购买服务的金额达到 5000 万元。同一年，北京市朝阳区政府购买社会组织服务项目投入资金 782 万元，购买了 43 个社会组织的 59 个服务项目。2012年，北京市政府计划向全市社会组织购买 300 项服务，涉及资金首次超过 5000 万元，为历年来最高，以后还将逐年增长。

（三）建立社会组织孵化器

例如，2010 年，西城区启动社会组织孵化器项目，为 6 家入选的社会组织提供一年的办公场地和资金支持。2012 年，这 6 家社会组织完成孵化期工作并"出壳"。

在此基础上，北京市借力社会组织，通过以下各种方式支持中小企业的转型升级：

第一，大力支持中小企业参加产业联盟、技术联盟、标准联盟等新型产业组织，共同攻关行业关键共性技术。

---

① 北京市民政局会议文件：《深化管理体制改革推动社会管理创新 加快推进社会组织建设管理事业科学发展》。

第二,支持发展行业协会(商会)等社会组织,充分发挥其桥梁纽带作用。积极发展专业化服务机构,为中小企业提供技术、人才、管理等专业化服务。加强中小企业的咨询服务队伍建设,引导有经验的社会专业技术人才和咨询机构为北京市中小企业发展提供便捷、专业、高效的服务。

第三,支持技术转移等中介服务机构建立中小企业人才、技术需求发布平台,帮助中小企业开展科技成果引进、使用、交易等活动。[①]

例如,作为中国民营企业界最早成立的协会之一,北京民营科技实业家协会(简称民协)是由北京地区民营科技实业家本着自愿原则组织的社会组织。民协的一项主要业务是发展和管理中关村开放实验室,以此促进产学研合作。对开放实验室提供资金奖励和扶持,是民协管理开放实验室的一个重要举措。民协的另一项主要业务是受政府委托,遴选合格的中小企业,实施政府采购计划。除此之外,民协还在促进资本与技术之间的合作方面发挥作用。例如,2012年6月,民协促成了中关村企业家天使投资联盟对北京博威康技术有限公司的股权投资。这方面的作用实际上从民协的会员资格中就可以看得出来:其协会章程规定,单位会员必须是合法注册的民营科技企业;个人会员是以民营科技企业负责人、职业经理人、发明家、专家、学者等个人身份加入,要求在专业或行业领域具有一定影响力。民协因为促进科技进步、产学研合作而多次获奖。

再比如,北京中关村信用促进委员会(简称信促会)。信促会是中关村国家自主创新示范区(简称示范区)各高新技术企业、与示范区发展建设相关的金融机构、担保机构、保险机构及其他中介服务机构、社团组织等有关单位自愿联合发起成立,是经北京市社会团体登记管理机关核准登记的社会组织。信促会的主要工作是对会员企业进行信

---

① 北京市经信委.北京市"十二五"时期中小企业发展促进规划.http://www.bda.gov.cn/cms/zfsj/52082.htm.

用评估和信用信息的积累;奖励守信行为,惩罚失信行为;为企业融资提供信用信息支持。截至2010年12月,中关村企业信用促进会会员企业已达到3200家,占中关村示范区规模以上企业的75%。中关村信用星级企业共有411家,其中五星级企业35家、四星级企业43家、三星级企业73家、二星级企业81家、一星级企业179家。这一年,中关村推出了"企业信用培育双百工程",此后每年开展这项评选活动。2012年,在"信用中关村"系列活动暨2012中关村信用"双百"企业表彰大会上,参会的几家银行与信用"双百"企业代表签署了"科技金融服务中关村信用双百企业融资(贷款、担保)集合授信协议",授信总额达到50亿元人民币。同时,还有4家银行与10家企业签署了总额近1亿元的信用贷款。

二、上海的经验

上海市与民政部签订了部市合作协议,同时也是改革创新观察点之一,在发展社会组织方面大胆探索、先行先试享受中央政府的支持与鼓励。在此背景下,上海采取以下多方面措施发展和规范本地社会组织。

(一)在社会组织的培育方面

(1)为社会组织的发展提供制度保障。2011年颁布实施的《上海市促进中小企业发展条例》第36条规定:"本市鼓励和支持创业指导、融资服务、技术支持、法律服务、知识产权服务、信息服务、管理咨询、职业技能培训等各类中介服务机构发展。市中小企业工作主管部门应当会同市有关部门采取措施,引导中介服务机构提高为中小企业服务的质量,对服务质量和信誉良好的中介服务机构给予扶持。"第37条针对商会、行业协会明确指出:"本市支持各级工商业联合会参与促进中小企业发展工作,参与中小企业服务体系建设。商会、行业协会等社会组织应当加强行业自律管理,按照法律、法规的规定,在中小企业咨询服务、宣传培训、政策建议、权益保障以及行业信息发布等方面发挥作用。"

（2）为社会组织提供政治空间，奠定思想基础。在上海市、区人大及政协中设立了社会组织界别，有 4 名同志作为社会组织的代表进入市人大、政协。静安区还在区党校课程里设置了关于社会组织发展和管理的内容，邀请有造诣的社会组织负责人授课，借以深化各级党员领导干部对社会组织的认识。

（3）政府向社会组织转移职能。上海市浦东新区把 37 个审批事项连同配套资金转移给了社会组织。

（4）政府向社会组织购买公共服务。近年来，上海通过"政府购买服务"和直接资助的方式，大力推动社会组织的发展壮大。

（5）创建社会组织孵化机制。上海按照"政府支持、民间运转、专业团队管理、政府和公众监督、社会组织受益"的孵化模式，面向社会组织提供活动场所、能力建设和信息服务，对进入孵化基地的社会组织进行多方面的帮助，对初创时期的社会组织提供关键性的支持，扶助这些公益组织逐渐成长。浦东新区建成全国首个社会组织集聚办公、共享服务资源的"浦东公益服务园"。

（6）制定和完善配套政策。积极协调财政、国税、地税部门出台公益性捐赠税前扣除资格认定工作实施办法。上海为了提高社会组织工作人员社会保障水平，帮助社会组织吸引人才和稳定工作人员队伍，还在全市社会组织中建立年金制度，作为基本养老的补充，提高工作人员退休后的保障水平。

（7）重视发挥社会组织的作用。上海市在信息产业、现代物流业专项"十一五"规划中均将发挥相关社会组织作用作为实现规划目标的重要保障措施。

（二）在社会组织的管理体制方面

（1）2008 年，上海市成立了社会团体管理局，专职负责社会组织登记管理工作。

(2)实行登记和备案双轨制。上海市专门出台文件,大力推动登记和备案双轨制,效果明显。

(3)推进行业协会、异地商会的管理体制改革。按照国务院办公厅 2007 年发布的《关于加快推进行业协会商会改革和发展的若干意见》,上海推动行业协会从职能、机构、工作人员、财务等方面与政府部门分开,目前已经完成了行业协会与行政主管部门脱钩的工作。政会分开工作的推进,有助于激发行业协会的活力和创造力。

(三)在社会组织的监管方面

(1)推出社会组织等级评定制度。2008 年,上海市公布了为期一年的首次"社会组织规范化建设评估"成果。

(2)制定《上海市社会诚信体系建设三年行动计划(2006—2008年)》,要求各行业协会加强行业自律,促进行业信用制度建设;《上海市服务标准化行动计划(2007—2010 年)》,要求各有关服务业行业协会积极参与服务标准化有关技术层面的工作。

上海市对运用社会组织促进中小企业转型升级问题有着明确的认识。2008 年,上海市出台《关于本市进一步支持行业协会商会加快改革和发展的实施意见》(以下简称《意见》),提出要坚持推进政府职能转变,按照市场化原则推进行业协会发展,支持企业按照经济社会发展战略和市场需求自发组建行业协会,打破行业协会与政府的依从关系,解决相关行业协会依附政府以及行政化倾向等问题。特别是在发挥行业协会的经济作用方面,《意见》明确要求:"运用行业协会平台整合行业资源,提高行业技术进步和管理创新水平;帮助企业提高劳动者素质,改善经营管理;推进落实节能减排,淘汰落后生产能力;积极促进银企合作,帮助解决中小企业融资困难;培育行业品牌,提高核心竞争能力;加强行业自律约束,确保产品质量和安全;收集掌握国内外行业发展动态和信息,为企业开拓市场创造条件。"①再比如,上海市鼓励各类资本参与本市中小企业融资担保体系建设,鼓励中小企业依法、自愿开展多种形式的互助性融资担保。这意味着上海市支持互助基金这类社会组织。

在具体案例上,课题组了解到,2005 年,由上海市促进中小企业发展协调办公室牵头,组织成立了"上海市中小企业专家咨询团"。中小企业专家咨询团是一个非常专业化的非营利性机构,由上海市 16 家相关委办局的行政业务人员和 23 家中介服务机构、法律界人士组成。咨询团采用网上在线咨询服务为主,定期举办网下专家咨询会,网上网下相结合专门为全市中小企业提供咨询服务。咨询服务内容多种多样,基本涵盖企业整个生命周期,主要包括财税金融、工商管理、融资担保、科技创新、企业外贸、劳动保障、企业管理、创业开业、知识产权职工科技、检测服务、法律咨询、改制上市等。其中,咨询团在"上海中小企业"网站设立专门的"专家咨询"栏目,企业反应积极,效果比较好。

另外,上海以社会组织为中小企业搭建融资平台。由租赁行业协会搭建融资租赁平台,由担保行业协会搭建中小企业信用担保平台,由银行同业公会搭建银企沟通平台,由典当行业协会搭建新型典当平台。例如,上海某灯光景观工程公司,主要产品为大功率 LED 灯光景观工程及与之配套的智能控制系统。上海银行通过营销团队的分析,认为该公司大功率 LED 光源是未来灯光景观工程发展的趋势,决定将其列入"小巨人企业培育计划",予以重点支持。在公司成功中标国家体育场(奥运鸟巢)、国家游泳馆(奥运水立方)景观照明项目后,上海银行及时为企业开立无抵押未提供担保的信用保函 1600 万元,使

---

① 《关于本市进一步支持行业协会商会加快改革和发展的实施意见》,http://www.shanghai. gov.cn/shanghai/node2314/node2319/node10800/node11408/node18621/ userobject26ai14262.html.

得企业如期完成中标的项目。①

三、广东的经验

在培育社会组织和发挥社会组织的作用方面,自 2000 年以来,广东省就走在全国前列,并将领先地位一直延续至今。2012 年 7 月 22 日,《人民日报》头版刊文介绍了广东新一轮改革,而广东在社会组织建设方面的成就与经验就涵盖其中。因此,广东省在这方面的经验是值得浙江重点关注和学习的。

在指导思想方面,广东省锐意改革,坚持削减政府权力,将权力转移给市场和社会,特别是提出,"舍得向社会组织放权,敢于让社会组织接力,凡是社会组织'接得住、管得好'的事,都要逐步地交给它们。"②针对社会组织发育不成熟、不完善的局面,广东省秉持让社会组织"在游泳中学会游泳"的态度,坚持培育、扶持社会组织。

基于这样的指导思想,广东省采取了如下具体措施,来促进社会组织的发展及其作用的发挥:

第一,开展了社会组织管理体制改革。对工商经济类、公益慈善类、社会服务类实行直接到民政部门登记的改革探索,把业务主管单位改为业务指导单位,消除登记管理体制的束缚。这项改革的主体既包括省政府,也包括省内各市政府。在省政府层面上,2005 年,广东省颁布实施《行业协会条例》,取消了业务主管部门对社会组织的管控权,改为业务指导权利。2008 年年底,广东省行业协会管理体制改革顺利完成,行业协会在全国率先全面实现政会分开。全省 100％的行业协会改业务主管单位为业务指导单位,100％的国家机关工作人员退出行业协会职务,全省共退出现职国家机关工作人员 1547 名,行业协会走上民间化、市场化之路,成为全国行业协会的先行者,受到国家

---

① 钮怿.上海社会组织为中小企业融资搭台.市场报,2009-03-02(15).
② 王楚,贺林平.广东 咬定改革不放松(科学发展 成就辉煌).人民日报,2012-07-22(1).

相关部委的高度重视和充分肯定。2011年11月,广东省民政厅提出要降低登记门槛,简化登记程序,为社会组织"松绑";2012年,广东省委、省政府发布的《关于进一步培育发展和规范管理社会组织的方案》明确规定,自2012年7月1日起,除了特别规定和特殊领域,广东省内成立社会组织,不用找业务主管部门,可直接向民政部门申请登记,这一创新已经得到了中央决策层的认可。在各市政府层面上,广州市2006年起全面开展行业协会民间化改革,实行行业协会直接由民政部门登记制度,将业务主管单位改为业务指导单位;2008年起逐步将各类社会组织和地市级异地商会业务主管单位改为业务指导单位,实行由民政部门直接登记的改革试点;2010年则以政府规章形式,仅保留了业务主管单位对民办教育、医疗、博物馆类民办非企业单位成立登记的前置权,取消了大部分业务主管单位对社会组织成立登记的前置审批权,改由民政部门直接受理,征求有关部门意见后办理审批。深圳市改革社会组织登记管理体制更是走在了全省的前列。2004年,深圳市成立市行业协会服务署,推动行业协会民间化改革,切断了各行业协会与政府各职能部门的行政依附关系;2006年,深圳市将行业协会服务署和市民政局民间组织管理办公室合并,组建市民间组织管理局,实行行业协会由民政部门直接登记;而到了2008年,深圳出台《关于进一步发展和规范我市社会组织的意见》,对工商经济类、社会福利类、公益慈善类社会组织由民政部门直接登记管理。

另外,广东省还设立了社会工作委员会。该委员会是在2008年以来的大部制改革中,广东省很多部门或被合并或被精简的背景下唯一新增的部门。截至2012年7月,全省21个地级以上市以及121个县(市、区)全部设立社会工作机构。广东省社工委一经成立,就牵头制定了加强社会建设、创新社会管理的"7+1"文件;力争到"十二五"末,每1万人中有5个以上社会组织,社会工作者达到常住人口的10%,即约1000万人。

第二,降低社会组织登记门槛。广州市逐步降低社会组织登记门槛,例如将科技类民办非企业的最低注册资金由 100 万元降低为 50 万元,鼓励社会力量投资参与科技研发、科普教育。

第三,积极开展行业协会承接政府职能转移工作。2008 年 9 月,广东省出台《关于发展和规范社会组织的意见》,明确要求政府各部门将社会组织能够承担的三大类 17 项职能转移出去。广州市积极开展行业协会承接政府职能转移试点工作,向市建筑业联合会等 6 家行业协会转移辅助性、事务性政府职能共 21 项。在新一轮政府机构改革中,"三定"方案明确将政府部门职责交给社会组织共 16 项。不断扩大政府购买社会组织服务范围,特别在扶持民办社会工作发展方面,2010 年市、区两级财政投入 7000 多万元向民办社工机构购买服务,为民办社工机构发展提供了大量经费来源。深圳在 2009 年的行政管理体制改革中,各部门共取消、调整和转移 284 项职责和行政审批事项。2013 年,市编办第一批核定的从 17 个局委办削减出的政府工作事项共有 87 项,其中,69 项进行了转移委托,占 80%。2010 年 3 月,深圳出台了《推进政府职能和工作事项转移委托工作实施方案》,进一步对社会组织承接政府职能做了制度性安排。珠海市于 2010 年 9 月召开政府职能向社会组织转移工作会议,按照"先易后难、逐步转移、稳步推进"原则,市民政局、市科工贸信局、市文体旅游局、市教育局、市住建局正式与 21 家社会组织签订了政府职能转移协议,将 23 项政府职能转移给社会组织。① 同时,市民政局、市科工贸信局、市文体旅游局等大部分政府职能部门都采取了通过政府购买服务的方式实现政府职能事项的转移。全省范围内,到 2012 年 7 月,广东明确交给社会组织的职能达 130 余项,11% 的社会组织承接了政府转移的职能,9% 的社会组织有政府购买服务。

---

① 湛华国,高迎春,黄燕玲,王颖,杨卓.聚焦广东社会组织管理体制改革.广东民政,2011(8):4—12.

　　第四,探索社会组织发展扶持基金和孵化基地。为扶持社会组织发展,广东立项由财政出钱,建立社会组织孵育专项资金。广州、深圳、东莞、佛山市南海区等纷纷探索建立社会组织孵化基地,其中,截至 2011 年,深圳市社会组织培育实验基地,实施"社会组织人才专业化、职业化"培养项目,五年累计培训社会组织管理人才 600 多人次。另外,截至 2012 年 7 月,广州市的孵化基地已有 19 家社会组织进驻。

　　第五,强力推进政府向社会组织购买公共服务。为了使财政扶持社会组织的发展,仅 2011 年,全省社会团体共承担政府委托、转移的工作 394 项,获得政府补助 1.25 亿元。在已有实践的基础上,2012 年,广东省领全国风气之先,颁布实施《政府向社会组织购买服务暂行办法》(以下简称《办法》),将政府向社会组织购买公共服务确立为政策法规。该《办法》规定教育、卫生、文化、体育、公共交通、公共就业等领域适宜由社会组织承担的部分基本公共服务事项,法律服务、课题研究、政策(立法)调研、决策(立法)论证、绩效评价等辅助性和技术性事务,以及其他按政府转移职能要求实行购买服务的事项,原则上通过政府购买服务的方式,逐步转由社会组织承担。

　　第六,推进社会组织的"去行政化"和"去垄断化"。实际上,取消业务主管部门的管控权力,突破双重管理体制,并降低社会组织准入门槛,本身就是"去行政化"和"去垄断化"的重要举措。因为在这样的举措实施之前,通常只有掌握政治资源的在位或离退休政府官员才能设立合法的社会组织。而这些措施的实施,使社会组织的大门向普通社会公众敞开。不过,广东省推进社会组织的"去行政化"和"去垄断化"的措施还不止于此。2006 年,广东在全国率先推行了以"五自四无"(自愿发起、自选会长、自筹经费、自聘人员、自主会务;无行政级别、无行政事业编制、无行政业务主管部门、无政府公务员兼职)的改革目标,真正做到了民间化和自治化为主要内容的"去行政化"改革。2012 年,广东省委、省政府发布的《关于进一步培育发展和规范管理社会组织的方案》明确规定,"坚持去行政化、去垄断化的发展方向","允许一业多会"等。

　　第七,逐步加大社会组织管理力度。其中,广东率先着手建立社会组织——特别是行业协会、基金会——等级评估制度,以规范社会组织行为、提高社会组织的服务能力。截至 2012 年 7 月,广东已评估省本级和广州的社会组织 313 个;80% 以上的社会组织已建立相关诚信自律制度。另外,广东各地也加大了对社会组织的管理力度。广州市制定了《行业协会规范化治理指引》、行业协会管理制度示范文本。2010 年,广州对 52 家不按章程进行换届或财务状况异常的社团督促整改;对 36 家拒不接受年检或不按规定参加年检的社会组织依法撤销登记;对 1 家骗取登记的民办非企业单位给予撤销登记。另外,广州市积极配合公安等部门,大力查处非法社会组织和社会组织非法活动。2012 年,广东省餐饮具消毒协会因为设立检测中心检测消毒企业产品并私自收取消毒企业产品检测费而被撤销,成为由于从事营利性活动而被撤销的全国首家行业协会。深圳市民政和公安部门成立了社会组织管理服务领导小组和协调联络工作组,建立了七项长效工作机制,加强执法。2006—2011 年,共查处社会组织违法违规行为111 宗。

　　庞大的社会组织队伍,为广东省中小企业的转型升级起到了积极的作用。例如,在经济领域,深圳市家具行业协会举办的国际家具展发展为"亚洲同业第一展",市钟表行业协会举办的国际钟表展发展为世界钟表第三大展,市黄金珠宝行业协会举办的深圳国际珠宝展发展为世界珠宝的第七大展等,确立了深圳展览业在全国的地位,也凸显了深圳行业协会的实力和作用。广州市软件行业协会 2012 年上半年为软件企业提供一站式科技服务,组织人才项目申报,组团参加第十五届软件博览会,协办全国软件工作会议,完善综合信息平台,推动行业资源整合,取得了实现登记技术交易额 7 亿元,为企业节税 3500 万元等经济、社会效益。这里要特别提到的是广东省中小企业发展促进会（简称促进会）。促进会于 2005 年 12 月 28 日成立,是以广东省经济和信息化委员会为主管,由广东省民政厅批准的社会法人团体,是省内最具影响力的社会团体之一。自成立以来,促进会组织策划了各类面向全省中小企业服务的大型活动,如岭南商道、中小企业服务日、工商领袖峰会、中博会高峰论坛、珠三角投融资论坛等,迅速成为系统内举办各种活动频度较强、活动质量较高、影响力较大、市场化程度较高的协会组织。与课题组通常所了解的经济类社会组织的情况不同的是,促进会领导与会员企业管理层非常熟悉。据反映,促进会经常下到企业了解情况,与企业联系密切。促进会面向企业,主要服务于企业,工作进行得风生水起,工作人员达到 80 人左右。这与单纯面向政府,只为政府提供服务,工作人员屈指可数,企业管理者认识其领导,领导却不认识企业管理者的诸多协会组织形成鲜明对比。

四、江苏的经验

江苏省社会组织发展迅速,截至 2008 年年底,全省社会组织总量就达到 3.2 万个,较 2002 年年底翻了 3.7 倍,年均增速为 22.74％,总量排名已由 2002 年的全国第七位跃升全国第二位。其中,社团、基金会数量位列全国第一。

在促进社会组织发展、发挥社会组织功能方面,江苏所采取的主要的特色性措施包括:

第一,坚持边发展、边管理、边登记的原则。鉴于我国社会组织发育水平较低,政府缺乏管理社会组织的经验,江苏省制定下发《关于进一步加强民办非企业单位培育发展与登记管理工作的意见》,要求各级登记管理机关原则上做到成熟一个、登记一个、规范一个。凡符合登记条件的,登记率均要达到 100％。这种允许社会组织先发展,再登记和规范的原则,为培育社会组织,以及为社会组织的自我发展提供了相当大的空间。

第二,社会组织立法领全国风气之先。2010年,为规范对科技类民办非企业单位的登记管理,江苏省科学技术厅和省民政厅联合出台了《江苏省科技类民办非企业单位登记审查与管理办法》,这是全国首个科技类民办非企业单位登记审查与管理办法。还是在2010年,江苏省第十一届人大常委会会议通过了《江苏省慈善事业促进条例》,该条例于2010年5月1日起施行。这是全国首部慈善法规,开创了慈善事业地方立法的先河。

第三,完善社会组织监管体制。江苏省民政厅民间组织管理局更名为江苏省社会组织管理局,增挂"江苏省社会组织执法监察局"牌子,强化了社会组织管理职能,也为社会组织管理工作的改革创新拓展了空间。

第四,加强政策扶持。江苏重点在政府职能转移、政府购买服务、建立孵化器等方面求突破,不断强化社会组织服务功能。江苏各市、县(市、区)都设立了社会组织发展专项资金,完善政府购买公共服务政策,提高社会组织承接政府转移职能、开展公益服务的能力。特别的,江苏还创新政府购买公共服务的方式,通过社区公益服务创投来促进社会组织发展。2012年,江苏省全面启动了社区公益服务创投实验工作,省民政厅将500万元福彩公益金作为首批创投资金,以此为养老助残帮困等服务领域的社区公益性社会组织提供资金、管理以及技术支持。同时,苏州、太仓、昆山等地均建立了公益创投基金。2012年,苏州市举办了首届公益创投活动,首届公益创投活动转入实施阶段。另外,在政府设立社会组织孵化器方面,江苏走在了全国前列。截至2012年6月,江苏全省两年内已建37个孵化基地,覆盖13个地级市中的11个,完成孵化社会组织57家。仅在南京,市、区两级办起8家孵化器,孵化社会组织36家,其中,有20家已毕业"出壳"。

第五,改革社会组织登记办法,简化登记手续。从2011年起,对于公益慈善、社会福利、社会服务类社会组织,江苏省民政部门可直接受理登记,履行登记管理和业务主管一体化职能。

第六,健全社会组织评估体系,切实实施社会组织评估工作。为了评定社会组织发展水平,江苏专门成立省社会组织评估委员会,对社会组织的等级进行审核与评定。省内各市也相应地建立了本级社会组织评估组织。例如,2011年,苏州市民政局在行业协会试点开展了社会组织等级评估。

第七,实施分类管理,有重点地推动社会组织发展。江苏突出培育发展重点,就农村专业经济协会、社区民间组织、慈善民间组织和民办非企业单位等社会组织创新了一系列政策,加大了制度性引导和扶持力度。在政策支持之下,2012年,江苏全省慈善基金总量突破60亿元,比2005年底净增50多亿元,跃居全国第一位。其中,组建不久的江阴市慈善总会募集慈善基金超过10亿元,启东市慈善基金会募集慈善基金已超过2.6亿元。规模较大的慈善会开始进入基金会管理序列,120多个非营利公益性社会团体和基金会向省财政、国税、地税和民政部门申报了捐赠税前扣除资格,以企业、事业单位、公民等社会力量为主举办基金会已成为公益社会组织新的发展趋势。另外,江苏省将基层农村专业经济协会、社区民间组织全部纳入了统一登记或备案管理轨道。例如,盐城市农村专业经济协会得到地方政府重点扶持,发展总数已达1100多个,其中产值过亿元、会员过千人、农民增收过千元的已超过60个。

第八,为促进社会组织发展,江苏民政部门发挥主动性和能动性。江苏省采取了多方面措施,开展了多种行动。实际上,加强省厅社管局自身建设也是江苏经验的一个重要组成部分。这些年里,江苏省厅社管局积极开展调研,关注热点亮点,创新思路和举措。例如:①坚持调查研究和实地督查,全面了解民办非企业单位发展过程中存在的问题,对各级登记管理机关和民办非企业单位提出意见和建议,及时加以解决;②针对民办非企业单位社会认知度低的情况,积极组织民办非企业单位开展各种公益性社会活动,增强整体素质,扩大其社会影响;③加强与业务主管单位密切配合,形成合力。全省各级民政部门主动与相关业务主管单位沟通,定期召开会议,相互支持,争取在政策上多协调,业务上多衔接,办事上多通气,以求得到业务主管单位的支持,从而形成推动民办非企业单位发展的合力。

第九,实施社会组织人才培育。为了加强民办非企业单位能力建设,提高民办非企业单位自我管理、自我发展水平,江苏省民政厅社会组织管理局、省社会组织促进会连续多年举办全省性民办非企业单位负责人培训班。江苏《社会组织培育管理"十二五"规划》中还进一步提出,到 2015 年时,省级培训社会组织管理人员数量要达到 1000 名。在省级培训之外,全省各市县也开展社会组织培训工作。例如,2012年,苏州姑苏区引进高校专家和高级社工人才,实施"社区社会组织"领袖计划、社工人才关怀培养"3U"计划等人才培养项目,建设管理力、耐挫力、沟通力、创新力等社团领袖"8 力体系",实现社区工作者生活无忧、能力提优、业绩增优的全面发展目标,累计培训社会组织工作人员 400 多人次。同一年,太仓市投资 1000 余万元建设了市社会组织服务中心,为各类社会组织提供咨询、评估、培训指导等服务。

第五节　浙江发展和运用社会组织的政策建议

一、发展和规范社会组织方面的政策建议

(一)加快政府职能转变,为社会组织让渡生存空间

在培育社会组织的过程中,需要几个重要条件,其中首要的就是生存空间。政府转变职能,向社会组织放权,让渡出社会组织所需的

空间特别重要。例如,凡是有产业发展的地方,都应该为行业协会提供生存空间。而提供生存空间就意味着政府向社会组织下放、转移权力。只有政府放权,行业协会的作用才能充分"爆发"。

加快政府职能转变的前提是思想观念的转变。政府官员必须认识到,大部分社会组织并不会对政府构成威胁,恰好相反,它们是政府的助手,可以发挥自身的独特优势,帮助政府解决其难以解决的问题。社会组织出面解决问题,会化解更多的经济和社会矛盾,使政府少受责难,维护政府的社会形象。也正是在这个意义上,社会组织才成为社会与政府之间的缓冲器。

政府官员观念的转变有两个层次。如果在适当条件下,中央政府的官员能转变观念,在国家层面上建立起适应社会组织充分、良性生长的法律和制度、政策基础,那么地方政府无须强烈的责任感、改革意识或创新精神,只需要遵照执行中央的政策,就不会阻碍本地社会组织的生长。但是,在这样的政策还没有到位的情况下,具备强烈的责任感、进取心并锐意改革创新的地方领导人应以巨大的魄力突破旧体制的束缚,为本地社会组织的发展营造一片沃土。诚然,我们需要中央政府层面上对围绕社会组织建设的相关制度、政策进行改革,因为地方即便有心并确实推行了改革,也仍然面临国家层面制度的掣肘,但是我国的政治体制和数十年形成的改革模式仍然赋予了地方政府较大的自由运作空间。

转移职能以观念转变为前提,观念转变以转移职能为归宿。在发展社会组织的整个系统工程中,政府职能转变是关键环节。我们建议浙江省在向全社会公布权力清单的同时,清理权力和职能,建立明确的职能转移目录,有步骤地将部分政府职能转移给社会组织。坚持社会组织能履行的职能,政府就转移给社会组织的原则;培养"掌舵人"的官员价值观:政府不该做划桨的工作,而应该做把握、引导社会前进方向的工作。同时,鉴于社会组织发展还处于初级阶段,浙江可以学习广东让社会组织"在游泳中学会游泳"的开明、包容精神。

政府转移职能给社会组织,需要以法律法规的形式来予以保证。没有法律法规,职能转移就可能沦为人治,人走政息,下一个官员又将职能收回来。所以应该努力追求法律法规层面上对职能转移的肯定,而且法律法规必须给予明确的规定,如果只是原则性的表述,缺乏强制性和可操作性,那么法律法规仍然起不到实质性的作用。

(二)坚决推进社会组织的去行政化,建设民间化、自主化的社会组织

社会组织的民间化、自主化是政府放权社会组织的内在要求。社会组织行政化、没有自主权意味着政府不是真正的放权,而只是改头换面,以新的形式履行职能。

"去行政化"一方面意味着弱化甚至消除业务主管单位对社会组织的管控权,另一方面还意味着防止政府官员兼任社会组织的领导。上海市的经验显示,只有政府赋予社会组织以自主权,社会组织才能真正发挥自身的独特优势,使其获得存在的价值和生命力。

在"去行政化"方面,浙江可以学习江苏宿迁的经验。2007年,宿迁市建设局下发关于对《宿迁市建设行业协会管理暂行办法》的通知,规定建设局机关、事业单位在职人员不得在协会任职兼职(离退休或经批准的除外),如在协会任职的人员,工资人事关系必须与原单位脱钩。这意味着,省领导可以督促省内作为社会组织的业务主管部门的某些政府部门主动与下属社会组织脱钩,使其真正获得独立。

除此之外,社会组织的资源和资金来源也需要多样化,争取从基金会、企业等多个方面筹资。假如社会组织的资金依赖于单一来源,就会形成对它的依附感,影响自主性。如行业协会,若仅仅是简单地依附于政府财政购买,不仅得不到政府的重视,也得不到企业的认可。

(三)贯彻落实相关税法,加快建立政府向社会组织购买服务制度

《中华人民共和国企业所得税法》、《关于公益性捐赠税前扣除有

关问题的通知》等法律法规为税收支持社会组织的发展提供了依据。虽然我国支持社会组织的税收政策仍然不够完善,但是,贯彻落实既有的法律法规仍然不无助益。社会组织的发展和完善,离不开政府财政、税收的扶持,既然有法律上的依据,各级政府就应当本着"有法必依"的精神,坚决贯彻落实。政府在逐步将微观层面的事务性服务职能、部分行业管理职能、城市社区的公共服务职能、农村生产技术服务职能、社会慈善和社会公益等职能转移给社会组织的同时,政府各部门要坚决下决心从大包大揽、包揽过多、无所不能中解放出来,抓紧建立政府向社会组织购买公共服务和财政资金支持社会组织的制度。鉴于目前社会组织鱼龙混杂、良莠不齐的局面,我们建议浙江借鉴北京的做法,支持建立类似北京民营科技实业家协会这种承担政府购买职能的协会组织,以鉴定合格的浙江企业,激励本地中小企业的良性竞争和发展。

(四)改革社会组织登记管理制度,建立"低门槛、严监管"的监管机制

鉴于浙江并不是社会管理体制改革的试点地区,可能在社会组织的登记管理方面难以采取重大改革举措。我们建议,浙江可以学习北京和江苏,一方面将社会组织寻找业务主管单位的责任转移到民政部门,以解决社会组织找业务主管单位难的问题;另一方面,可以选择多个区域开展社会组织由民政部门直接登记管理体制改革的试点。如果较多的社会组织尚缺乏登记条件,可以学习江苏太仓市实施登记和备案双轨制,即对暂时不具备登记条件的,建立备案制,纳入管理工作范畴。

克服单纯依靠登记管理机关监管的做法,形成全方位、多层次的协同监管体系。一是要放宽准入条件,营造高效的服务环境。加快实行对经济类、科技类、公益慈善类、城乡社区服务类等四大类行业协会组织实行民政部门直接登记。加快推进基层服务性、公益性、互助性社会组织发展。简化登记备案手续。"提速"办理各类社会组织审批

事项,实行"一门受理、窗口传递、限时办结、一口送达"。二是要通过税务部门对社会组织实施监管。社会组织享有税收优惠,对于违反规定的社会组织,政府可以取消其税收优惠。三是要制定《社会组织评估工作实施办法》,全面开展社会组织等级评估,把评估结果作为社会组织购买服务和政府奖励的重要依据。四要建立社会组织信息披露平台,健全社会组织综合监管体系。要大力实行"社会投诉制度+政府受理反应机制+政府部门向社会公开其掌握的社会组织信息"的综合模式,将民间评估机构、媒体、公众、同行业组织、社区、相关社会活动团体等作为社会组织外部监督的主要参与者,督促指导社会组织向公众公开内部管理和组织开展活动情况,保证社会监督的有效实施。同时,进一步加强社会组织法人治理建设,规范内部管理制度,建立健全权责明确、运转协调、有效制衡的治理机制。

(五)以良性竞争促进社会组织的发展和能力提升

没有竞争,行业协会就很容易变成"二政府"。像香港商会、香港马会,在行业内有多个协会参与竞争。广东省允许"一业多会"的措施对打破社会组织自身垄断、防止行业协会变成政府组织意义极大。尽管一个行业内存在多家行业协会可能引发行业内部恶性竞争,大欺小、强欺弱,但是权威性的行业协会不应该是政府指定的,而是在竞争中产生的,是市场选择的。政府需要做的就是在需要的时候介入,引导行业协会良性竞争,而不是代替市场做出选择。我们建议,浙江省可借鉴这一做法,在省内推行"一业多会"体制的建设。当然,这并不是要求政府强行建立"一业多会"体制,而是为多个协会的出现创造条件,开创只要市场需要,新的协会就可以应运而生的局面。

社会组织的能力建设事关社会组织的持续发展,浙江省可以把针对社会组织领导者和专职人员的能力培训作为一项重要工作来开展。每年组织社会组织负责人、秘书长和财务人员等专职人员进行培训。同时,建议大力开展社会工作者职业资格考试辅导,聘请社会工作领域的专家教授对报考学员进行集中授课。为此,浙江可以效法江苏,建立社会组织与社会工作人才培训中心。

二、发挥社会组织经济功能的政策建议

(一)实施分类管理,大力促进社会组织的发展

从支持中小企业的角度出发,我们建议浙江对社会组织进行分类管理。对于行业组织,包括专业性的协作组织、行业性协会和行业协会联合会等,要在力所能及的范围内予以大力支持,鼓励管理咨询与培训机构、技术咨询与推广机构、金融服务机构、信息服务机构、创业服务机构等的发展。

(二)重点鼓励发展经济类社会组织,营造良好的发展环境

经济类社会组织是促进社会主义市场经济发展的重要推动力量,因此,各级政府部门特别是民政部门要充分发挥职能作用,立足行业发展需求,研究制定社会组织参与社会服务管理的鼓励政策,不断加大政策支持,创造良好的发展环境。经济类社会组织要在加强行业自律、合理表达行业利益诉求、开展市场调研、承接部分管理职责、交流合作等方面发挥重要作用,更好地发挥行业协会的作用,从而促进民营经济的发展。

(三)促进建立信用合作组织,在银行和中小企业之间搭建桥梁

在集群环境下利用信用合作组织开始中小企业集群融资,是可供选择的解决路径之一。集群环境为信用合作组织的设立提供了天然的优良环境,例如,可以利用当地政府设立专门的信用合作机构,也可利用已有的行业协会开展信用合作,或者在核心企业为龙头的集群内构架以核心企业为平台的信用合作组织。

(四)促进公益性中介服务组织的发展,为企业提供辅助性经营事务

尽管诸多市场中介服务——诸如会计、法律、税务、审计等——都可以由营利性的中介组织来承担。但是,营利性中介组织的产生,是

以一定的经济发展水平为条件的——经济发展水平决定中介服务的市场规模,进而决定其盈利前景。浙江这种以中小企业为主体的经济,一方面孕育了对这些服务的巨大潜在需求;但另一方面,由于经营过程所面临的诸多风险,这种对辅助性经营事务的潜在需求既不可能转化为在企业内部建立专业服务部门的行动,又难以转化为现实的购买需求。所以,浙江可能并未能为营利性中介组织提供良好的市场环境。鉴于此,我们建议,浙江以政府购买的方式,向提供这种服务的非营利性中介组织购买服务,用于满足本地中小企业的需求。

(五)支持新型产业组织的发展,创造规模经济效应

大力支持中小企业联合建立或参加产业联盟、技术联盟、标准联盟等新型产业组织,共同攻关行业关键共性技术。对于浙江来说,这一点尤其重要。在我们调研的过程中,多家省内中小企业表达了希望通过产业联盟、技术联盟来促进企业技术升级换代的期望。以中小企业为主体的浙江经济,实际上正可以利用产业联盟、技术联盟来享受规模经济的好处,在这方面,浙江可以发挥自己的优势。

三、增强商会服务民营经济职能定位的政策建议

商会组织是市场经济发展的产物,是民营经济发展壮大的必然结果,是政府和企业、企业与企业之间沟通的桥梁。在全球一体化的今天,一方面民营经济的重要战略地位不断凸显;另一方面,民营经济由于受到出口形势、盈利能力、资金缺口等一系列问题,其生存与发展受到了更大挑战。而作为自发形成的民间组织——商会更加成为民营经济不可或缺的有力支撑,它代表民营经济发展的有力主体,是根本服务于民营经济发展社会组织的"综合体"。

(一)商会服务于民营经济的主要功能分析

第一,独立于政府。商会可被认为是独立于政府的民间社会组织。商会区别于政府机构,有其自身的特征。首先,商会在决策体系

方面区别于政府机构,它是独立于政府单独决策,自我管理的经济实体;其次,从治理结构来说,商会直接面向于社会,有其公开性和民主性;再次,在运行机制方面,它属于服务性社团组织,具有非垄断性。

第二,独立于治理结构。商会在管理内部事务,做出重大决定时都不应受到外部因素的影响及政府、企业的干预。其完整的治理结构可以保证商会的正常运行。商会实行会员制,其最高权力机构为会员大会。理事会作为商会的决策机构,执行者为秘书长及其他相关人员。监事会专门负责商会的日常监督工作。治理结构的完整和决策体系的独立都为商会的各种职能发挥提供了保障。

第三,非垄断性。由于商会会员具有自由选择权,可以自行决定加入或者退出某个商会,如果商会为会员提供的公共产品不足以吸引企业,他们就不会投入会费以节约成本。会员认为这些产品不能再满足其需求,也会主动退出该组织。尽管有相关"一业一会"的规定,但是经过长期的分化和整合,商会已不再具有明晰的界限。越来越多的商会具有同种性质,它们的区别仅在于名称不同而已。正如市场体系中的其他组织,商会之间也会有竞争,也符合优胜劣汰的自然选择规律,商会组织管理不善也会被会员淘汰,被社会离弃。

第四,非营利性。商会作为公共服务机构,其经营活动不以私人利益为目的。但是,商会作为独立法人机构,其财政来源主要包括会员缴纳会费,私人捐助,政府财政补贴和服务性收入。商会区别于以营利为目的的组织主要体现在活动收入并非归商会成员所有。商会有自己独特性的社会使命。

第五,合法性。商会必须严格按照法定的程序成立,需要经过国家民间组织管理机关的登记和注册程序。我国的《社会团体登记管理条例》对会员数量、社会团体名称、规章和组织机构、固定场所、专职工作人员、活动资金、承担民事责任的能力等都做出明确的规定。同时,商会必须在法律允许的范围内,在不违背社会伦理道德的前提下从事其经济活动。

(二)浙江省各地商会参与民营经济尚显不足的原因分析

浙商遍布全国。勇于创业、敢于创新的浙商在全国各地建立了商会,对推进当地民营经济的发展发挥了很大的作用。但从调研情况看,作用的发挥尚显不足,主要体现在重视自身发展远大于关注推动当地发展,重视自身经济利益远高于服务当地经济社会的发展。

原因在于两个方面:一方面,从全国来看,民营经济在发展过程中比较普遍地存在着种种不规范、不健康现象,主要是因为我国目前正处于特定的经济体制改革时期,经济实体为了适应新的经济形势不断发展变化。具体表现为:一是管理体制不完善。首先是由于政府职能转变和政治体制改革跟不上经济发展的步伐,权力集中于部分人手中,缺乏有效的制约和监督。许多政府部门和官员控制的权力完全可以由市场机制来解决,一些民营企业主自然不用再通过贿赂解决难题。二是法律不健全。由于我国法律体系不健全,针对商会这一块有很多空缺,一些执法人员也会公然执法犯法,利用权势接受贿赂、贪赃枉法,已颁布的法律法规很多时候得不到很好地执行。三是管理不到位。从管理体制上来看,政府相关管理部门仍然是民营企业的直接上级,这种管理模式必须转变,由政府部门的直接管理转变为商会管理,使经济领域的管理模式规范化。四是社会环境有待优化。某些民营企业制假售假、走私等非法经营活动,有关部门却"视而不见",不是他们不知道,而是严重的地方保护主义促使他们睁只眼闭只眼。这些外部因素的改变,不在乎一朝一夕,我们只能加快步伐,使我国经济体制、政治体制协调发展。俗话说:"术业有专攻",商会的发展必须要跟上民营经济的发展脚步,才会跟上其前进的步伐。

另一方面,浙江的民营企业在发展过程中也存在着种种不规范现象,与其内部因素有着千丝万缕的联系。这些内部因素主要体现在:一是企业自身做大做强意识不强。成就大事业气魄不足,合作意识不强,竞争拼搏的谋略与手段不多,打造核心品牌的知名度不高。二是产业布局不合理。从事劳动密集型,特别是从事批发零售业、餐饮业和租赁商务服务业的企业在全省民营企业总数中占比较高;从事信息传输、计算机服务和软件业等新兴行业的科技密集型行业偏少;企业技术含量低、附加值低、市场竞争力弱。三是自主创新驱动力不足。人才、技术短缺,产学研磨合时间长、合作层次不高,缺乏长效稳定利益机制。四是融资难"瓶颈"依然存在。缺乏制度保证和正常运行机制,地方财政扶持引导资金有限;政策性担保公司数量少,资金不足,未形成广泛覆盖体系;企业需求不对称、融资渠道窄小、金融品种单一,银行贷款担保条件高、手续复杂,难以满足企业对金融资金的需求;金融服务信息与企业自身在担保、融资、风险投资等方面管理不完善,信誉度较差,导致融资难。五是总体发展环境有待改善。虽然浙江是全国民营经济的先发省份,但在全国各地民营经济蓬勃发展的形势下,浙江的先发优势已经雄风不再,在发展壮大和做强民营经济上,缺乏积极探索的精神和实践,政策创新缺乏突破,引爆能力不强,未能很好地研究和解决民营经济发展中遇到的实际困难和问题。从领导协调机制上看,领导协调机制乏力。从各地现实情况看,民营经济的这一服务机构行政上主要是工商局在履职,工商局行使的仅仅是个体工商户的管理职责,难以涵盖民营经济的整体;而社会服务则由工商联牵头,工商联本身是个社会团体,一定程度上影响权威和效率。从调研情况看,各地都没有将民营经济发展纳入当地政府有关部门的绩效考核目标,缺乏系统科学的统计指标和考察评价体系。从公共服务体系上看,已经建立了公共普惠性的社会化中小民营企业公共服务平台,但信息不对称的现象还需要下大力气解决。

(三)更加重视商会建设,增强商会服务民营经济的职能定位

一是各个城市的商会发展不一,这和每个地方的政权特点是息息相关的。在市场失灵的情况下,政府应该适时地选择放权,让商会参

与解决民营经济发展的问题。政府要做的是完善行业协会,引导行业组织进行自我教育,完成促进自身发展的任务,并由行业协会负责其会员企业的产品责任问题。政府的放权会增加行业协会的作用,增加其在行业市场管理中的作用。通过自主管理,增加这些商会的治理能力,并且不断完善其功能。商会在接受这些权力的同时,也应该不断发展壮大自己的实力,使自己不断成熟起来,进而可以将政府转移出去的职能发挥得游刃有余,也可以提升商会在市场经济中的有利地位。

二是加强民间商会的规范管理。政府逐步放权增强民间商会治理能力,并不意味着政府彻底放手、盲目放权,应该是在适当范围内给予其自主治理的职能权限。很多商会具有一定的"草根性",这种"草根性"既表示其生命力顽强,也意味着其不规范不受拘束的一面。要使其彻底担负起地方治理的责任,对其规范管理是志在必行的,科学的管理体制是商会所必需的,同时要有规范的行为方式。首先,要解放思想,更新观念,加强商会的服务意识。新形势下商会的主要职责就是促进民营经济的健康发展。其次,要明确职责,创造商会规范化发展的良好环境。从温州等商会较为发达的地区来看,正是因为在改革开放初期就大胆解放思想,放手发展个体私营经济,才有了民营经济辉煌发展的今天,同时也使商会有了崭新的局面。所以,政府应对民营经济的发展实行"不看性质、看贡献"、"只设路标,不设路障"的政策,做到思路上"放胆"、机制上"放活"、政策上"放宽"。社会组织及有关单位应该采取多种形式宣传发展商会的各项方针政策,使社会各界达成共识。第三要加强商会组织建设,不断激发工作活力。商会要完善建设,就要发挥其优势,整合内部资源,加强组织发展建设,形成市区、街道乡镇基层商会组织广泛建立、行业商会迅速发展、覆盖面宽广、工作基础坚实的组织工作体系。

三是赋予商会应有的治理功能。商会的治理功能要靠自身民主治理机制体现出来。由于商会具有特殊治理结构,会员大会是商会的最高权力机关,会长负责商会的日常管理,但是由于会员不参与日常管理,其在日常生活中也不会提出建设性意见。实际上,随着商会成员的增多,商会规模增加,其所从事的活动也变得更加复杂,会长的个人能力已达不到管理大规模会员的要求。商会资源分配不均,利益倾向都难免会有所发生。实现民主有效的治理模式会使商会受到更多会员的推崇。法律与道德约束是提高商会组织成员能力与素质的双重保障,这就需要有专门的约束组织成员行为立法,并且要建立约束组织成员行为的伦理规范的规章制度,同时自我评估制度可以有效激励组织成员行为的规范。从外部环境来讲,使社会充分意识到这些社会组织存在的必要性以及它们处理问题的合理公平,就要尽量使组织服务与资金运作透明化。政府也应该协助制定相关的规章制度,行为规范,并定期开展针对工作人员的道德教育,提高这些成员的法律意识和道德素质。①

四、政府向社会力量购买公共服务的政策建议

(一)义乌案例介绍

义乌市政府向社会力量购买公共服务的做法多年前已开始探索。长期以来,公共事业主要由政府直接举办,不仅投入大,还可能导致职能越位与缺位并存、机构重复建设、财政资金浪费等问题。同时,与市场上的专业公司提供的服务相比,政府直接生产的公共服务存在效率偏低的现象。10多年前义乌市就开始了积极的探索。比如,义乌市环境卫生管理处的垃圾焚烧、清扫保洁,义乌市园林绿化管理局的绿地养护等,均有多年的市场化经验。早在2003年,义乌市的垃圾焚烧处理项目就开始由义乌华川集团承接,目前,义乌市90%左右的垃圾处理业务已由该企业承担。从2006年起,义乌市环境卫生管理处的清

---

① 资料参阅:http://www.xzbu.com/4/view-4041284.htm.

扫保洁和垃圾清运逐步推向市场。如今,承接这两项业务的企业共有6家,工作人员300余人,洒水车、机扫车等设备22辆。目前,由义乌市环境卫生管理处负责保洁的区块有54%已推向市场。

公共服务市场化后,对市场主体的监管成为保障服务效率和质量的关键。目前,义乌已制定并实施一套量化考核制度,并据此对服务未达到合同要求的企业进行处罚。仅2013年对未按要求履行合同的企业的处罚金额就达19万余元。

随着义乌城市建设发展,绿地面积逐年增加,而有限的人力物力无法满足绿地养护的实际需求。2007年,义乌市正式将部分绿地养护业务推向市场。截至2013年年底,义乌市共有727公顷绿地实现市场化养护,占整个绿地面积的85%。义乌市的绿地养护或可以于2014年基本实现市场化全覆盖。义乌市园林绿化管理局和环境卫生管理处的绿化工程、环卫设施建设职能,将移交义乌市城市投资建设集团有限公司,两部门将逐步向纯管理者的角色转变。

政府向社会力量购买公共服务有诸多好处。比如义乌市的清扫保洁人员队伍庞大,管理难度大。此外,由于政府招人存在较多限制,加之义乌生活成本较高等因素,清扫保洁人员不足也成为困扰政府的难题。部分业务推向市场后,企业灵活的招聘机制和管理机制,很大程度上化解了这一难题。更重要的是,更多企业参与清扫保洁、垃圾清运等工作后,服务水平得到较大提高。另外,因员工作业时出现意外、劳资纠纷等引发的隐性支出也将大大减少。

政府购买公共服务的好处还不止这些。随着公共服务市场化的进一步推广和成熟,服务效率和质量会越来越高,同时购买服务的成本也将呈下降趋势。越来越多的部门将转变观念,逐步从"养人"转向"管事"。从整体看,义乌市具备推行政府购买公共服务的诸多优势,比如,商业化氛围浓厚、改革意识较强、市场接受程度较高等。义乌市财政局将在经费保障、财政制度设计等方面给予大力支持。

义乌市政府向社会购买服务的范围,涵盖基本公共服务事项、社会事务服务事项、技术服务事项、政府履职所需辅助性事务四个方面,具体涉及社会福利、资源环境等 15 个小类。购买服务项目包括居家养老、清扫保洁、绿化养护等 49 项。2014 年义乌要重点推进 10 个项目,其中,一家公办养老机构、一家殡葬事业机构、两所公办学校实行民营化运行,前两项的实施主体为义乌市民政局,后一项为义乌市教育局;试点向社会购买增设机动车辆年审检测线、机动车辆尾气检测点等服务,实施主体分别为义乌市公安局和环保局;试点由专业机构承接若干重大展会筹备工作,专业统计、评估机构承接会展统计和评估工作,实施主体为义乌市会展办;其他还包括试点由专业的职业培训机构承接职业培训服务等 3 项公共服务。

从义乌市多个部门了解到,即将购买公共服务的各实施主体均在紧锣密鼓地开展工作。义乌市民政局相关负责人表示,义乌市怡乐新村是一家公办养老机构,为进一步优化管理机制、提高服务水平,计划于 2014 年尝试实行民营化运营。

(二)具体政策建议

政府向社会购买服务,是通过发挥市场机制的作用,把政府直接向社会公众提供的一部分公共服务事项,按照一定的方式和程序,交由具备条件的社会力量承担,并由政府根据服务数量和质量向其支付费用。这是转变政府职能的关键所在,也是大力推进经济社会市场化改革的大方向和必然要求,同时,也为民营企业的转型升级创造利好契机、提供强劲的推力。党的十八大强调,要加强和创新社会管理,改进政府提供公共服务方式。国务院办公厅专门下发了国办发〔2013〕96 号《关于政府向社会力量购买服务的指导意见》,明确要求在公共服务领域更多利用社会力量,加大政府购买服务力度。

第一,充分发挥政府主导作用,有序引导社会力量参与服务供给。

推行政府向社会力量购买服务是创新公共服务提供方式、加快服务业发展、引导有效需求的重要途径,对于深化社会领域改革,推动政府职能转变,整合利用社会资源,增强公众参与意识,激发经济社会活力,增加公共服务供给,提高公共服务水平和效率,都具有重要意义。各级政府要进一步强化公共服务职能,创新公共服务供给模式,有效动员社会力量,构建多层次、多方式的公共服务供给体系,提供更加方便、快捷、优质、高效的公共服务。但从实际情形来看,不少地方工作没有开展、没有进行,根本原因在于对此的认识还不充分,大包大揽、无所不能的政府惯性思维没有得到转变。建议省委、省政府对此做专项部署,要求结合当地经济社会发展状况和人民群众的实际需求,积极稳妥,有序实施。立足社会主义初级阶段基本国情,从各地实际出发,准确把握社会公共服务需求,充分发挥政府主导作用,有序引导社会力量参与服务供给,形成改善公共服务的合力。

第二,加快步伐加大政府向社会力量购买服务的力度。

政府向社会力量购买服务的主体是各级行政机关和参照公务员法管理、具有行政管理职能的事业单位。纳入行政编制管理且经费由财政负担的群团组织,也可根据实际需要,通过购买服务方式提供公共服务。政府向社会力量购买服务的内容为适合采取市场化方式提供、社会力量能够承担的公共服务,突出公共性和公益性。教育、就业、社保、医疗卫生、住房保障、文化体育及残疾人服务等基本公共服务领域,要加快步伐加大政府向社会力量购买服务的力度。非基本公共服务领域,要更多更好地发挥社会力量的作用,凡适合社会力量承担的,都要通过委托、承包、采购等方式交给社会力量承担。要求各地区、各有关部门按照有利于转变政府职能,有利于降低服务成本,有利于提升服务质量水平和资金效益的原则,在充分听取社会各界意见基础上,研究制定政府向社会力量购买服务的指导性目录,明确政府购买的服务种类、性质和内容,并在总结试点经验基础上,及时进行动态调整。

第三,建立健全政府向社会力量购买服务机制。

要求各级政府按照公开、公平、公正原则,建立健全政府向社会力量购买服务机制,及时、充分向社会公布购买的服务项目、内容以及对承接主体的要求和绩效评价标准等信息,建立健全项目申报、预算编报、组织采购、项目监管、绩效评价的规范化流程。购买工作应按照政府采购法的有关规定,采用公开招标、邀请招标、竞争性谈判、单一来源、询价等方式确定承接主体,严禁转包行为。购买主体要按照合同管理要求,与承接主体签订合同,明确所购买服务的范围、标的、数量、质量要求,以及服务期限、资金支付方式、权利义务和违约责任等,按照合同要求支付资金,并加强对服务提供全过程的跟踪监管和对服务成果的检查验收。承接主体要严格履行合同义务,按时完成服务项目任务,保证服务数量、质量和效果。

第四,扎实推进政府向社会力量购买服务工作。

各级政府要把向社会力量购买服务工作列入重要议事日程,加强统筹协调,立足当地实际,认真制定并逐步完善政府向社会力量购买服务的政策措施和实施办法;要按照政府主导、部门负责、社会参与、共同监督的要求,确保工作规范有序开展。地方各级政府应根据本地区实际情况,建立"政府统一领导,财政部门牵头,民政、工商管理以及行业主管部门协同,职能部门履职,监督部门保障"的工作机制,拟定购买服务目录,确定购买服务计划,指导监督购买服务工作。相关职能部门要加强协调沟通,做到各负其责、齐抓共管;要广泛宣传政府向社会力量购买服务工作的目的、意义、目标任务和相关要求,做好政策解读,加强舆论引导,主动回应群众关切,充分调动社会参与的积极性。[1]

---

[1] 资料参阅:关于政府工作向社会力量购买服务的确指导意见(国办发〔2013〕96号).金华日报,2014-05-19.

参考文献

1. 郭树清,韩文秀. 中国 GNP 的分配和使用. 北京:中国人民大学出版社,1991:70—83.

2. 高凌江. 我国最优宏观税负水平的实证分析及政策选择. 税务与经济,2012(1).

3. 蔺红."十五"期间:我国产业税收呈现新格局 二产税收贡献突出,中国税务报,2006-03-14.

4. 蔺红. 第三产业税收比重稳步提高. 中国税务报,2010-08-20.

5. 石子印. 宏观税负与经济增长关系的理论框架分析. 湖北经济学院学报,2008(6).

6. 刘茸. 专家称内地政府消费占比超日本 6 倍决策失误率高. 人民网,2012-07-12.

7. 郭庆旺. 财政支出结构与经济增长. 经济理论与经济管理,2003(11).

8. 田享华. 地方财政年中突击 甘肃永登要求 20 天增收 6000 多万. 第一财经日报,2012-07-12.

9. 郭晋晖. 政治局会议重申加大结构性减税力度. 第一财经日报,2012-08-01,http://finance.jfeng.com/news/marco/20120712/6744294.shtml.

10.龚辉文.2011年全球增值税税率的特点.中国税务报:2012-05-24.

11.新华社.若全国推广可减税逾千亿.浙江日报,2012-08-06.

12.Lall S, Teubal M. "Market-Stimulating" Technology Policies in Developing Countries: A Framework with Examples from East Asia. *World Development*, 1998,26(8):1369-1385.

13.毛传来.为浙江号稳健前行——浙江省各级党组织积极服务转型升级.浙江日报,2010-06-30(1).

14.宦建新.浙江省科研机构创新基地(科技城):优化战略布局整合科技资源 打造"中国硅谷".科技日报,2010-06-11(4).

15.郭峰,肖新宏,糜利萍.培育大企业 构筑大平台 招引大项目集聚大产业.杭州日报,2012-06-06(6).

16.郭占恒.以"重、大、国、高"优化提升"轻、小、民、加".浙江社会科学,2009(6):16—21.

17.金乐琴.美国的新式产业政策:诠释与启示.经济理论与经济管理,2009(5):75—79.

18.龚瀛琦.三星世袭李健熙为儿子开路:他一开口没人敢说"不".二十一世纪商业评论,2013-01-08.

19.王晓晔.反垄断法——中国经济体制改革的里程碑.法制日报,2007-09-02(10).

20.吴汉洪.竞争政策与产业政策的协调.工商行政管理,2011(18):20—21.

21.翁海华.中小企业倒闭潮拷问浙江模式.决策探索(上半月),2011(8):46—47.

22.汪成明,高志涛,闫拥洲.浙江省社会组织达2.9万个 民间力量促社会和谐.浙江日报,2011-02-13(1).

23.侯玉兰.非营利组织:美国社区建设的主力军——美国非营利

组织的调查与思考.北京行政学院学报,2001(5):13—16.

24.张军.浙江深入实施人才强省战略综述.新华网,2010-8-26,http://news.xinhuanet.com/politics/2010-08/26/c_12488401_4.htm

25.王慧敏.浙江"生态立省"一张蓝图绘到底.人民日报,2010-05-10.

26.贾小峰.日本对中小企业的扶持政策.河北大学硕士学位论文,2004.

27.吕学朋.中小企业政策支持体系研究.华中农业大学硕士学位论文,2001.

28.柯常青.欧盟创新人才培养政策举措.中国人才,2012(2):51—52.

29.高松英.树全球化时代日本企业的人才管理.第一资源,2012(2):35—37.

30.曲婷.韩国创新人才培养经验及其对中国的启示.中国科技论坛,2012(3):156—162.

31.鲁昕.大力加强校企合作 深化职业教育人才培养模式的改革创新.汽车维修与保养,2011(3):101—102.

32.郭占恒.努力全面实施"四大国家战略".统计科学与实践,2012(8):4—6.

33.张立伟.中小企业人才从何来.现代营销,2009(2):54—55.

34.浙江统计局.2010年浙江省国民经济和社会发展统计公报.统计科学与实践,2011(3):19—25.

35.林丰声.浅谈企业职工档案管理的问题与对策.引进与咨询,2006(1):59.

36.彼德·德鲁克.非营利组织的管理.吴振阳译.北京:机械工业出版社,2007:1(前言).

37.罗明忠.日本中小企业发展的经验及其启示.南方经济,2003

(12):69—72.

38.王楚,贺林平.广东咬定改革不放松(科学发展 成就辉煌).人民日报,2012-07-22(1).

39.湛华国,高迎春,黄燕玲,王颖,杨卓.聚焦广东社会组织管理体制改革.广东民,2011(8):4—12.

40.杨娟.杭州市知识密集型服务业创新发展对策研究.杭州科技,2011(6):41—44.

41.顾文俊.当前民营经济转型升级存在的问题及对策探析——以宁波民营经济发展为例.中国工商管理研究,2013(1).

42.何守超.金融危机冲击下的民营企业国际化模式转型——基于温州企业的分析.经济社会体制比较,2010(2):184—190.

43.孙章陆.民营企业应以金融危机为契机加快转型升级.中外企业家,2010(8).

44.吴华财.民营企业转型升级的基本现状与对策.中国集体经济,2013(10).

45.楼秀峰.浅谈中小民营企业发展中的瓶颈问题及发展对策.现代商业,2011(12).

46.杨培强.浙江民营经济转型升级的障碍与对策.嘉兴学院学报,2010(5).

47.吴滨.浙江民营企业面临的问题与转型升级.中国信息化,2012(12).

48.单东.中小企业如何走出困境.浙江经济,2011(11).

49.单东.浙江非国有经济年鉴(2013).http://www.xzbu.com/4/view-4041284.htm.

50.关于金融机构与小型微型企业签订借款合同免征印花税的通知.(财税〔2011〕105号).

51.浙江省统计年鉴(2007—2010年).

52.浙江省人民政府网站.

53.浙江省人才发展"十二五"规划.

54.山东省中长期人才发展规划纲要(2010—2020年).

55.江苏省中长期人才发展规划纲要(2010—2020年).

56.广东省中长期人才发展规划纲要(2010—2020年).

索　引

后　记

　　辛苦——欣喜——愉悦！这是所有亲手撰写著作者所共同体验到的心理过程，期间需要付出多少艰辛的复杂劳动呀！

　　《浙江中小民营企业转型升级问题研究》即将付梓，我感到十分欣幸，因为这部书稿凝聚了我的许多心血，把调研报告提升为专著不是一项简单的工作。书稿每一章的内容我都在原来的基础上进行了增删、修改，有的章节删去了三四千字，有的则增加了七八千字，甚至上万字，有时为了增加一个例证，还得反复查阅调研时的笔记。

　　专著必须跟上时代的脚步，形势在发展变化，政府和企业的应对政策也需要因时因势而变。根据新的形势，我在书稿的有关章节中都增加了2014年全国"两会"上国务院总理李克强在《政府工作报告》中提到的相关重要内容和国务院出台的新政策。除此之外，在统稿过程中，对书稿的文字也进行了推敲、加工，这是一件十分费时和用脑的苦差事。当书稿基本定稿后，才觉得苦尽甘来，心情的愉悦是不言而喻的。

　　关于课题，还有一些问题需要予以说明：

　　第一，首先要感谢浙江省人民政府毛光烈副省长。是他给予我直接的指导，授予我课题，并批示省经信委（中小企业局）、省科技厅配合,省经信委(中小企业局)负责联系,使调研得以顺利开展。在课题进行过程中,他多次及时给予方向性的指导,并在结题报告呈上后很快做了批示。

第二,省经信委(中小企业局)、省科技厅对本课题给予了大力支持。省内外调研时,我们开出调研内容后,都是由省经信委(中小企业局)或科技厅发函至需要调研的当地政府主管部门进行落实的。

第三,北京、上海、广东、深圳、江苏有关市(县)和本省的市(县)政府主管部门对本次调研都给予了密切配合。上述各地区民营企业主管部门的领导干部和民营企业家们在调研过程中热情地接待了我们,并提供了许多第一手资料。

第四,课题的开题报告得到了一些专家学者和实际工作者的热情支持。在2012年3月9日的开题报告会上,下列专家学者和实际工作者提出了不少建设性建议,他们是(按姓氏笔画排序):张旭昆、陈时兴、杨树荫、俞晓光、胡税根、谢作诗、蔡章生、戴银燕。

第五,参与课题或部分参与课题调研的人员有(按姓氏笔画排序):王怡然、江庆勇、刘劲松、刘英、杨丽君、邵慰、单东、黄冠豪、黄莹莹、韩灵丽、戴银燕。

第六,对课题各章初稿进行盲审的领导和专家学者有(按姓氏笔画排序):王克忠、何一峰、陈东凌、张旭昆、陈时兴、张佑林、杨树荫、杨祖增、俞晓光、胡税根、郭占恒、翁华建、黄文忠、盛世豪、盛益军、董进才、靳明。

第七,浙江财经大学校领导对本课题也给予了有力支持:校党委书记韩翼祥、校长王俊豪、副校长苏为华,他们积极热情地帮助我解决具体困难,使课题得以顺利结项。

第八,以下人员也为课题出了力:邵慰副教授协助我处理了课题后期的许多烦琐事项,分担了我的一些具体工作;金瑞锋对课题稿件进行了初期排版,并及时打印出来;黄莹莹担负了调研全过程的摄影、驾驶,他们都付出了辛勤劳动。

对以上各部门的有关领导、各专家学者和工作人员,我谨致衷心的谢意!

第九,初稿各章虽然出于相关作者,但不论写得完美与否,都凝聚了众人的智慧和心血。有的篇章始出于原作者之手,但原作者因故不能继续完成,接手作者在原作者的基础上,或者在原作者提供的调研材料的基础上加以完成的,我们将其作为第一作者,原作者为第二作者。各章起草者名单如下:

"导论"单东;第一章"以税收制度改革助推浙江中小民营企业转型升级"王绪强、黄冠豪;第二章"努力为浙江中小民营企业营造较为公平的金融环境"应宜逊、韩灵丽;第三章"产业政策与浙江中小民营企业转型升级"江庆勇;第四章"转变政府职能,服务浙江中小民营企业转型升级"操世元、马爱玲;第五章"发展生产性服务业,助力浙江中小民营企业转型升级"张慧;第六章"建设创业创新服务体系,促进浙江中小民营企业转型升级"单东;第七章"加快浙江中小民营企业转型升级的人才策略"邵慰;第八章"社会组织与浙江中小民营企业转型升级"单东。

课题历时将近两年,时间较长,如对本书在写作过程中引用了某资料而疏忽交代出处的,或对本书有贡献而在名单中遗漏者,则谨致由衷的歉意和谢意。

单　东

2014 年 10 月于杭州

图书在版编目（CIP）数据

浙江中小民营企业转型升级问题研究 / 单东等著.
—杭州：浙江大学出版社，2014.10
　　ISBN 978-7-308-13879-6

　　Ⅰ.①浙… Ⅱ.①单… Ⅲ.①中小企业—民营企业—
企业发展—研究—浙江省 Ⅳ.①F279.245

　　中国版本图书馆 CIP 数据核字（2014）第 219942 号

浙江中小民营企业转型升级问题研究
单　东　等著

责任编辑	朱　玲	
封面设计	续设计	
出版发行	浙江大学出版社	
	（杭州市天目山路 148 号　邮政编码 310007）	
	（网址：http://www.zjupress.com）	
排　　版	杭州中大图文设计有限公司	
印　　刷	富阳市育才印刷有限公司	
开　　本	710mm×1000mm　1/16	
印　　张	17.25	
字　　数	225 千	
版印次	2014 年 10 月第 1 版　2014 年 10 月第 1 次印刷	
书　　号	ISBN 978-7-308-13879-6	
定　　价	48.00 元	